대학정본/중용발휘

대학정본 / 중용발휘

초판 1쇄 인쇄 _ 2017년 9월 20일
초판 1쇄 발행 _ 2017년 9월 25일

지은이 _ 이토 진사이 | 옮긴이 _ 최경열

펴낸이 _ 유재건 | 펴낸곳 _ (주)그린비출판사 | 등록번호 _ 제2017-000094호
주소 _ 서울시 마포구 와우산로 180, 4층 | 전화 _ 702-2717 | 팩스 _ 703-0272
전자우편 _ editor@greenbee.co.kr

ISBN 978-89-7682-276-5 94150
이 도서의 국립중앙도서관 출판시도서목록(CIP)은 e-CIP 홈페이지(http://www.nl.go.kr/ecip)와
국가자료공동목록시스템(http://www.nl.go.kr/kolisnet)에서 이용하실 수 있습니다.
(CIP제어번호: CIP2017023467)

◉ 이토 진사이 선집 5

대학정본
大學定本

중용발휘
中庸發揮

이토 진사이 지음·최경열 옮김

차례

대학정본

중용발휘

원문

| 일러두기 |

1 이 책은 이토 진사이(伊藤仁齋)의 『대학정본』(大學定本, 1713년 편찬)과 『중용발휘』(中庸發揮, 1714년 편찬)를 완역한 것이다. 번역의 이해를 돕기 위해 원문을 본문 뒤에 수록했다.

2 본문 중에 있는 괄호 안 내용은 내용의 이해를 돕기 위해 옮긴이가 첨가한 말이며, 각주 또한 모두 옮긴이가 덧붙인 것이다.

3 단행본, 전집, 정기간행물 등에는 겹낫표(『 』)를, 단편이나 기사, 편명 등에는 낫표(「 」)를 사용했다.

4 외국 인명이나 지명, 작품명은 2002년 〈국립국어원〉에서 펴낸 '외래어 표기법'에 따라 표기했다.

대학정본

大學定本

『대학정본』 서문

성인의 도는 인류의 일상생활 사이를 벗어나지 않으며 중용이 최고의
경지다. 그러므로 가르칠 때 천하 사람들에게 만세토록 함께 알고 실행
할 수 있도록 했지, 그 설명을 끝없이 늘어놓아 사람들로 하여금 거의 도
달을 바랄 수 없게까지 한 적이 없다. 『시』詩·『서』書 이래 그 설명이 점차
갖추어졌고 『논어』와 『맹자』 두 책에 실려 명확하게 볼 수 있다.

　천하의 일이란 무궁하고, 한 사람이 알 수 있는 것에는 한계가 있다.
옛 성인에게 묻지 않고 스승에게 구하지 않으면 기준으로 삼을 게 없다.
그러므로 사람은 배우지 않으면 안 된다. 하지만 일에는 크고 작은 게 있
고 힘쓸 일에도 급한 것과 천천히 할 것이 있다. 천하의 사물은 크건 작
건 귀하건 하찮건 매일 새로워지고 매달 늘어나 이루 다 담아 둘 수 없
다. 유한한 정력으로 무한한 이치를 익히려면 몇천 년이 지나도 다하지
못하는 게 있기 마련이다. 그런 까닭에 성인은 큰일을 앞으로 하고 작은
것은 뒤에 두었으며 근본을 급하게 하고 말단은 천천히 하였다. 인류의
일상생활에 가장 요긴한 것을 아는 데 힘썼지 모든 천하의 이치를 다 끝

까지 파악하는 것을 할 일로 삼은 적이 없다.

후세의 격물格物에 대한 설명은 이와 달랐다. 오늘 한 가지 일을 궁리하고[格] 내일 한 가지 일을 궁리해 그 끝에 도달하기를 바란다면 어려울 것이다. 더욱이 사람이 바라는 바는 끝이 없어서 소리와 색깔, 냄새와 맛이 나를 유혹할 때 그냥 마음가는 대로 맡겨 두고 절제하지 않는다면 방탕하고 욕심이 넘쳐 한정이 없을 것이다. 그러므로 욕심은 절제하지 않을 수 없다. 하지만 근본적으로 마음을 다스려 싹이 나오지 않게 하려면 이 몸이 사라지기 전에는 끝내 그 효과를 보기 어려울 것이다. 그러므로 성인은 예禮를 기준으로 삼고 의義를 잣대로 삼아, 이목耳目에 접촉하는 모든 경우에 그때마다 반드시 예의를 따라 덕에 나아가도록 하였고 인욕人欲의 사사로움이 털끝만큼도 없는 경지를 기약한 적은 없었다.

후세의 "명덕을 밝힌다"[明明德]는 설명은 이와 달랐다. 욕심을 적게 하고 또 적게 해 완전히 없어지는 상태에 이르길 바란다면 어려울 것이다. 통괄해 말해 보면 욕심[欲]이란 사람이 반드시 갖는 것으로 여기 빠지기도 쉽다. 그러므로 '욕심을 적게 갖는다'[寡欲]거나 '욕심을 막는다'[窒欲]고는 하지만 '욕심이 없도록 한다'[無欲]고 한 적은 없다. 지식[知]이란 사람이 넓게 가지지 않을 수 없지만 완벽하게 다 알기는 어렵다. 그러므로 '널리 배운다'[博學] 하고 '많이 안다'[多識]라고 하지만 '천하의 모든 이치를 끝까지 다 안다'[窮凡天下之理]라고 한 적은 없다. 진정 정신이 흩어져 마음에 주인이 없기를 바란 것이겠는가. '선을 좋아하는 데 독실하다'[篤於好善]고 했을 뿐이지 '거울이 비고 저울이 평형을 이뤄 물건이 하나도 닿지 않는다'[鑑空衡平, 一物不著]고 한 적은 없다.

후세의 학문은 오로지 리理와 심心에 중심을 두었다. 그러므로 리理

가 있는 사물을 다 궁리하지 않으면 내 마음의 국량을 넓힐 수 없으며, 내 마음을 가린 외물[物]을 다 제거하지 않으면 내 마음의 실체를 다 밝힐 수 없다. 여기서 거경궁리居敬窮理의 설說이 일어난 것이다. 마침내 사물에 접촉해[格物] 천하의 이치를 끝까지 궁리하며, 명덕明德을 밝혀 털끝만큼 의 인욕人欲의 사사로움을 제거하였다. 성의정심誠意正心의 설說을 두어 격 물을 유지하고 치밀하게 보충하였다. 『대학』을 초학자들이 덕에 입문하 는 것으로 삼고 『논어』·『맹자』의 위에 둔 것도 이런 이유 때문이었다.

　아버님께서는 장년(30~40대)의 나이 때 송학宋學을 독실히 좋아하 셔서 높여 믿으시고 공경하며 심복하셔서 귀신을 섬기는 것 이상이셨다. 여러 해 동안 그 안에 깊이 잠겨서 연구하시면서 꼭 그렇지 않은 점을 차 츰 의심하시다가 『논어』·『맹자』 두 책을 오로지 믿고 여러 경經의 벼리 [綱領]로 삼으셔서 두 책에 주석을 쓰신 적이 있다. 그 후에 문인門人들의 요청에 따라 이 책(『대학』)을 교정하셨다. 정현鄭玄의 고본古本을 바탕으 로 몇 구절을 조금 바꾸고 사이사이에 관견管見을 부쳐 『대학정본』大學定本 이라 하셨다. 근래 이를 인쇄해 집안에 간직해 두려 한다. 이에 그 대략을 기록해 책의 머리에 둔다.

쇼토쿠正德 3년 계사癸巳년(1713) 섣달 일

이토 나가쓰구伊藤長胤 삼가 쓰다

대학정본

교토에서 이토 고레에다[伊藤維禎]가 상고해 정하다.

1-1. **大學之道, 在明明德, 在親民, 在止於至善.**

태학太學의 도는 명덕明德을 밝히는 데 있으며, 백성을 새롭게 하는 데 있으며, 최고의 선[至善]에 머무는 데 있다.

대大를 정현鄭玄은 태泰로 읽었다. 여기서는 그의 의견에 따른다.

"명덕"明德은 성인의 덕이 빛나 사방으로 뻗어 으슥하고 숨은 곳, 멀리 떨어진 장소까지 도달해 비치지 않는 곳이 없음을 말한다. 『역』易의 진괘晉卦에서 말하는, "태양이 땅 위로 나온 모습을 진晉이라 한다. 군자는 이를 보고 써서 스스로 명덕을 밝힌다"라고 한 것이 이 말이다. 또 『서』書 「우서虞書·요전堯典」에 요堯임금의 덕을 찬미하면서, "빛이 사방에 비쳐 하늘과 땅에 이른다"라는 말과 「주서周書·태서泰誓」에 문왕의 덕을 찬미하면서, "해와 달이 사방에 비쳐 위에서 임하는 것같이"[1]라고 한 말 모두 이런 뜻이다. 아래 문장, "명덕을 천하에 밝히고자 하면"[欲明

明德於天下]이라는 문장을 보면 이 말의 뜻을 알 수 있다.

"친민"親民은 정자程子는 신민新民으로 썼다. 이때 신新은 옛것을 바꾼다는 말이다. 하은주 삼대의 서적에서는 대부분 신新이라는 글자를 말했고 아래 문장에도 "신민"新民이라는 글귀가 있으므로 정자의 의견을 따라야 한다.

"지선"至善은 선의 지극한 경지로 아래 문장에서 서술한 것처럼 "인仁·경敬·효孝·자慈·신信"이 이것이다. 태학의 도는 이 세 가지에 있으며 명명덕·신민 두 가지는 또 "지선에 머무는 것"[止至善]을 요체로 삼는다는 말이다.

○ 생각해 본다. 명덕明德이라는 두 글자는 『시』·『서』·『좌전』에 많이 보이는데 『논어』·『맹자』에 오게 되면 오로지 인의예지仁義禮智를 가르침으로 삼고 효제충신孝弟忠信을 요체로 삼아, 한 번도 명덕을 언급한 적이 없다. 명덕이라는 두 글자는 그 뜻이 너무 커서 오직 성인의 덕을 찬미할 수 있을 뿐 배우는 사람이 받들어 감당할 수 있는 게 아니므로, 인의충신仁義忠信을 가르침으로 삼아 위아래에 통용되고 인간의 도리를 포괄해 빠뜨리는 게 없는 것이 더 좋은 방도이기 때문이겠다. 명덕을 인심人心을 칭하는 것으로 보는 견해는 그 뜻을 잘못 이해한 것이 아주 심한 경우다. 주희의 『대학장구』大學章句에는 명덕을 풀이해, "비어 있고 신령하며 어둡지 않아[虛靈不昧] 많은 이치를 갖추고 만사에 대응한다"라고 하였는데

---

1) 인용한 글은 "若日月之照臨于四方"이지만 『서』(書) 「주서(周書)·태서(泰誓)」의 원문은 "若日月之照臨, 光于四方"이다. "해와 달이 비쳐 위에서 임하는 것처럼 사방에 빛나" 정도로 풀 수 있는데 의미에 큰 차이는 없다.

'명'明이라는 글자에 깊이 집착해 그 말이 본래 성인의 덕을 찬미한 말인지 몰랐다. 『서』書 「강고」康誥에는 한 글자로 "덕"德이라 했고, 「요전」에 역시 "준덕"峻德(높은 덕)이라 해서 모두 "명"明을 말하지 않은 것을 보면 자연히 알 수 있는 것이다. 또한 허령불매虛靈不昧라는 네 글자는 본래 선禪과 관련된 책에서 나온 말로 불교의 명경지수明鏡止水의 이치를 말한다. 하지만 우리 성인의 책에는 원래 이런 이치가 없으며 이런 말 또한 없다. 서로 상반되는 것이 불과 얼음 정도가 아니다.

1-2. 知止而后有定; 定而后能靜; 靜而后能安; 安而后能慮; 慮而后能得.

머무는 곳을 안 이후에 마음에 안정되는 게 있고, 마음에 안정되는 게 있은 이후에 고요할 수 있으며, 고요한 이후에 편안할 수 있고, 편안해진 이후에 사려할 수 있으며, 사려한 이후에 터득할 수 있다.

❙ 이 구절은 위 문장을 이어 지선至善에 머무는 효과를 말한 것이다.

이상은 제1장이다.

○『대학』일편一篇은 명덕明德·신민新民·지지선止至善 세 가지를 벗어나지 않는다. 지지선은 명덕·신민의 목표다. 그러므로 아래 장章에서 먼저 명덕·신민의 뜻을 논하고 지지선에 대해서는 더욱 상세하게 설명한다. 근본을 아는 것[知本]이 지지선의 요체로, 성의誠意에서 수신脩身까지는 명덕의 지선이며 제가齊家에서 평천하平天下까지는 신민新民의 지선이다. 한 번에 곧장 써내려가 머리에서 꼬리까지 일관되며 의리義理가 서로 이어지고 전체와 계통이 들어맞으니 이것이 지은이의 근본 의도다. 그러므로

나는 결단코 말한다, 『대학』에 삼강령三綱領(명덕·신민·지지선)은 있어도 팔조목八條目(격물格物·치지致知·성의誠意·정심正心·수신脩身·제가齊家·치국治國·평천하平天下)은 없다.

2-1. 康誥曰: "克明德."
「강고」에, "덕을 밝힐 수 있다"고 하였다.

| 「강고」는 『서』 「주서」에 있다.

○ 여기부터 아래의 글 '청송장'聽訟章까지는 정현의 구본舊本에 '성의장'誠意章 아래 잘못 놓여 있었다. 그 사이에 앞뒤가 서로 뒤섞인 곳은 모두 주씨(주희)가 정한 것에 따랐다.

2-2. 太甲曰: "顧諟天之明命."
「태갑」에, "이 하늘의 밝은 명[明命]을 돌아본다"라고 하였다.

| 「태갑」은 『서』 「상서」商書에 있다. 시諟는 이것이라는 말이다. 명명明命은 하늘이 뚜렷이 보여 준 명령을 말한다. 「상서·함유일덕咸有一德」에, "하늘의 밝은 명을 받아 구주九州(천하)의 백성을 가지셔서 이에 하夏나라의 역(역법曆法)을 바꿨다"라고 한 말이 이 뜻이다. 탕임금이 천자가 된 뒤에도 하늘의 분명한 명령을 혹 잃을까 오히려 두려워해 하늘의 뜻을 돌아보고 생각하며 모범을 보이고 바르게 행동했다는 말이다.

○ 주희의 『대학장구』를 살펴보면, "하늘의 명명明命은 하늘이 나에게 준 것이며 내가 덕으로 삼은 것이다"라고 하였다. 이는 천명天命으로 사람의

본성을 만들었다는 설說인데, 아니다. 명명明命은 천명이 선한 사람에게는 복을 주고 분수를 넘는 사람에게는 재앙을 준다는 것으로 본성설과 뒤섞어서는 안 된다. 아래 문장에 『시』를 인용해, "주나라는 옛 나라지만, 그 명命은 새롭다"라 하였고, 또 "큰 명命은 바꾸지 못한다"라 하였으며, 『서』에, "명命은 일정하지 않다"라고 하였다. 모두 하늘이 명을 돌아본다는 의미로 말한 것이므로 본문의 뜻은 아주 명백하다. 이 장은 본래 "명덕을 밝힌다"[明明德]는 것을 서술한 곳인데 "하늘의 명명"[天之明命]을 인용한 것은 『시』·『서』에서 명明을 말한 여러 구절을 널리 인용해 명明이라는 글자의 의미를 충분히 설명하려는 것일 뿐이다. 옛사람들의 시 인용은 내용과 무르녹으면서 생생해 자유롭기 그지없어 꼭 자구에 구애되지 않는다. 아래 장에도 신민新民을 서술하면서 "그 명命은 새롭다"라는 구절을 인용했는데 이것도 유추해 볼 수 있다.

2-3. 帝典曰: "克明峻德."

「제전」에, "준덕을 밝힐 수 있다"라고 하였다.

「제전」은 「요전」堯典으로 『서』「우서」虞書에 있다. 명明은 요임금의 성스런 덕이 빛나 사방으로 뻗어 비치지 않는 곳이 없음을 말한다. 「요전」에, 소위 "구족九族(고조高祖에서 현손玄孫까지)이 이미 화목한데, 백성이 밝은 지혜를 갖게 되어 여민黎民(=백성)이 아아 변해 이에 기뻐하는구나"[2]라는 말은 그 일을 나타낸다. 준峻은 크다는 말이다. 준덕峻德은 지

---

2) 인용한 말은 "九族旣睦, 百姓昭明, 黎民於變時雍"인데 원문 중간에 몇 글자가 빠져 있다. "구족기목(九族旣睦), 평장백성(平章百姓), 백성소명(百姓昭明), 협화만방(協和萬邦), 여민오변시옹(黎民於變時雍)"이 해당 부분이다. "구족(九族)이 이미 화목한데, 백성을 평화롭게 하고 지혜분별을

극히 큼을 말하고, 명덕明德은 지극히 밝음을 말한다. 각자 그 성대한 모습을 가지고 말한 것이다.

○ 주희의 『대학장구』를 살펴보면 먼저 "명명덕"明明德을 풀이하면서, "기품氣稟에 구속되고 인욕人欲에 가려지면 때때로 어두워진다. 배우는 사람은 본체가 발휘되는 것을 따라 마침내 어두워진 것을 밝혀 본성의 최초 모습을 회복해야 한다"[3]라고 하였다. 이 말에 의거하면 밝힌다는 말은 배우는 사람을 염두에 두고 할 수 있는 말이지, 태어나면서부터 아는 성인을 말하는 것이 아니다. 지금 「우서」에서 제요帝堯를 찬미하면서 "극명"克明이라고 하였으니 성스런 덕이 천하를 밝히는 것을 칭하지, 물욕物欲을 제거해 본성의 최초 모습을 회복하는 것이 아님을 알 수 있다. 그렇다면 "명명덕"明明德이라는 말도 그 뜻 역시 이를 통해 알 수 있다.

2-4. 皆自明也.

모두 스스로 밝히는 것이다.

| 덕을 천하에 밝히고자 하는 일은 먼저 스스로 자기의 덕을 밝히는 데 있음을 말한 것이다.

갖도록 하였더니 백성이 밝은 지혜를 갖게 되었고, 온 나라를 도와 화합하게 하였더니 여민(黎民)이 아아 변하여 이에 기뻐하는구나" 정도의 의미이다.

3) 원문 중간에 빠진 말이 있다. "爲氣稟所拘, 人欲所蔽, 則有時而昏, 〈연기본체지명然其本體之明, 즉유미상식자則有未嘗息者. 故故〉學者當因其所發, 而遂明之以復其初." 〈 〉부분이 들어가야 의미가 명확해진다. "……어두워진다. 하지만 그 본체의 밝음은 한 번도 쉰 적이 없다. 그러므로 배우는 사람은……" 정도의 의미가 된다.

이상은 제2장이다.

○ 이는 1장의 "명덕을 밝힌다"는 뜻을 논한 것이다.

3-1. **湯之盤銘曰: "苟日新, 日日新, 又日新."**

탕왕의 반명盤銘(대야에 새긴 글)에, "날마다 새로워지려거든 나날이 새롭게 하고 또 날마다 새로워져라"라고 하였다.

│ 반盤은 낯을 씻는 대야이다. 백성을 새롭게 하는 일은 자신의 덕을 새롭
│ 게 함을 근본으로 한다.

3-2. **康誥曰: "作新民." 詩曰: "周雖舊邦, 其命維新."**

「강고」에, "새로운 백성을 만들어라"라고 하였다. 시에, "주나라는 옛 나라지만, 그 천명은 새롭다"라고 하였다.

│ 시는 「대아大雅·문왕文王」이다.

3-3. **是故君子無所不用其極.**

그러므로 군자는 그 기준을 쓰지 않는 것이 없다.

│ 극極은 황극皇極·민극民極[4] 할 때의 극極이라는 말로, 지선至善을 말한다.

---

4) 황극(皇極)이라는 말은 『서』 「홍범」(洪範)에 보인다. 황(皇)은 크다[大]는 말이고 극(極)은 중용
의 중도[中]를 말한다. 보통 천하를 통치하는 기준으로, 백성을 다스리면서 백성들에게 중도(中
道)를 크게 터득하도록 해 나쁜 짓을 하지 못하도록 하는 것으로 파악한다. 민극(民極)은 백성
들의 기준이라는 의미로 『서』 「홍범」에 보인다. 백성들에게 모범이 되어라, 라는 말을 할 때의
그 모범·기준을 말한다.

이상은 제3장이다.

○ 이는 1장의 "백성을 새롭게 한다"는 뜻을 논한 것이다.

4-1. 詩云: "邦畿千里, 惟民所止."

시에, "나라의 도읍 천리, 백성들이 머무는 곳이로다"라고 하였다.

│ 시는 「상송商頌·현조玄鳥」이다.

4-2. 詩云: "緡蠻黃鳥, 止于丘隅." 子曰: "於止, 知其所止, 可以人而不如鳥乎."

시에, "작은⁵⁾ 꾀꼬리, 언덕 모퉁이에 머물렀구나"라고 하였다. 선생님(공자)께서 말씀하셨다. "(꾀꼬리가) 머물 곳에 대해 자기가 머물 곳을 아는 것이다. 사람으로 새와 같지 않아서야 되겠는가."

│ 시는 「소아小雅·면만緡蠻」이다. "자왈"子曰 이하는 공자가 시를 해설한 말이다.

4-3. 詩云: "穆穆文王, 於緝熙敬止." 爲人君, 止於仁; 爲人臣, 止於敬; 爲人子, 止於孝; 爲人父, 止於慈; 與國人交, 止於信.

시에, "아름다운 문왕이여, 아 빛나는 덕으로 머무는 곳을 공경하셨다"라고 하였다. 임금이 되어서는 인仁에 머물고, 신하가 되어서는 경敬에 머물고, 자식이 되어서는 효孝에 머물고, 아버지가 되어서는 자慈에 머물고, 국

---

5) 면만(緡蠻 / 綿蠻)은 '작은 모양'과 '우는 소리'라는 두 가지 뜻으로 주로 쓰여 왔다. '문채 있는, 아름다운'이라는 뜻도 있다.

인과 사귈 때에는 신信에 머문다는 말이다.

| 시는 「문왕」文王이다. 경지敬止는 머무는 곳을 공경한다는 말이다. 인경
효자신仁敬孝慈信은 선 가운데 가장 큰 것으로, 이는 시를 풀이한 말이다.
아래도 이와 마찬가지 방식이다.

4-4. 詩云: "瞻彼淇澳, 菉竹猗猗. 有斐君子, 如切如磋, 如琢如磨. 瑟兮
僩兮, 赫兮喧兮. 有斐君子, 終不可諠兮." 如切如磋者, 道學也; 如琢如
磨者, 自修也; 瑟兮僩兮者, 恂慄也; 赫兮喧兮者, 威儀也; 有斐君子, 終
不可諠兮者, 道盛德至善, 民之不能忘也.

시에, "저 기수 굽이를 보니, 푸른 대나무 우거졌구나. 빛나도록 훌륭한 군
자여, 자른 듯 다듬은 듯, 쪼은 듯 간 듯 하여라. 엄숙하고 단정하며, 환히
빛나고 선명하구나. 빛나도록 멋진 군자여, 끝내 잊을 수 없어라"라고 하
였다. "자른 듯 다듬은 듯"은 학문을 말한 것이다. "쪼은 듯 간 듯"은 자신
을 수양하는 것이다. "엄숙하고 단정하며"는 두려워하고 조심하는 것이
다. "환히 빛나고 선명하구나"는 행동거지에 법도가 있는 것이다. "빛나도
록 훌륭한 군자여, 끝내 잊을 수 없어라"는 큰 덕과 지선至善을 백성들이 잊
을 수 없다는 것이다.

| 시는 「위풍·기욱淇澳」이다. 이 이하는 "지선에 머무는" 이유를 설명한
것이다. 『이아』爾雅에, "뼈에 대해서는 절切(끊다)이라 했고, 상아象牙에
대해서는 차磋(갈다)라 했고, 옥에 대해서는 탁琢(쪼아 다듬다)이라 했
고, 돌에 대해서는 마磨(매끄럽게 한다)"라고 했다. 학문은 쉽기 때문에
뼈와 뿔에 비교했고, 자기 수양은 어렵기 때문에 옥과 돌에 비교했다.

○ 주희의 『대학장구』를 살펴보면, "절切은 칼과 톱을 쓰고, 차磋는 망치와 끌을 쓴다. 모두 물건을 잘라서 형태를 이루도록 하는 것이다. 탁琢은 줄과 대패를 쓰고, 마磨는 모래와 돌을 쓴다. 모두 물건을 다듬어서 매끄럽고 윤기 나도록 하는 것이다. 뼈와 뿔을 다듬는 일은 자른 뒤에 다시 갈고, 옥과 돌을 다듬는 일은 쪼은 뒤에 다시 매끄럽게 한다. 모두 다듬는 데 차례가 있으며 더욱 정밀하게 되도록 만든다"라고 하였다. 절·차를 원형을 다듬는 명칭으로 보고, 탁·마를 기명器皿을 완성하는 명칭으로 본 것 같다.

하지만 『이아』에는, "상아를 다룰 때는 곡觳이라 하고, 뿔을 다룰 때는 옥鑥이라 하고, 소뿔을 다룰 때는 착削이라 하고, 나무를 다룰 때는 탁剫이라 하고, 옥을 다룰 때는 조雕라 한다"라 하였고, 이 부분에 대한 주註에, "원형을 다듬는[治樸] 명칭이다"라고 하였다. 또 "쇠를 다듬을 때는 루鏤라 하고, 나무를 다듬을 때는 각刻이라 하고, 뼈를 다듬을 때는 절切이라 하고, 옥을 다듬을 때는 탁琢이라 하고, 돌을 다듬을 때는 마磨라고 한다"라 하였고, 이 부분에 대한 주에, "기명을 다듬는[治器] 명칭이다"라고 하였다. 원형을 다듬다[治樸]는 것은 다듬는 일에 차례가 있음을 말하고, 기명을 다듬다[治器]는 것은 더욱 정밀하게 되도록 만든다는 말이다. 『대학장구』에서 풀이한 것은 어디에 근거를 둔 것인지 모르겠다.

의리義理 같은 개념어의 경우 천 년 뒤에 생겨났어도 오히려 잘못된 부분을 깎아 낼 수 있지만 글자 풀이 같은 경우는 예로부터 받아 전하는 것이라 모두 정해진 용례가 있어 오늘 새롭게 뜻을 만들 수 없다. 하물며 『이아』는 영원히 문자학[字學]의 조종祖宗이 되는 책으로 후세에 그 설명을 버리고 새롭게 의미와 풀이를 만들어서는 절대 안 된다.

○ 또 살펴보면, "여절여차자, 도학야"^{如切如磋者, 道學也} 이하 53자는 본래 『이아』에 보인다. 지금『대학』에 그 말을 전부 받아서 지선^{至善}의 뜻을 설명했으므로 역시 의심할 만하다.

4-5. 詩云: "於戲前王不忘." 君子賢其賢而親其親, 小人樂其樂而利其利. 此以沒世不忘也.

시에, "아아, 전왕^{前王}을 잊지 못하네"라고 하였다. 군자는 전왕 때의 현자를 현자로 여기고 그가 친했던 사람을 친하게 여기며, 소인(백성)은 전왕이 즐겁게 해준 것을 즐기고 그가 이롭게 해준 것을 이롭게 여긴다. 이 때문에 전왕이 세상을 떠나도 잊지 못한다.

| 시는 「주송^{周頌}·열문^{烈文}」이다. 이는 위 문장의 마지막을 이어 "지선^{至善}에 머무는" 효과를 설명하였다.

○ 「기욱」^{淇澳} 시를 인용한 곳에서부터 여기까지는 정현의 구본^{舊本}에는 "극명덕"^{克明德} 위에 잘못 놓여 있었다.

이상은 제4장이다.
○ 이는 1장의 "지선에 머무는"[止至善] 뜻을 논한 것이다.

5-1. 子曰: "聽訟, 吾猶人也. 必也, 使無訟乎." 無情者, 不得盡其辭, 大畏民志. 此謂知本.

선생님(공자)께서 말씀하셨다. "송사^{訟事}를 듣고 판단하는 일은 나도 남들과 같다. 반드시 백성들에게 송사가 없도록 할 것이다." 진정이 없는 자들이 자기 말을 다 늘어놓을 수 없는 것은 백성들의 마음을 크게 두려워하도록 만든 것이다. 이것을 근본을 안다[知本]고 한다.

> 이는 첫머리에 공자의 말을 인용해 "근본을 아는 것"[知本]이 "지선에 머무는" 핵심임을 밝힌 것이다.

○ 이 한 구절은 정현의 구본에는 "지어신"[止於信] 아래 잘못 놓여 있었다.

5-2. 物有本末; 事有終始. 知所先後, 則近道矣.

대상[物]에는 근본과 말단이 있다. 일[事]에는 끝과 시작이 있다. 먼저 할 것과 나중에 할 것을 알면 도에 가깝다.

> 이는 "지선에 머무는" 방도를 말한 것이다. 물物은 아래 문장에서 말하는, 의意라는 것, 심心이라는 것, 신身이라는 것, 가家라는 것, 국國이라는 것, 천하天下라는 것 여섯 가지이다. 일[事]은 참되게 하는 일[誠], 올바르게 하는 일[正], 수양하는 일[修], 가지런히 하는 일[齊], 다스리는 일[治], 평화롭게 하는 일[平] 여섯 가지이다.

○ 생각해 본다. 여기부터 이하 '성의장'誠意章까지는 정현의 구본이 차례가 잘 이어지고 뜻과 논리가 분명해 하나도 의심할 게 없다. 모두 본말과 선후의 뜻을 밝히고 격물치지格物致知를 서술한 것이다. 주희의 『대학장구』에는 별도로 "본말을 해석하는"[釋本末] 전傳의 문장을 만들고 "격물치지 전"을 보충하였는데 지은 사람의 본의를 크게 잃었다. 그러므로 여기서는 전적으로 고본의 차례를 따랐다.

5-3. 古之欲明明德於天下者, 先治其國, 欲治其國者, 先齊其家, 欲齊其家者, 先修其身, 欲修其身者, 先正其心, 欲正其心者, 先誠其意, 欲誠其意者, 先致其知, 致知在格物.

옛날 천하에 명덕明德을 밝히려 한 사람은 먼저 자기 나라를 다스렸고[治國], 나라를 다스리려 한 사람은 먼저 자기 집안을 가지런하게 했고[齊家], 자기 집안을 가지런하게 하려 한 사람은 먼저 자기 몸을 수양했으며[修身], 자기 몸을 수양하려 한 사람은 먼저 자기 마음을 올바르게 했으며[正心], 자기 마음을 올바르게 하려 한 사람은 먼저 자기 뜻을 참되게 하였으며[誠意], 자기 뜻을 참되게 하려 한 사람은 먼저 지知를 궁극에까지 미루어 가고[致知], 치지致知는 대상[物]의 순서를 올바로 하는 데[格物] 달렸다.

> 이는 위 문장을 이어, 근본과 처음을 먼저 하고 말단과 끝은 나중에 하는 순서를 전개한 것이다. 욕명명덕어천하欲明明德於天下는 천하에 명덕을 밝히고자 한다는 말이다. 치致는 궁극의 경지까지 미루어 간다는 말이다. 치지致知는 자기 마음이 아는 것을 궁극에까지 미루어 가는 것이다. 격格은 바르게 한다[正]는 말이다. 물物은 "물에는 근본과 말단이 있다"고 할 때의 물(=대상)이다. 격물은 근본과 처음을 먼저 하고 말단과 끝은 나중에 하는 것을 말한다. 성의誠意 등 여섯 가지 일(성의·정심·수신·제가·치국·평천하)이 선후 순서가 제대로 되었음을 가리켜 말한 것이다. 물物은 말하고 일[事]은 말하지 않은 것은 문장을 생략한 것이다.

○ 주희의 『대학장구』를 살펴보면, 욕명명덕어천하에 대해 "천하 사람들로 하여금 모두 그들의 명덕을 밝히도록 한다는 것이다"라고 하였다. 아니다. 그의 설명대로 하자면 '천하(사람)의 명덕을 밝힌다'[明天下之明德]

고 해야 마땅하지, "천하에 명덕을 밝힌다"[明明德于天下]라고 해서는 안 된다.『대학장구』의 풀이는 본문의 뜻이 아님을 알 수 있다. 더욱이 "백성들에게 널리 베풀어 많은 사람을 구제할 수 있는 일은 요임금·순임금마저도 어려워하였다"(『논어』「옹야」 28장). 그러므로 성인은 천하에 대해서 자신을 수양해 백성을 편안하게 해주어 위로는 부모를 섬기고 아래로는 처자식을 잘 돌봐 저절로 예악으로 교화하는 중도中道를 따르도록 하였다. 온 세상은 넓고 백성들은 많은데 어떻게 한 시대의 사람들을 다 데리고 그들 모두의 허령불매虛靈不昧한 실체를 완전하게 해 터럭만큼도 인욕人欲의 사사로움이 없도록 할 수 있겠는가. 이는 형세로 볼 때 전혀 불가능한 일이다. 그의 설명은 능숙한 논리를 구사하다 지나쳐 사실을 따져 보면 실제로는 실천할 수 없다.

또 치지·격물을, "사물의 이치의 궁극에까지 도달하지 않음이 없고[格物], 내 마음이 아는 바가 지극한 경지에 이르지 않는 것이 없다[致知]"라고 주희는 풀이했다. 이 해석은『대학』본문에서 근거를 둔 곳을 찾지 못하겠다. 내가「격물훈의」格物訓義라는 글 한 편을 지은 적이 있다. 나중에 우연히『이정전서』二程全書를 검토해 보니 (내 견해와 유사한) 명도선생明道先生의 일설一說이 실려 있었고, 또 명明나라 왕심재王心齋(왕간王艮. 왕양명王陽明의 제자)가 저술한「격물론」格物論 역시 내 견해와 합치되었다. 모두 본문에 각자 명확한 근거를 갖고 있었다. 주씨(주희)의 소위 "사물의 이치를 궁리해 도달한다"는 말 같은 경우 그 설명에 일리가 없다고 할 수는 없지만 본문에서 증거를 찾아보면 근본적으로 고증한 곳이 없다. 자신의 생각을 쓴 것으로 지은이의 본지本旨가 아니라 하겠다.

지자知者는 본래 모르는 게 없다. 하지만 일[事]의 본말과 선후를 살펴 반드시 근본을 먼저 하고 말단은 나중에 하며 급한 것에 힘쓰고 급하지 않은 것은 천천히 해 알아도 무익한 것은 또한 꼭 알려고 하지 않는다. 그러므로 『논어』에, "아는 것을 안다 하고 모르는 것은 모른다고 한다. 이 것이 아는 것이다"(「위정」 17장)라 하였고 또, "군자는 자기가 모르는 것은 의문으로 남겨 두는 법이다"(「자로」 3장)라고 하였다. 맹자는, "요임금과 순임금의 지혜로도 만물을 두루 알지 못했던 것은 먼저 해야 할 일을 급히 했기 때문이다"(「진심 상」 46장)라고 하였다. 성현의 뜻을 명확히 볼 수 있는 곳이다. 주씨가 말한 것은 배우는 사람에게 요임금과 순임금, 공자도 할 수 없는 것을 가지고 강제하는 것이니 옳다고 해야 할까, 그르다고 해야 할까. 그 폐단이 지금까지 미쳐 쇠처럼 단단해지고 돌처럼 굳어져 틀을 해체할 수 없다. 실로 사도斯道(유학)의 큰 멍에다.

5-4. 物格而后知至, 知至而后意誠, 意誠而后心正, 心正而后身修, 身修而后家齊, 家齊而后國治, 國治而后天下平.

물物의 순서가 올바르게 된 뒤에 지知가 궁극에 이르고, 지知가 궁극에 이른 뒤에 뜻이 참되게 되고, 뜻이 참되게 된 뒤에 마음이 올바르게 되고, 마음이 올바르게 된 뒤에 몸이 수양되고, 몸이 수양된 뒤에 집안이 가지런해지고, 집안이 가지런해진 뒤에 나라가 다스려지고, 나라가 다스려진 뒤에 천하가 평화롭게 된다.

| 이는 근본과 시작을 먼저 하고 말단과 끝을 나중에 한 효과를 말한 것이다.

○ 생각해 본다. 격물格物은 일[事]의 본말과 선후를 살펴 올바르게 하는

것을 말한다. 그러므로 위에서 그 순서를 말하고 여기서는 그 효과를 말한 것으로 어느 것 하나 빠뜨려서는 안 된다.『대학장구』의 팔조목설을 따르면 그 차례와 조목을 위 문장에서 이미 다 말해 버렸고 다시 이 한 구절을 서술하는 것이므로 집 안에 집을 또 두고 평상 위에 평상을 또 두는 것으로 이 구절은 특별한 의미가 없게 되어 삭제해 버려도 된다. 그러므로 격물을 안다는 것은 선후 순서를 바르게 하는 것을 말하지 사물의 이치를 궁리하는 일이 아니다. 그렇다면『대학』은 본래 팔조를 나란히 늘어놓은 게 아님을 단적으로 알 수 있다.

5-5. 自天子以至於庶人, 壹是皆以修身爲本. 其本亂而末治者, 否矣, 其所厚者薄而其所薄者厚, 未之有也.

천자에서 서인庶人에 이르기까지 한결같이 수신修身을 근본으로 한다. 그 근본이 어지러운데 말단이 다스려지는 것은 없다. 후하게 해야 할 것을 박하게 하고서 박하게 할 것을 후하게 하는 일은 있을 수 없다.

> 『대학장구』에, "일시壹是는 일체一切와 같은 말이다"라고 하였다. 본本은 몸을 말한다. 후하게 해야 할 것은 집안[家]을 말한다. 후하게 해야 할 것이라는 말 역시 근본[本]을 포함해 말한 것이다.

5-6. 此謂知本. 此謂知之至也.

이것을 '근본을 안다'[知本]고 한다. 이것을 지식의 최고 경지라고 하는 것이다.

> 이는 본문의 '근본과 시작을 먼저 하고 말단과 끝은 나중에 한다'는 뜻을 맺은 것이다.『대학장구』에서는, "'차위지본'此謂知本 한 구절은 군더

더기 말"이라 하였고 또 "차위지지지야此謂知之至也 구절 위에는 별도로
빠진 글이 있다"라고 하였는데 더욱 틀린 말이다.

이상은 제5장이다.

○ 이는 격물치지格物致知의 뜻을 논한 것이다.

○ 생각해 본다. 격물치지는 "지선에 머무는"[止至善] 핵심이다. 그러므로
여기부터 『대학』 끝까지 모두 "지선에 머무는" 뜻을 미루어 말한 것이다.
물격지지物格知至는 일[事]의 본말·선후에 대해 아는 것이 명확하다는 말
이다. 그러므로 이 장에서 반복해 그 뜻을 추론해 밝히고 아래 장에서는
단지 성의誠意의 뜻을 논하며 "공부하는 시작"이라고 한 것이다. 『대학장
구』에서는 팔조목을 나란히 늘어놓고 아래 문장은 위 문장을 받고 위 문
장은 아래 문장과 이어 서로 연결해 설명한다. 그런 까닭에 격물 전문傳文
이 빠졌다고 하면서 정자程子의 뜻을 가져와 보충하였다. 이는 더욱 근거
가 없는 것이다.

　　또 주희는 말하기를, "오랫동안 힘써 하루아침에 탁 트여 관통하면
많은 사물[物]의 겉과 속, 정밀한 것과 거친 것에 도달(=통달)하지 않는
게 없어 내 마음의 완전한 실체와 큰 운용[全體大用]이 환해지지 않는 게
없다"라고 하고서는, 또 성의 전문을 풀이해, "심체心體(마음의 실체)의 밝
음을 다 밝히지 못한 곳이 있으면 심체가 발휘되는 곳에 반드시 그 힘을
실제 쓰지 못하고 구차하게 자신을 속이는 데가 있다"라고 한 것은 어떻
게 된 일인가. 격물을 하는 때에 내 마음의 완전한 실체와 큰 운용은 이
미 환해진 것이다. 이는 성인의 능사能事가 끝났다는 말이다. 어떻게 그
뒤에 아직도 "심체의 밝음이 다 밝아지지 않아 구차하게 자신을 속이는

데가 있는" 것이 가능하겠는가. 만약 "다 밝아지지 않은 곳이 있다"고 말하려면 격물치지를 말할 때 "내 마음의 완전한 실체와 큰 운용이 환해지지 않는 게 없다"고 말할 수 없다. 회암의 학문은 리理라는 글자를 주장한다. 그러므로 격물치지장에서 논리를 세우는 데 자연히 이와 같을 수밖에 없었다. 하지만 '성의장'에서 그 설명이 서로 모순이 되어버려 견강부회하고 보충하는 일을 피할 수 없었다. 이에 대한 설명은 아래 장에도 상세하다.

○『대학장구』에, "대학에서 처음 가르칠 때 모든 천하의 대상물[物]에 내가 가서, 이미 알고 있는 리理를 따라 더욱 궁리해 궁극 지점에 도달하기를 구한다"라고 하였다. 또 이르기를, "많은 사물의 겉과 속, 정밀한 것과 거친 것에 도달하지 않는 곳이 없어 내 마음의 완전한 실체와 큰 운용이 환해지지 않는 게 없다"라고 하였다. 이는 송학宋學의 완전한 공부이며, 후세에 배우는 사람들이 이 일에 종사하지 않은 이가 없다. 하지만 이는 공자가 말하지 않은 것이며 맹자가 전술傳述하지 않은 바다. 그 말이 능숙한 논리를 지나쳐 실로 배우는 사람을 그르칠 수 있다.

　"궁극 지점에 도달하기를 구한다"고 말할 수는 있다. 하지만 그 궁극 지점에는 도달할 수 없다. "겉과 속, 정밀한 것과 거친 것에 도달하지 않는 곳이 없다"고 말할 수는 있다. 하지만 그 실제에는 도달할 수 없다. 왜 그런가. 우주의 궁극지점은 알 수 없으며 시간의 시작과 끝은 파악할 수 없다. 만물에 모두 나타나는 것, 모든 성정性情의 변화, 형상의 구별, 소리와 음악과 색과 맛 이런 것들이 '그렇게 되는 궁극 이유'[所以然]는 모두 알 수 없는 것이다. 가까운 내 몸을 가지고 예를 들어 보자. 피부껍질에 구속되고 아홉 구멍의 감각기관[九竅][6]이 통하고 물과 곡식을 먹고 내

보내고 하는 그 궁극이유 역시 모두 알 수 없다. 그러므로 성인은 인륜과 일상에서 매일 생활하며 당연히 힘써야 할 급한 일을 알기에 힘썼지, 몰라도 군자가 되는 데 방해되지 않는 일은 꼭 알려고 하지 않았다. 그런 까닭에 공자는, "군자는 자기가 모르는 것은 의문으로 남겨 두는 법이다"(「자로」3장)라고 하였는데 바로 이 뜻을 말한 것이다. 배우는 사람은 분별하지 않으면 안 된다.

6-1. 所謂誠其意者, 毋自欺也. 如惡惡臭, 如好好色, 此之謂自謙. 故君子必愼其獨也.

소위 자기 생각을 참되게 한다는 것은 스스로를 속이지 않는다는 말이다. 악취를 미워하듯이 하며 좋은 색을 좋아하듯이 한다. 이것을 스스로 만족한다고 한다. 그러므로 군자는 반드시 자신이 홀로 있는 것을 삼간다.

│ 겸謙은 겸慊이라고 읽는다.

이는 대학에서 공부를 하는 시작이다. 그러므로 단지 성의誠意 한 가지 일을 논한 것이다. 의意는 의사意思이다. 마음이 왕래하고 흐르는 것을 말한다. 성의는 마음이 생각하는 것을 참되게 한다는 뜻이다. 맹자가 말한, "참되기를 생각하는 것[思誠]은 사람의 도이다"(「이루 상」12장)라는 뜻이다. 겸慊은 『대학장구』에, "상쾌하다/만족하다"라고 하였다.

○ 『대학장구』를 살펴보니, "의意는 마음[心]이 밖으로 드러난 것이다"라

---

6) '아홉 구멍의 감각기관'[九竅]은 『장자』에 보이는 말이다. 얼굴에 있는 감각기관 눈구멍 둘, 콧구멍 둘, 귓구멍 둘, 입 하나에 아래의 배설기/성기 둘을 말한다.

고 하였는데 아니다. 의意가 심心이 밖으로 드러난 것이라고 한다면, 심은 뿌리이고 의는 말단이며 심은 샘물의 근원이고 의는 흐르는 물이다. 뿌리가 확립된 뒤에 가지가 저절로 무성하고 근원이 맑은 뒤에 흐르는 물이 자연 깨끗하다. 이것이 자연의 이치다. 여기서는 '자기 생각[意]을 참되게 하려면 먼저 그 마음[心]을 올바르게 한다'라고 말하지 않고, "자기 마음을 올바르게 하려면 먼저 그 생각을 참되게 한다"라고 심心보다 의意를 근원으로 말했으니 왜 본말전도本末顚倒가 심한 게 아니겠는가. 그렇다면 의意를 심心이 밖으로 드러난 것으로 볼 수 없음은 아주 명명백백하다. 천하에서 나라[國], 집안[家], 몸[身], 마음[心], 생각[意]에 이르기까지, 말단에서 근본으로 가며 말단을 뒤로 하고 근본을 우선으로 한다. 그런 까닭에 마음을 올바르게 하려면 먼저 생각을 참되게 하지 않으면 안 된다. 그렇기 때문에 성의誠意를 정심正心 전에 서술한 것이다. 마음이 밖으로 드러난 것을 가지고 참되기[誠]를 구하고자 한다면 의사意思는 제한되고 급박해져서 다시는 성문聖門의 가르침 같지 않을 것이다. 지금 『대학장구』를 익히는 사람들은 그 공부가 치밀해 보이는 점을 기뻐하기만 한다. 성문의 학문은 본래 여유롭고 성대盛大한 자세로 터득할 수 있어도 긴급하고 촉박한 태도로는 구할 수 없음을 모르는 것이다.

6-2. 小人閒居, 爲不善無所不至, 見君子, 而后厭然揜其不善, 而著其善. 人之視己, 如見其肺肝然, 則何益矣. 此謂誠於中, 形於外. 故君子必慎其獨也.

소인은 한가하게 있을 때 착하지 않은 행동을 하며 하지 못하는 짓이 없다가 군자를 보고 난 뒤에는 부끄러운 듯 자신의 착하지 않은 행동을 가리며

착한 행동을 드러낸다. 남들이 자신을 보는 것이 그의 폐와 간을 보는 것 같은데 그런 행동이 무슨 보탬이 되겠는가. 이를, 마음속에서 참되면 밖으로 드러난다고 하는 것이다. 그러므로 군자는 자신이 홀로 있음을 삼간다.

│ 이는 마음에 있는 참과 거짓은 아무리 겉을 꾸미더라도 끝내 가릴 수 없음을 말해 군자의 신독愼獨 공부를 밝힌 것이다.

6-3. 曾子曰: "十目所視, 十手所指, 其嚴乎."

증자가 말하였다. "열 개의 눈이 보는 것이고 열 손가락이 가리키는 것이다. 그렇게 엄한 것이다."

│ 『대학장구』에, "전문傳文 10장은 증자의 뜻을 문인들이 기록한 것이다" 라고 하였다. 내 생각은 다르다. 『대학』이 과연 증자의 뜻에서 나온 것 이라면 전문 10장은 모두 증자의 말일 텐데 어이해서 유독 여기서만 "증자가 말하였다"고 했겠는가. 이런 관점에서 본다면 『대학』은 증자 문인들의 기록이라는 견해는 근거가 있는 것도, 믿을 수 있는 것도 아 니다. 하물며 『예기』 여러 편에 "증자가 말하였다"고 칭한 게 역시 많은 데 이게 다 어떻게 증자 문인들의 기록이겠는가.

6-4. 富潤屋, 德潤身, 心廣體胖. 故君子必誠其意.

부유함은 집을 윤택하게 하고 덕은 몸을 윤택하게 한다. 덕이 있어 마음이 넓어지고 몸이 펴진다. 그러므로 군자는 반드시 자기 생각을 참되게 한다.

│ 확고한 말이다.

이상은 제6장이다.

○ 이는 성의誠意의 뜻을 논한 것이다.

○ 생각해 본다. 이하 모든 장章에는 언제나 장 머리에 "소위"所謂 두 글
자를 반드시 제시하고 두 가지 일을 겸해 논했다. 이 장에서는 단지 성의
한 가지 항목만을 들었을 뿐 '마음을 올바르게 하려면 먼저 자기 생각을
참되게 한다'라고 말하지 않은 것은 어째서인가. 앞의 장, "송사訟事를 듣
고 판단하는 일은 나도 남들과 같다"에서부터 그 이하 "이것을 지식의
최고 경지라고 하는 것이다"라는 말까지 모두 여섯 구절은 격물치지의
뜻을 논한 것이 이미 완전히 끝났으므로 다시 그 뜻을 반복해 서술할 필
요가 없었다. 그러므로 여기서 처음 "소위" 두 글자를 제시해 단지 한 항
목만을 논한 것이다. 그 뜻이 아주 분명하다. 그렇다면 대학에서 공부를
하는 시작은 본래 성의 한 장에 있고, (주씨가 『대학장구』에 한 것처럼) 이
장 앞에 다시 격물치지장이 있는 게 아님을 단연 알 수 있다. 그리고 소
위 격물치지는 일[事]의 본말과 선후를 살펴 순서에 맞게 올바르게 함을
말하는 것임을 역시 이를 따라 알 수 있다. 주씨는 이를 살피지 못하고
함부로 "보충하는 주석"[補傳]을 만들어 거의 고금에 없는 일대一大 송사
의 집합장이 되고 말았다. 옛 책에 주석을 달고 풀이하는 일이란 그 어려
움이 이와 같다.

7-1. *所謂修身在正其心者, 身有所忿懥, 則不得其正, 有所恐懼, 則不得
其正, 有所好樂, 則不得其正, 有所憂患, 則不得其正.*

소위 자신을 수양하는 일은 자기 마음을 올바르게 하는 데 있다 함은, 몸
에 분노하고 화나는 게 있으면 올바름을 얻을 수 없으며, 무서워하고 두려
워하는 게 있으면 올바름을 얻을 수 없으며, 좋아하는 게 있으면 올바름을

얻을 수 없으며, 걱정하는 게 있으면 올바름을 얻을 수 없다는 것이다.

| 정자程子는, "신유身有의 신身이라는 글자는 심心으로 써야 한다"고 했다. 이는 자기 몸을 수양하려 하면 당연히 자기 마음을 먼저 올바르게 해야 한다는 말이다. 그러므로 마음을 다스리는 동안 분노·두려움·좋아함·걱정 등 네 가지가 그 마음을 해치게 해서는 안 된다고 말했다.

○ 생각해 본다. 정심설正心說은 성문聖門의 학문이 아니다. 성인의 학문은 오로지 인의仁義를 도道로 보고 인심이 이곳으로 돌아가도록 하였다. 소위 "인仁으로 마음을 보존하고 예禮로 마음을 보존한다"(『맹자』「이루 하」28장)는 말이 이것이다. 그러므로 『논어』에 "도"道라 하고 "덕"德이라 했지 정심正心이라 말한 적이 없다. 맹자도 심心을 자주 말했지만 역시 모두 "양심"良心이라 하고 "본심"本心이라고 해 인의를 실행하는 근본을 가리켜 말했다. 여기 『대학』은 인의를 가르침으로 삼지 않고 단지 마음을 단속해 분노·두려움·좋아함·걱정이 마음을 해치지 않도록 하려 한다. 이는 치수 없는 자로 잴 수 없고 눈금 없는 저울로 달 수 없는 것과 같다. 그 폐단이 미치는 곳을 따져보면 역시 인심人心의 작용을 다 없애려는 것이라 당연히 불가능할 수밖에 없다. 『논어』에, "보탬이 되는 세 가지 좋아하는 일이 있고, 손해가 되는 세 가지 좋아하는 일이 있다. 예악으로 절제하는 일을 좋아하고, 사람들의 선행을 얘기하길 좋아하며, 현명한 벗이 많은 것을 좋아하면 보탬이 된다"(「계씨」5장)라고 했다. 여기 『대학』에서는, "좋아하는 게 있으면 올바름을 얻을 수 없다"고 했는데 그렇다면 공자가 말한 "세 가지 좋아하는 일"은 모두 심心이 올바르지 못하다는 말이다. 공자의 말을 어떻게 틀렸다고 할 수 있는가. 내가 『대학』을 공씨孔氏

가 남긴 책이 아니라고 보는 것도 이 때문이다.

7-2. 心不在焉, 視而不見, 聽而不聞, 食而不知其味.

마음이 있지 않으면 보아도 보이지 않고 들어도 들리지 않으며 먹어도 그
맛을 모른다.

> 송유宋儒들은 맹자의 소위 "잃어버린 마음을 찾는다"[求放心]("고자 상」
> 11장)는 말을 오해해 '정신을 잡아 거둬들이는 것을 말한다'고 보았다.
> 여기 소위 "마음이 있지 않다"[心不在焉]는 말이 송유들의 "잃어버린 마
> 음을 찾은"[求放心] 상태에 대한 설명이다. 『논어』에, "분발해 공부에 빠
> 지면 밥 먹는 것도 잊고"("술이」 18장)라 했고, "세 달 동안 고기 맛을 알
> 지 못하셨다"("술이」 13장)고 했다. 성인의 마음은 돈독하게 선을 좋아
> 한다. 그런 까닭에 마음이 선에 전념하게 되면 혹 다른 일에 관심을 두
> 지 않는 지경까지 이른다. 이것이 성인이 되는 까닭이다. 『대학』을 가지
> 고 판단하면 성인이라도 또한 방심放心을 피하지 못했다. 어떻게 말이
> 되겠는가. 공맹孔孟의 도에 궤변을 하는 것이 너무 명백해 가리려 해도
> 가릴 수 없다. 주씨(주희)·임희원林希元은 『대학』을 싸고돌며 다른 경經
> 과 조정해 억지로 일치시키려 하였는데, 왜 그랬을까.

7-3. 此謂修身在正其心.

이는 자신을 수양하는 것이 그 마음을 올바르게 하는 데 있음을 말한 것
이다.

이상은 제7장이다.

○ 이는 마음을 올바르게 한다는 뜻을 논한 것이다.

8-1. 所謂齊其家在修其身者, 人之其所親愛而辟焉, 之其所賤惡而辟焉, 之其所畏敬而辟焉, 之其所哀矜而辟焉, 之其所敖惰而辟焉. 故好而知其惡, 惡而知其美者, 天下鮮矣.

소위 자기 집안을 가지런히 하는 일은 자신을 수양하는 데 있다 함은 사람은 자기가 친하고 사랑하는 사람에 대해 치우치기 마련이고, 자기가 천하게 보고 미워하는 사람에 대해 치우치기 마련이고, 자기가 두려워하고 공경하는 사람에 대해 치우치기 마련이고, 자기가 애달프게 여기고 안타까워하는 사람에 대해 치우치기 마련이고, 자기가 오만하게 굴고 함부로 하는 사람에 대해 치우치기 마련이기에 하는 말이다. 그러므로 좋아하면서 그 사람의 악함을 알고 미워하면서 그 사람의 아름다움을 아는 사람이 천하에 드문 것이다.

│ 이는 자기 집안을 가지런히 하고자 하면 당연히 자신을 먼저 수양해야
  함을 말하였다. 그러므로 남을 대하는 때에, 친함과 사랑, 천하게 여김
  과 미워함, 두려움과 공경, 애달픔과 안타까움, 오만과 함부로 보는 것,
  이 다섯 가지에 치우치는 게 있어서는 안 된다고 한 것이다.

○ 생각해 본다. '오만하게 굴고 함부로 한다'라는 의미로 쓰인 "오타"敖惰라는 두 글자는 문제가 있다. 『서』書에, "홀아비와 과부를 모욕하지 않고, 하소연할 곳 없는 사람을 학대하지 않는다"[不侮鰥寡, 不虐無告][7]라 했고, 『논어』에, "군자는 많거나 적거나, 크거나 작거나 상관없이 감히 함부로 하지 않는다[無敢侮]"(「요왈」3장)라고 했다. 평범한 사람이라도 어떻게 오

만하게 함부로 대할 수 있겠는가. 공명선公明宣이 증자를 칭송하며, "제가 선생님께서 손님을 응대하시는 걸 보니, 공손하고 절제하면서 게으름을 피우지 않으셨습니다[不懈惰]. 제가 이것을 보고 기뻐했지만 배워도 잘하지 못했습니다"(『설원』說苑 「반질」反質. 『소학』小學 「계고」稽古에도 보인다)라고 말했다. "오타"敖惰라는 말의 용례가 없는 점에서 판단하건대, 『대학』이란 책은 증자의 문인이 기록한 것이 아닌 게 명백하다.

8-2. 故諺有之曰: "人莫知其子之惡, 莫知其苗之碩." 此謂身不修, 不可以齊其家.

그러므로 속담에 이런 말이 있다. "사람들은 자기 자식의 악惡을 알지 못하고, 그 싹이 큼을 알지 못한다." 이는 자신을 수양하지 않으면 자기 집안을 가지런히 할 수 없다는 말이다.

이상은 제8장이다.
○ 이는 수신修身의 뜻을 논하였다.
○ 『대학장구』를 살펴보니, 성의誠意 이하에는 윗글을 받고 아랫글과 이어지는 부분에 글이 뒤얽히고 찢겨 나가 앞뒤로 서로 끼어들면서 지은이의 의도를 잃은 것이 특히 심하다. 『대학장구』의 설명대로라면 만물이 다 궁리되어 지식에 이르는 일[物格知至]이 이미 완벽하게 다 됐는데 또 왜 성의誠意 공부를 하며, 성의가 이미 완벽하게 다 됐는데 또 왜 정심正心 공

---

7) 인용한 문장은 『서』(書) 「대우모」(大禹謨)에 보이는 말을 가져온 것인데, 원문과 차이가 있다. 이 말은 『논어집주』 「위령공」에 보이는 범씨(范氏)의 말을 인용한 것이다.

부를 하며, 정심이 이미 완벽하게 다 됐는데 또 왜 수신修身 공부를 하는
가. 지은이의 의도가 아닌 줄 진정 알겠다.

여기서 전체적으로 논해 보자. 천하에까지 미루어 나가되 나라에 근
본을 두며, 나라에까지 미루어 나가되 집안에 근본을 두며, 집안에까지
미루어 나가되 몸에 근본을 두며, 몸에까지 미루어 나가되 마음에 근본
을 두며, 마음에까지 미루어 나가되 생각[意]에 근본을 두는 것이다. 격물
치지格物致知를 우선으로 한다는 것은 본말과 선후를 알아, 먼저 해야 할
것은 먼저 해서 근본에 힘을 쓴다는 말이다. 이는 차례가 이어지고 의미
가 연결된다. 지은이의 본의가 명확해지고 구석구석 맥락이 닿아 다시
의심할 게 없다. 하지만 자기 수양[修身] 공부는 생각을 참되게 하고[誠意]
마음을 올바르게 하는 것[正心]일 뿐이다. 생각을 참되게 하고[誠意] 마음
을 올바르게 하는 것[正心]을 벗어나 어떻게 다시 별도로 소위 자기 수양
이 있겠는가. 지은이는 성의·정심·수신·제가·치국·평천하 여섯 조항
을 꼭 나란히 설명하려고 하였다. 그러므로 성의·정심을 설명하고 난 뒤
에 다시 수신을 설명했다. 만약 "친하고 사랑하는 사람"[親愛] 이하 다섯
가지 문제점을 거론하려 했다면 정심장章에 나열해도 된다. 여기에 별도
로 다섯 가지 문제점을 나열한 것은 어째서인가.

또 성인의 가르침은 인仁과 예禮를 핵심으로 삼는다. 그러므로 『논
어』에, "자신을 이기고 예를 반복하는 것이 인仁이다"(「안연」 1장)라고 하
였고, 『중용』에, "자신 수양은 도道로써 하고, 도를 닦는 것은 인仁으로써
합니다"(『중용발휘』 20장)라고 하였다. 이 장은 인과 예를 핵심으로 하는
뜻은 한 번도 밝히지 않고 오로지 마음이 치우치는 곳만을 논했으므로
가장 의심할 만하다. 학문에는 존양存養하는 것이 있고 성찰省察하는 것이

있다. 존양은 맹자가 말한 "마음을 보존하고 본성을 잘 돌본다"[存心養性] 는 것이 이 뜻이며, 성찰은 존양이 미치지 못하는 부분을 도와주는 것이다. 존양은 보약을 먹는 것과 같고 성찰은 (병을) 공격하는 약제를 쓰는 것과 같다. 이 장은 성찰하는 뜻을 전적으로 말하고 존양 공부는 언급하지 않았다. 보약은 먹지 않고 오로지 (병을) 공격하는 약제만 쓴 것과 같다. 이 또한 맹자의 학문과 다른 점이다. 고정(주희)의 학문이 전부 여기서 나온 것일까.

9-1. *所謂治國必先齊其家者, 其家不可教, 而能教人者無之, 故君子不出家, 而成教於國. 孝者, 所以事君也; 弟者, 所以事長也; 慈者, 所以使衆也.*

소위 나라를 다스리는 일은 반드시 먼저 자기 집안을 가지런히 하는 데 있다 함은 자기 집안을 가르치지 못하면서 남을 가르칠 수 있는 사람은 없기에 하는 말이다. 그러므로 군자는 집안을 나가지 않고도 나라에 가르침을 성취한다. 효孝는 임금을 섬기는 것이며, 제弟는 어른을 섬기는 것이며, 자慈는 백성을 부리는 것이다.

| 지극한 말이다.

9-2. *康誥曰: "如保赤子." 心誠求之, 雖不中不遠矣, 未有學養子而后嫁者也.*

「강고」에, "갓난아기를 보호하듯이 한다"라고 하였다. 마음이 진실로 구하면 정확히 들어맞지 않더라도 멀리 벗어나지는 않는다. 자식 키우는 것을 배운 뒤에 시집가는 사람은 있지 않다.

이는 진실한 마음이 있으면 실제 효과가 있음을 말한 것이다. 『대학장구』에는, "가르침을 세우는 근본은, 억지로 하는 것을 빌리지 않고 단서를 알아 이를 미루어 넓히는 데 있음을 밝힌 것이다"라고 했다. 이는 지은이의 본지가 아니다.

9-3. 一家仁, 一國興仁; 一家讓, 一國興讓; 一人貪戾, 一國作亂. 其機如此, 此謂一言僨事, 一人定國. 堯舜帥天下以仁, 而民從之, 桀紂帥天下以暴, 而民從之. 其所令反其所好, 而民不從. 是故君子有諸己, 而后求諸人, 無諸己, 而后非諸人. 所藏乎身不恕, 而能喩諸人者, 未之有也. 故治國在齊其家.

한 집안이 인仁하면 한 나라가 인仁을 일으키고, 한 집안이 사양하면 한 나라가 사양을 일으키고, 한 사람이 탐욕스럽고 흉포하면 한 나라가 난을 일으킨다. 그 기틀이 이와 같은 것이다. 이런 것을 일러 '한 마디 말이 일을 그르치고 한 사람이 나라를 안정시킨다'고 하는 것이다. 요임금과 순임금이 인仁으로 천하를 거느리자 백성들이 이를 따랐고, 걸桀과 주紂가 폭력으로 천하를 거느리자 백성들이 이를 따랐다. 임금이 명령하는 것이 자기가 좋아하는 것과 반대면 백성은 따르지 않는다. 이런 까닭에 군자는 자신에게 선善을 둔 후에 남에게 구하며, 자신에게서 악을 없앤 후에 남을 비판한다. 자기 몸에 둔 것을 서恕하지 않으면서 남을 깨우칠 수 있는 사람은 있지 않다. 그러므로 나라를 다스리는 일은 자기 집안을 다스리는 데 있다.

이는 사람의 마음을 잘 살펴 사람의 허물을 용서하는 것이 '서'恕라는 일임을 말하였다. 서恕를 자기 마음으로 삼으면 사람들이 기뻐하며 따를 것이다. 그러므로 "자기 몸에 둔 것을 서恕하지 않으면서 남을 깨우칠 수 있는 사람은 있지 않다"고 하였다. 이 구절은 위의 문장, "마음이 진실로 구하면 정확히 들어맞지 않더라도 멀리 벗어나지는 않는다"는 뜻과 상응한다.

9-4. 詩云: "桃之夭夭, 其葉蓁蓁. 之子于歸, 宜其家人." 宜其家人, 而后可以敎國人.

시에, "복숭아 꽃 어여뻐라, 그 잎 무성하구나. 이 아가씨 시집을 가, 그 집안 식구를 화목하게 하네"라고 하였다. 집안 식구를 화목하게 한 다음에야 나라 사람을 가르칠 수 있다.

| 시는 「주남周南·도요桃夭」다.

9-5. 詩云: "宜兄宜弟." 宜兄宜弟, 而后可以敎國人.

시에, "형과 화목하고 아우와 화목하네"라고 하였다. 형과 화목하고 아우와 화목한 다음에야 나라 사람을 가르칠 수 있다.

| 시는 「소아·요소蓼蕭」다.

9-6. 詩云: "其儀不忒, 正是四國." 其爲父子兄弟足法, 而后民法之也.

시에, "그 동작이 어그러지지 않아, 이 나라 사방을 올바르게 하네"라고 하였다. 부모형제가 본받을 만한 다음에야 백성들이 본받는다.

| 시는 「조풍曹風·시구鳲鳩」다.

9-7. 此謂治國在齊其家.

이것을 일러 나라를 다스리는 일은 자기 집안을 가지런히 함에 있다고 하는 것이다.

이상은 제9장이다.

○ 이는 제가齊家의 뜻을 논했다.

○ 이 이하는 위 두 구절에 정사政事를 설명한 곳과 통한다. 의리義理가 절실하고 삶과 가까워 내가 취하는 것이 있다. 『시』·『서』에 실린 글에서 선왕先王이 남긴 뜻을 터득했으며 그 가운데 역시 확고한 말이 많다.

10-1. 所謂平天下在治其國者, 上老老而民興孝; 上長長而民興弟; 上恤孤而民不倍. 是以君子有絜矩之道也.

소위 천하를 평화롭게 하는 일은 자기 나라를 다스리는 데 있다 함은 윗사람이 노인을 노인으로 대하면 백성들은 효孝를 일으키고, 윗사람이 어른을 어른으로 대하면 백성들은 제弟를 일으키며, 윗사람이 고아를 가엾게 여겨 돌보면 백성들이 배반하지 않기에 하는 말이다. 이 때문에 군자에게는 '자로 재는 도'(혈구지도絜矩之道)가 있다.

> 『대학장구』에, "혈絜은 재다·헤아린다는 말이다. 구矩는 사각형을 그리는 도구다"라고 하였다. 이는 맹자가 말한, "내 집안의 노인을 노인으로 섬겨 남의 노인에게까지 이르고, 내 집안의 어린아이를 잘 돌봐 남의 어린아이에게까지 이르면 천하를 손바닥에서 움직일 수 있을 것입니다"(「양혜왕 상」7장)라는 뜻이다.

10-2. 所惡於上, 毋以使下, 所惡於下, 毋以事上. 所惡於前, 毋以先後, 所惡於後, 毋以從前. 所惡於右, 毋以交於左, 所惡於左, 毋以交於右. 此之謂絜矩之道.

윗사람에게서 밉다고 생각하는 것으로 아랫사람을 부리지 말고, 아랫사람에게서 밉다고 생각하는 것으로 윗사람을 섬기지 마라. 앞사람에 대해 밉다고 생각하는 것을 뒷사람에게 똑같이 하지 말고, 뒷사람에 대해 밉다고 생각하는 것 그대로 앞사람을 따르지 마라. 오른쪽에 대해 밉다고 생각하는 것을 왼쪽에 적용하지 말고, 왼쪽에 대해 밉다고 생각하는 것을 오른쪽에 적용하지 마라. 이것을 일러 "자로 재는 도"라 한다.

| 이 구절은 위 문장의 "자로 재는" 방도를 일반적으로 서술한 것이다.

○ 『대학장구』를 살펴보니, "몸이 머무는 곳의 상하사방에 길고 짧고 넓고 좁은 것이 모두 피차 한결같아서 방정하지 않은 게 없을 것이다"라고 하였다. 이 말은 성인의 뜻이 아니다. 왜 그런가. 천지의 조화는 사계절 행해져 온갖 생물이 살아간다. 춥고 서늘하고 따뜻하고 덥기는 해도 천지조화는 어긋나는 게 없다. 그 기후 변화는 앞서기도 하고 뒤에 오기도 해 조금 차이가 없을 수는 없다. '살아 있는 것'[活物]이기 때문이다. 성인이 사람을 가르치는 것도 이와 같다. 사람들이 쉽게 실행할 수 있도록 하지, 그 설명을 끝까지 다해 실행하기 어려운 일로 강제한 적이 없다. 그러므로 도를 아는 사람의 말은 우리 삶에 가까워 따르기 쉽고, 도를 모르는 사람의 말은 우리 삶과 멀어 따르기 어렵다. 공자는, "자신을 수양해 백성을 편안하게 해주는 일은 요임금과 순임금조차 오히려 어렵다고 생각하였다"(『논어』 「헌문」 45장)라 하였고 또 "군자의 도道 네 가지 중에 나는 하나도 잘하지 못한다"(『중용발휘』 13장)라고 하였는데, 이런 이유 때문이었다. 지금 "상하사방에 길고 짧고 넓고 좁은 것이 모두 피차 한결같

은" 것은 요임금과 순임금, 공자가 잘할 수 없는 것일 뿐만 아니라 천지의 귀신이라도 이와 같이 할 수 없다. 그 말이 우리 삶과 멀어 따르기 어려워서가 왜 아니겠는가.

대체로 송유宋儒는 학문에 대해, 지극히 섬세하고 지극히 치밀해 터럭만큼의 빈틈도 없어야 했다. 방 안에 벽돌 깔 듯 아귀가 들어맞아 넓고 좁은 것이 적합하고 균등해 흐트러지지 않고 정연하기를 바란다. 죽은 도리는 봐도 살아 있는 도리는 보지 못했기 때문이다. 그러므로 그 논의는 들을 만해도 실상은 따르기 어렵다. 논리의 유지·방어는 볼 만해도 끝내 고집스레 붙잡고 자랑하는 폐단을 피하지 못했다. 앞의 『대학장구』에서 말한, "천하 사람들로 하여금 모두 자기의 명덕明德을 밝히도록 한다"는 것 역시 이런 종류이다.

10-3. 詩云: "樂只君子, 民之父母." 民之所好好之, 民之所惡惡之. 此之謂民之父母.

시에, "즐거워하는 군자여, 백성의 부모로다"라고 하였다. 백성이 좋아하는 것은 좋아하고, 백성이 미워하는 것은 미워한다. 이것을 일러 백성의 부모라고 한다.

| 시는 「소아·남산유대南山有臺」다.

10-4. 詩云: "節彼南山, 維石巖巖. 赫赫師尹, 民具爾瞻." 有國者不可以不慎, 辟則爲天下僇矣.

시에, "깎은 듯 저 남산이여, 바위가 우뚝하구나. 빛나는 태사太師 윤씨尹氏여, 백성들 모두 그대를 바라본다"라고 하였다. 나라를 소유한 사람은 삼

가지 않으면 안 된다. 치우치면 천하의 사람들에게 죽임을 당한다.

| 시는 「소아·절남산節南山」이다.

10-5. 詩云: "殷之未喪師, 克配上帝. 儀監于殷, 峻命不易." 道得衆則
得國, 失衆則失國.

시에, "은殷나라가 백성(의 마음)을 잃지 않았을 때, 상제上帝(하늘)와 짝이
됐었다. 의당 은나라를 거울로 삼아야 한다. 큰 명은 보존하기 쉽지 않다"
라고 하였다. 백성을 얻으면 나라를 얻고 백성을 잃으면 나라를 잃음을 말
한 것이다.

| 시는 「문왕」이다.

10-6. 是故君子先愼乎德. 有德此有人, 有人此有土, 有土此有財, 有財
此有用. 德者, 本也. 財者, 末也. 外本內末, 爭民施奪. 是故財聚則民散,
財散則民聚. 是故言悖而出者, 亦悖而入, 貨悖而入者, 亦悖而出.

이런 까닭에 군자는 먼저 덕을 삼간다. 덕이 있으면 이에 사람들이 생기기
마련이고, 사람들이 생기면 이에 땅이 생기기 마련이며, 땅이 생기면 이에
재물이 있기 마련이고, 재물이 있으면 쓸 곳이 생기기 마련이다. 덕은 근본
이고 재물은 말단이다. 근본을 소홀히 하고 말단을 소중히 하면 백성들을
다투게 하며 빼앗으라는 가르침을 퍼뜨리는 것이다. 이러므로 재물이 모
이면 백성은 흩어지고 재물이 흩어지면 백성은 모인다. 이러므로 말이 도
리에 어긋나게 나간 것은 역시 도리에 어긋나게 들어오고, 재물이 도리에
어긋나게 들어온 것은 역시 어긋나게 나가는 것이다.

| 내內는 소중하게 여긴다는 말이다. 외外는 소홀히 한다는 말이다.

10-7. 康誥曰: "維命不于常." 道善則得之, 不善則失之矣.

楚書曰: "楚國無以爲寶, 惟善以爲寶."

「강고」에, "천명天命은 일정한 곳에 있지 않다"라고 하였다. 선하면 얻고 선하지 않으면 잃는 것이다.

「초서」에, "초나라는 보물로 삼는 것이 없다. 선善만을 보물로 삼는다"라고 하였다.

| 「초서」는 『국어』國語 「초어」楚語다.

10-8. 舅犯曰: "亡人, 無以爲寶. 仁親以爲寶."

구범舅犯이 말하였다. "망명 중인 사람은 보물로 삼는 것이 없습니다. 부모를 사랑하는 것을 보물로 삼습니다."

| 구범은 진晉나라 문공文公의 외삼촌 호언狐偃으로 자字가 자범子犯이다. 망인亡人은 문공이 이때 나라를 떠나 외국에 있었기 때문이다.

10-9. 秦誓曰: "若有一个臣, 斷斷兮無他技, 其心休休焉, 其如有容焉, 人之有技, 若己有之, 人之彦聖, 其心好之, 不啻若自其口出, 寔能容之. 以能保我子孫, 黎民尚亦有利哉. 人之有技, 娼疾以惡之, 人之彦聖, 而違之俾不通, 寔不能容, 以不能保我子孫, 黎民亦曰殆哉."

「진서」에 이런 말이 있다. "만일 한 신하가 있는데 성실해서 다른 기술은 없어도 그 마음이 너그러워 누구든 용납할 수 있을 것 같아, 남이 가진 기술을 자기가 가진 듯이 하고 남의 현명함과 성스러움을 자기 마음으로 좋아해 자기 입에서 나오는 것같이 할 뿐만이 아니라면 이 사람은 받아들일 수 있다. 우리 자손을 보호할 수 있고 백성들조차도 이익이 있을 것이기

때문이다. 남이 가진 기술을 시샘하고 질투해 미워하고, 남의 현명함과 성
스러움을 어긋나게 해서 통하지 않게 한다면 이 사람은 받아들일 수 없다.
우리 자손을 보호할 수 없고 백성들도 위태롭기 때문이다."

┃ 진서秦誓는 『서』「주서」周書다. 단단斷斷은 성실하고 한결같은 모습이다.

10-10. 唯仁人放流之, 迸諸四夷, 不與同中國. 此謂唯仁人爲能愛人能
惡人. 見賢而不能擧, 擧而不能先, 命也; 見不善而不能退, 退而不能遠,
過也. 好人之所惡, 惡人之所好. 是謂拂人之性, 菑必逮夫身. 是故君子
有大道, 必忠信以得之, 驕泰以失之.

오직 어진 사람이라야 사람을 내쫓고 유배 보내 오랑캐의 땅으로 내쳐 함
께 중국에 있지 않는다. 이것을 일러 '어진 사람이라야 남을 사랑할 수 있
고 남을 미워할 수 있다'고 하는 것이다. 현자賢者를 보고 등용하지 않고 등
용해도 우선으로 쓰지 않는 것은 명命이다. 불선不善한 인간을 보고 물리치
지 못하고 물리쳐도 멀리 내치지 못하는 것은 잘못이다.

┃ 명命이라는 글자를 정자는, "태怠(게으름)로 써야 한다"고 하였다.

사람들이 미워하는 것을 좋아하고 사람들이 좋아하는 것을 미워한
다──이것을 일러 사람의 본성을 거스른다고 한다. 그에게는 재앙이 반드
시 몸에 미칠 것이다. 이런 까닭에 군자는 대도大道를 갖는다. 반드시 충신
忠信으로 대도를 얻으며 교만으로 잃는다.

┃ 대도大道는 태방大方(큰 방도)이라는 말과 같다. 천하에 두루 통해 어긋
나는 것이 없다는 말이다.

10-11. 生財有大道: 生之者衆, 食之者寡; 爲之者疾, 用之者舒, 則財恒

足矣. 仁者, 以財發身; 不仁者, 以身發財. 未有上好仁而下不好義者也;
未有好義其事不終者也; 未有府庫財非其財者也.

재물을 만드는 데 큰 방법이 있으니 생산하는 사람이 많고 먹는 사람이 적
으며, 만드는 사람이 빠르고 쓰는 사람이 천천히 하면 재물은 항상 풍족할
것이다. 어진 사람은 재산을 써서 자신을 일으키고 어질지 못한 사람은 자
기 몸을 써서 재산을 불린다. 윗사람이 인仁을 좋아하는데 아랫사람이 의義
를 좋아하지 않는 것은 있지 않으며, 의義를 좋아하는데 일이 종결되지 않
는 경우는 있지 않으며, 창고에 재물이 있는데 자기 재물이 아닌 경우는
있지 않다.

> 이는 재산을 만드는 방도를 말한 것이다. 또 재용財用에만 힘쓸 뿐 인
> 의仁義를 좋아하지 않으면 재물은 자기 소유가 아님을 말하였다.

10-12. 孟獻子曰: "畜馬乘, 不察於雞豚; 伐冰之家, 不畜牛羊; 百乘之
家, 不畜聚斂之臣. 與其有聚斂之臣, 寧有盜臣." 此謂國不以利爲利, 以
義爲利也.

맹헌자孟獻子가 말하였다. "네 필의 말을 키우는 신분의 사람은 닭·돼지를
살펴보지 않으며, 얼음을 쓰는 신분의 집안은 소·양을 기르지 않으며, 백
대의 수레를 가진 신분의 집안은 재산을 긁어모으는 신하를 두지 않는다.
재산을 긁어모으는 신하를 두느니 차라리 도둑질하는 신하를 두는 게 낫
다." 이를 일러 '나라는 이익[利]을 이익으로 여기지 않고 의로움[義]을 이
익으로 여긴다'고 한다.

> 맹헌자는 노魯나라의 현명한 대부 중손 멸仲孫蔑이다.

10-13. 長國家而務財用者, 必自小人矣. 彼爲善之小人之使爲國家, 菑害並至, 雖有善者, 亦無如之何矣. 此謂國不以利爲利, 以義爲利也.

국가의 장長으로 재용財用에 힘쓰는 사람은 반드시 소인小人에서부터 그랬을 것이다. 저(소인)가 잘한다고 하면서 소인이 나라를 다스리도록 한다면 재앙과 해악이 함께 닥쳐 선자善者가 있더라도 정말 어떻게 할 수가 없다. 이를 일러 '나라는 이익을 이익으로 여기지 않고 의로움을 이익으로 여긴다'고 한다.

│ 이는 위 구절과 통한다. 재물을 거둬들여 원한을 맺는 해악을 전적으로
│ 말하였다.

○ 생각해 본다. 의로움[義]과 이익[利]의 구별은 유자의 첫번째 의무다. 의義와 이利의 관계는, 얼음과 숯불이 같이 있지 못하고 향기로운 풀과 냄새나는 풀이 함께 섞이지 못하는 것과 같다. 이利를 구하면 의義를 따를 수 없고 의를 좋아하면 이利와 뒤섞이지 않으려 한다. 그러므로 공자가, "군자는 의를 잘 알고, 소인은 이를 잘 안다"(「이인」 16장)라 하고 맹자가, "왕께서는 하필 이익을 말씀하십니까. 다만 인의仁義가 있을 뿐입니다"(「양혜왕 상」 1장)라고 한 것은 이런 뜻이었다. 의를 따라 행하면 많은 사람들이 마음으로 기뻐하고 복종하며 사람들이 친밀히 여기고 떠받들어, 저절로 안정과 부유와 존귀와 번영의 효과를 이룬다. 단지 의가 이利이겠거니 여기고서 실행한다면 이것은 이익이 된다는 생각으로 이利를 실행하는 것이라 이익을 얻을 수 없다. 이런 까닭에 의義를 실행하면서 이利를 구하는 것은 그 폐단이 인仁을 빌려 "이利를 따라 행동하는"(『논어』 「이인」 12장) 지경에 이르게 된다. "어려운 일을 먼저 하고 보답은 나중에 얻는"

(『논어』「옹야」20장) 것과 거리가 어찌 만 리뿐이겠는가. 이는 배우는 사람들이 분별해야 하는 점이다.

이상은 제10장이다.

○ 이는 천하天下를 다스려 평화롭게 하는 뜻을 논하였다.

○ 생각해 본다. 『대학』이라는 책은 전국시대 제齊나라와 노魯나라의 제유諸儒 가운데 『시』·『서』 두 경전은 숙독했지만 공문孔門의 종지宗旨는 본 적이 없는 사람이 쓴 것이다. 그러므로 학문을 논한 곳에 분명 공자와 맹자를 속이는 곳이 없을 수 없다. 하지만 제가·치국·평천하를 설명하는 곳에 오면 짙고 진한 맛이 있는데 『시』·『서』 두 경전에서 나오는 것일 게다. 그러나 맹자가 왕도王道를 논하면서 자유롭게 이렇게도 말하고 저렇게도 말하며 인仁 한 글자에서 논리를 끌어내 사고가 치밀하고 광범위하며 효험이 분명한 것과 견주어 보라. 큰 차이가 있다[大有逕庭].[8] 그리고 후세의 『대학』 주해註解가 또 불교·노장의 견해와 감정적 편견으로 뒤섞여 『논어』·『맹자』보다 윗자리에 놓였으니 사도斯道(=유학)를 황폐하게 하고 구덩이에 묻어 버린 일이 이보다 심한 게 없다. 오직 『논어』와 『맹자』 두 책을 숙독해 공자와 맹자의 혈맥을 알 수 있는 사람만이 나중에 내 말을 믿고 공자와 맹자의 도와 상반되는 곳에 이르지 않을 것이다.

이상 『대학정본』 일책一冊이다. 전체 문인門人의 요청에 따라 상고해 정한 것이 이와 같다. 고서를 개정하는 일은 내가 평소에 좋아하는 일이 아니

---

8) 대유경정(大有逕庭)이란 문자는 『장자』「소요유」(逍遙遊)에 보인다.

다. 왜 그런가. 기록[史]에서 빠진 문장은 옛사람들이 신중하게 다뤄서이다. 당시에도 어지러운 순서를 정하기 어려웠다. 하물며 천 년이란 오랜 시간 동안 죽백竹帛에 전하는바, 그 글의 흐름과 의미 맥락을 추론해 정돈된 상태를 이해할 수 있는 사람이 있을까. 하지만 『대학』 일서一書는 본래 착간錯簡이 많았고 선유 정자程子 형제와 주씨(주희), 명나라의 정원鄭瑗과 관지도管志道 등 여러 유학자들이 모두 개본改本을 가지고 있었다. 여기서는 이것을 논할 겨를이 없다. 오직 주씨의 『대학장구』만이 사서四書 가운데 하나로 영원히 학자들의 기준이 되었다. 나는 『효경』孝經은 전체가 한 편의 책이라고 생각한다. 주씨는 『효경』도 경문經文과 전문傳文으로 나누어 『대학』과 비슷한 종류의 책으로 만들었다. 어떤 사람은 도가道家에서 전하는 「선천사도」先天四圖를 복희伏羲씨가 지은 것으로 보기까지 한다. 하지만 나는 『대학장구』에 대해서만큼은 진정 의심하지 않을 수 없었다. 그런 까닭에 여기서 지은이의 뜻을 근본까지 파고들어 상고해 정한 것이다. 또 공자·맹자의 뜻에 어긋나는 것과 주석가들이 지은이의 뜻을 잘못 파악한 것을 들어 하나하나 논의, 반박해서 그릇된 것은 바로잡고 잘못은 올바르게 해 부족하나마 각 조항 아래 붙였다. 상세하지 않은 부분은 배우는 사람들이 의도를 파악해 의미를 헤아려 보면 될 것이다.

조코貞享 2년(1685) 을축乙丑년 여름 4월 교토에서

이토 아무개 삼가 쓰다

부록_『대학』은 공씨가 남긴 책이 아님을 변증함

공자와 맹자의 학문을 배우려는 사람은 공자와 맹자의 책을 읽지 않으면 안 된다. 공자와 맹자의 책을 읽으려는 사람은 공자와 맹자의 혈맥血脈을 알지 않으면 안 된다. 공자와 맹자의 책을 읽고 공자와 맹자의 혈맥을 알지 못하는 것은, 배에 방향타가 없고, 밤길에 등불이 없으며, 장님이 지팡이를 잃어 어디로 향하는지 알 수 없는 것과 같으니 옳은 일이겠는가. 공자와 맹자의 책을 읽고 공자와 맹자의 혈맥을 안다면 천하의 어떤 책인들 읽지 못하겠으며 어떤 이치인들 분별하지 못하겠는가. 시험 삼아 이단의 말을 성인의 책 가운데 섞어 놓고 성인의 말씀을 이단의 책 가운데 두어 보라. 보는 것이 흑백을 보는 것과 같고, 구분하는 일이 쑥과 콩을 구별하는 것과 같아, 손이 가면 바로 가져오고 귀에 들어오면 바로 알아, 털끝만큼도 어긋나지 않고 티끌만큼도 차이 나지 않아야 한다. 이런 정도는 된 다음에야 공자와 맹자의 혈맥을 안다고 하겠다. 어떻게 해야 공자와 맹자의 혈맥을 알아 의혹에 빠지지 않을까.

공자와 같은 성인은 요순보다 아주 월등히 뛰어나 사람이 생긴 이래 그 위대함을 비교할 사람이 없다. 그리고 맹자는 공자를 배우고 싶어 그 종지宗旨를 안 사람이다. 만약 공자와 맹자가 이 세상에 다시 태어나더라도 그들이 말한 것과 행동한 것이 『논어』와 『맹자』 두 책을 넘어설 수 없을 터, 그렇다면 『논어』와 『맹자』 두 책을 버려 두고 무엇을 할 수 있겠는가. 진정 『논어』라는 한 권의 책은 그 언어는 평이하고 올바르며 그 이치는 깊으면서 온당해, 한 글자를 더하면 남는 게 생기고 한 글자를 덜어내면 부족해진다. 천하의 말은 이 책에서 최고의 경지에 도달했으며 천하의 이치는 이 책에 다 포함되었다. 실로 우주의 첫번째 책이다. 『맹자』라는 책 역시 『논어』를 보충하면서도 그 언어는 명백하고 그 이치는 순수하다. 진秦나라 사람들이 분서焚書한 나머지에서 나타나 한유漢儒들이 견강부회牽强附會한 손으로 만든 『예기』의 여러 편篇과 같은 종류가 아니다. 그러므로 『논어』의 다음 자리를 차지하면서 그 말에 궤변이 없는 것은 오직 『맹자』뿐이다. 배우는 사람들은 이 두 책을 가져다 반복해 읽으면서 그 안에 침잠해 만족하고, 편안해할 만큼 깊이 파고들며 넓게 공부해, 입에 올려 외우길 멈추지 않고 손에 들고 놓지 않아, 서 있으면 앞에 나타나는 것을 보고 수레를 타면 수레막대에 기대 있는 것을 보아 스승님의 말씀을 받들 듯, 자기 폐부를 보는 듯이 해서 손이 춤추는 것도 모르고 발이 움직이는 것도 몰라야 한다. 이런 지경에 이른 다음에야 공자와 맹자의 혈맥을 알 수 있어 무수한 말들이 뒤섞여 어지러워도 의혹되지 않을 것이다.

『대학』이라는 책은 본래 『예기』 가운데 있던 한 편으로 저술한 사람의 성명이 상세하지 않다. 제齊나라와 노魯나라의 제유諸儒 가운데 『시』詩·『서』書 두 경전經典은 잘 알지만 공자와 맹자의 혈맥은 몰랐던 사람이 지은 것으로 보인다. 본문의 "제가"齊家라는 전문傳文 이하, "효제자"
孝弟慈를 말하고 "혈구지도"絜矩之道를 논한 곳은 내가 얻은 바가 있었으니
진정 『시』·『서』의 의미를 제대로 파악한 사람이라 하겠다. 그러나,

　　1) 팔조목八條目을 나열하고 학문의 방법을 말하는 부분에 오게 되면
의심이 없을 수 없다. 『대학』에, "옛날 명덕明德을 천하에 밝히고 싶어 했
던 사람은 먼저 자기 나라를 다스렸고[治國], 나라를 다스리고 싶어 했던
사람은 먼저 자기 집안을 가지런하게 했고[齊家], 자기 집안을 가지런하
게 하려 했던 사람은 먼저 자기 몸을 수양했으며[修身], 자기 몸을 수양하
려고 했던 사람은 먼저 자기 마음을 올바르게 했으며[正心], 자기 마음을
올바르게 하려 했던 사람은 먼저 자기 뜻을 참되게 했으며[誠意], 자기 뜻
을 참되게 하려 했던 사람은 먼저 지知에 도달하려 했고[致知], 지에 도달
하는 것은 격물格物에 달렸다"고 하였다. 정자程子는 이 말을 옛사람들의
학문하는 차례로 보았다.
　　하지만 내 생각은 다르다. 공자와 맹자가 학문하는 조목을 말한 게
분명 많지만 이 여덟 가지(格物, 致知, 誠意, 正心, 修身, 齊家, 治國, 平天下)가 이처럼
조밀하게 나열된 것은 들은 적이 없다. 『논어』에, "선생님은 네 가지로 가
르치셨다. 문文·행行·충忠·신信이다"(「술이」 24장)라고 하였다. 공자가
사람을 가르친 조목이 이 네 가지에 있지 다른 법은 없었음을 밝힌 것이
다. 또, "지혜로운[知] 사람은 현혹되지 않고, 어진[仁] 사람은 근심하지 않
고, 용기 있는[勇] 사람은 두려워하지 않는다"(「헌문」 30장)라고 하였다.
이 세 가지(지知·인仁·용勇)는 천하에 통하는 도이며, 학문에 나아가는 순
서[1]는 이것에서 벗어나는 게 없다는 점을 밝힌 것이다. "증자曾子는 말했

다, '선생님의 도는 충서忠恕일 뿐이다'"(「이인」 15장)라고 하였다. 충서는 평생토록 실천할 수 있는 것이며 공자의 도는 이것을 넘어가지 않는다는 점을 밝힌 것이다. 『중용』에, "정사는 현신賢臣에게 달려 있다. 현신을 얻는 것은 자신을 수양하는 데 있고, 자신 수양은 도로써 하고, 도를 닦는 것은 인仁으로써 한다"(『중용발휘』에서는 20장)라고 하였다. 이 역시 학문하는 차례가 이와 같음을 말한 것이다. 얼마나 간결하며 따르기 쉬운가.

『대학』에는, 사람이 도에 나아가는 것은 9층 누각에 올라가는 일과 같아서 한 계단을 오르고 또 한 계단을 올라 그렇게 한 뒤에야 누각의 꼭대기에 도달한다고 하였다. 도道라는 것은 다른 게 아니라 인간의 길[道]이다. 인간으로서 인간의 길을 닦는데 어디 먼 곳이 있단 말인가. 공자는, "인仁이 멀리 있는가. 내가 인을 바라면 바로 인에 도달한다"(「술이」 29장)라고 하였다. 맹자는, "도가 가까운 데 있는데 먼 곳에서 구한다"(「이루 상」 20장)라고 말하였다. 모두 도가 가까운 데 있음을 말한 것이다. 어떻게 9층 누각에 올라가는 일 같은 게 있는가.

송나라 사람이 한자韓子(당나라의 한유韓愈)를 비판한 적이 있는데, 그가 『대학』을 인용하면서 "격물치지"格物致知를 언급하지 않았기 때문이었다.[2] 이 비판 또한 깊이 생각하지 않은 것이다. 맹자는, "사람들이 항상 하는 말이 있으니, 모두 '천하·나라·가문'이라고 한다. 천하의 근본은 나라에 있으며, 나라의 근본은 가문에 있고, 가문의 근본은 자신에게 있

---

1) 『논어』에는 인(仁)이 먼저 나오는데 진사이는 지(知)를 제일 먼저 언급했다. 아마 『중용』에, "지(知)·인(仁)·용(勇) 세 가지는 천하에 통하는 덕이다"(『중용발휘』 21장)라는 말이 익숙해서일 것이다.
2) 주희의 『대학혹문』(大學或問)에 보인다.

다"(「이루 상」 5장)라고 말하였다. 맹자는 "격물치지"를 언급하지 않았을 뿐만 아니라 겨우 "가문의 근본은 자신에게 있다"는 데서 그치고 정심正心·성의誠意를 언급하지 않았다. 그렇다면 또한 『대학』을 모른다고 맹자를 비판할 텐데 이게 말이 되는가. 그러므로 팔조목은 공자와 맹자의 뜻이 아닌 게 명백한 줄 알겠다.

2) 『대학』에, "자신을 수양하는 일은 자기 마음을 올바르게 하는 데 달려 있다. 몸에 분노하고 화나는 게[忿懥] 있으면 올바름을 얻을 수 없으며, 무서워하고 두려워하는 게[恐懼] 있으면 올바름을 얻을 수 없으며, 좋아하는 게[好樂] 있으면 올바름을 얻을 수 없으며, 걱정하는 게[憂患] 있으면 올바름을 얻을 수 없다"라고 하였다. 무릇 마음을 보존하는[存心] 방법에 분노하고, 무서워하고 두려워하고, 좋아하고, 걱정하는 게 없는 것보다 긴요한 게 없을까. 『서』書 「중훼지고」仲虺之誥에, "예로 마음을 통제한다"라고 하였다. 맹자는, "군자는 인仁으로 마음을 보존하고 예禮로 마음을 보존한다"(「이루 하」 28장)고 하였고 또, "인에 머무르고 의를 따르면 대인大人이 되는 일은 갖춰진다"(「진심 상」 33장)라고 하였다. 『대학』이야말로 이런 것을 긴요한 일로 보지 않고 그저 분노하고, 무서워하고 두려워하고, 좋아하고, 걱정하는 게 없기를 바랐으니 어찌된 일인가. 이 네 가지(忿懥, 恐懼, 好樂, 憂患)는 마음의 활동이다. 모든 사람은 이런 형체를 가졌으니 이런 마음을 가졌으며, 이런 마음을 가졌으니 분노하고, 무서워하고 두려워하고, 좋아하고, 걱정하는 게 없을 수 없다. 인仁으로 마음을 보존하고 예禮로 마음을 보존한다면 이 네 가지는 인과 예의 드러남이며 천하에 통하는 도가 된다. 무슨 미워할 게 있단 말인가. 『대학』은 이를 알지 못하고 그저 분노하고, 무서워하고 두려워하고, 좋아하고, 걱정하는 게

없기를 바랐다. 이는 공자와 맹자의 혈맥을 몰랐기 때문이다.

3)『대학』에는 또, "마음이 있지 않으면 보아도 보이지 않고 들어도 들리지 않으며 먹어도 그 맛을 모른다"라고 하였는데, 도를 해치는 게 더더욱 심하다고 하겠다. 공자와 맹자의 혈맥을 모를 뿐만 아니라 공자를 불신하면서 자신이 자기의 학문으로 세상에 큰소리치려는 자이다.『논어』에, "선생님께서 제나라에 계실 때 '소韶'를 들으시고는 세 달 동안 고기 맛을 알지 못하셨다"(「술이」13장)라고 하였고 또, "분발해 공부에 빠지면 밥 먹는 것도 잊고"(「술이」18장)라고 하였으며 또, "안연이 죽자 선생님께서 곡을 하시는데 통곡이었다. 모시고 있던 제자가 말하였다. '선생님, 통곡을 하십니다.' 선생님께서 말씀하셨다. '통곡을 하였더냐. 저 사람을 위해 통곡하지 않으면 누구를 위해 하겠느냐.'"(「선진」9장)라고 하였다. 만약『대학』의 관점에서 보자면 공자 역시 방심放心을 면치 못했다고 할 수 있다.『대학』을 지은 사람이 원래 엉성하거나 빠뜨린 게 있어서 그런 게 아니라 역시 의미가 상통하지 않기 때문이다. 그의 학문은 근본적으로 인의仁義의 양심을 보지 못하고 굳세게 자기 마음을 통제하려 했던 것이다. 고자告子와 같은 부류일 뿐이다.

4) 또 말한다. "정심"正心이라는 두 글자는『맹자』에도 보인다. 하지만 아직 논의를 벌여야 할 게 있다. 맹자는, "나 또한 인심을 바로잡고[正人心], 사악한 말을 종식시키고, 치우친[詖] 행동을 거부하고, 함부로 하는 말[淫辭]을 내쳐 세 성인을 이으려는 것이다"(「등문공 하」제9장)라고 하였다. 소위 "정인심"正人心은 백성이 잘못된 마음을 갖지 않도록 금지시켜 그들로 하여금 "사악한 말과 난폭한 행동"[邪說暴行]이란 심한 짓이 없도록 하려는 것으로 자연히『대학』의 뜻과는 다르다. 맹자의 뜻대로라면

"정심"正心 두 글자는 백성에게 적용해야 할 말이지 자신 한 몸에 적용해서는 안 된다. 그러므로 맹자는 평생 사람들을 가르치면서 "존심"存心이라 하기도 하고 "양심"養心이라 하기도 했지만 "정심"이라 한 적이 없으니 그 뜻을 알 수 있다. "존심"이라 한 것은 마음을 잊지 않기를 바란 것이요, "양심"이라 한 것은 마음을 잘 키우길 바란 것이다. 하지만 『대학』에서는, 사람의 마음 통제는 마치 기물을 만들 듯 그 형태가 반듯하고 바른 모양으로 되어 한 번 정해지면 변해서는 안 된다고 하였다. 이것이 어떻게 마음을 아는 사람이겠는가.

5) 『대학』에, "대학의 도는 명덕明德을 밝히는 데 있다"고 하였다. 살펴보면, 명덕이라는 말은 하夏·은殷·주周 삼대의 책에 자주 보인다.[3] 하지만 하은주 삼대의 책은 본래 성인의 행동을 기록한 것이다. 간혹 명덕

---

3) 도가이의 주석이 참고된다. "『시』「대아·황의(皇矣)」에, "상제(上帝)가 명덕(明德)의 임금에게 옮겨 가 곤이(昆夷; 오랑캐)가 길 가득 도망간다"(帝遷明德, 串夷載路)라 하였고 또, "나는 명덕을 가진 사람을 사랑하지 얼굴빛과 목소리는 대단하게 여기지 않는다"(予懷明德, 不大聲以色)라고 하였다. 『서』「재재」(梓材)에, "선왕이 다 이미 명덕을 부지런히 쓰시어"(先王旣勤用明德)라 하였고, 「소고」(召誥)에, "왕의 위명(威名)과 명덕을 보전해 받도록"(保受王威名明德)이라 하였고, 「군석」(君奭)에, "앞사람이 덕을 공경하고 밝힌 것을 이어받지"(嗣前人, 恭明德)라고 하였고, 「군진」(君陳)에, "기장이 향기로운 것이 아니라 명덕이 향기롭다"(黍稷非馨, 明德惟馨)라고 하였다. 『역』(易)「진괘」(晉卦) 대상(大象)에, "밝은 태양이 땅 위로 올라오는 것이 진(晉)괘의 모습이니, 군자는 이것을 보고 써서 스스로 명덕을 밝힌다"(明出地上晉, 君子以自昭明德)라고 하였다. 『좌전』'소공 원년'에, "유정공이 말했다. '훌륭하구나, 우임금이 이룬 업적이. 명덕이 아득히 높구나'"(劉定公曰:美哉禹功, 明德遠矣.)라고 하였으며, '소공 8년'에는, "진(晉)나라의 사고(史趙)가 말했다. '순임금이 명덕으로 거듭해 주어서'"(晉史趙曰:'舜重之以明德)라고 하였고 7년에는, "노나라의 맹회자가 말했다. '명덕을 가진 성인은'"(魯孟僖子曰:'聖人有明德者')이라고 하였다. 또 '은공 8년'에는, "중중이 말했다. '감히 임금의 명덕은 받지 못하겠습니다'"(棠仲曰:敢不承受君之明德)라고 하였다. 또 『서』「요전」에, "능히 준덕을 밝혀"(克明峻德)라 하였고, 「중훼지고」에, "왕은 힘써 대덕을 밝혀"(王懋昭大德)라고 하였다. 모두 성인의 덕이 환하게 빛나 널리 퍼져서 사방에 은혜를 펼쳤음을 말한 것이지 사람 사람마다 모두 갖추고 있는 본성의 명칭이 된 적은 없다."

이라는 말을 써서 성인의 덕을 찬미하였는데 명덕^{明德}이라 하기도 하고, 준덕^{峻德}이라 하기도 하고, 소덕^{昭德}이라 하기도 했지만 그 뜻은 똑같았다. 그러므로 『서』의 전^典·모^謨·서^誓·고^誥라는 형식의 글에 자주 보이지만 배우는 사람이 감당할 수 있는 말이 아니었다. 그런 까닭에 공자와 맹자에 이르러 늘 인^仁을 말하고 의^義를 말하고 예^禮를 말했지만 한 번도 말이 명덕에 미친 적이 없었다. 『대학』을 지은 이는 그 뜻이 어디 있는지 모르고 『시』와 『서』에 명덕이란 말이 많은 걸 보고 함부로 서술했을 뿐이다. 공자와 맹자의 뜻을 모르는 게 왜 아니겠는가.

6) 『대학』에는 또, "임금이 되어서는 인^仁에 머무른다"고 하였다. 공자와 맹자의 학문은 인^仁을 으뜸으로 여기고 공부하는 사람 모두 이것을 따라 공부하지 않는 사람이 없다. 지금 『대학』은 인^仁을 유독 임금에게만 포함시키고 배우는 사람을 위해 말한 곳은 없다. 이 또한 공자·맹자의 뜻과 다른 부분이다.

7) 『대학』에는 또, "자신의 마음을 올바르게 하려는 사람은 먼저 자신의 뜻을 참되게 한다[誠意]"고 하였다. 의^意는 하나가 있을 뿐이다. 『논어』에서는 "무의"^{毋意}(마음속으로 따져 보지 않다. 「자한」 4장)라 하였고 『대학』에서는 "성의"^{誠意}라 했다. 하나는 긍정으로 쓰고 하나는 반대로 써서 시비가 없을 수 없다. 그런데 『중용』에서는 "성신"^{誠身}이라 했지 "성의"^{誠意}라고 하지 않았다. 성誠이라는 말은 신^身에 쓰는 것이지 의^意에 써서는 안 되는 게 명백하다.

8) 『대학』에는 또, "「초서」^{楚書}에 이런 말이 있다, '초나라는 보배로 여기는 것이 없다'"라고 하였다. 초나라는 남쪽 오랑캐로 깍깍거리는 말을 쓰는 풍속이 있는지라 중앙에 있는 국가[中國]들이 동렬로 치지 않는

나라였고 진량陳良은 초나라 태생이면서 자기 나라에서 공부하지 않고 북쪽으로 올라와 중국에서 주공과 공자의 학문을 배웠다. 지금 『대학』은 문왕과 무왕, 주공의 가르침을 인용하지 않고 멀리 초나라의 말을 인용했다. 가장 이해할 수 없는 곳이다.

9) 『대학』에는 또, "재산을 낳는 데는 큰 방도가 있다"[生財有大道]라고 하였다. 재산이란 백성들이 밑천으로 살아가는 수단이다. 진정 백성들을 위해 금지하는 것을 만들고 경계를 설치하며, 세입을 헤아려 지출을 해서 미리 계획하고 계산하는 방도를 강구하지 않을 수 없다. 하지만 균등하게 분배하면 가난이 없고 균형 있게 쓰면 부족함이 없으며 안정되게 운용하면 허물어지는 곳이 없다. 군자가 어찌 재산을 낳는 방도를 구하겠는가. 하물며 예禮·의義·신信조차 대도大道라고 하지 않는데 "재산을 낳는 데는 큰 방도[大道]가 있다"고 하는 것은 어찌된 말인가. 공자 문도門徒의 말이 아닌 줄 알겠다.

10) 『대학』에는 또, "이는, 나라는 이로움[利]을 이로움으로 여기지 않고 의로움[義]을 이로움으로 여긴다는 말이다"라고 하였다. 이 또한 이로움을 얻으려는 마음을 가지고 한 말이다. 맹자는, "왕께서는 하필 이익을 말씀하십니까. 다만 인의仁義가 있을 뿐입니다"(「양혜왕 상」 1장)라고 하였다. 군자가 도를 실행할 때는 의義만을 숭상하고 이로움이 이로움인 줄 모른다. 만약 의를 이로움으로 여기는 마음을 갖는다면 그 끝에는 의를 버리고 이利를 취하지 않는 게 없다. 전국시대 동안 오래도록 이익에 푹 빠져 사람들이 모두 이利를 좋아해 왕공王公의 자리에 있는 대인大人에서부터 서인庶人에 이르기까지 이利만 듣고 싶어 했다. 그러므로 유학자로 사는 사람조차 늘 자기 학술이 팔리지 않을까 걱정하면서 반드시 이利

를 가지고 사람들을 유혹했다. 소위 "재산을 낳는 데는 큰 방도[大道]가 있다"는 말이다. 또 "의로움[義]을 이로움으로 여긴다"고 하였는데 이 학술을 이용한다는 말인 것이다. 『대학』이 공씨(공자)가 남긴 책이 아님은 환하도록 명백하다.

내가 쓴 열 가지 증거가 '혈맥과 부합하느냐 아니냐'에 모두 관련되지는 않는다. 하지만 한두 개 주제를 정하고 말을 구사하는 데서 생긴 차이도 근본적으로 모두 혈맥을 모른다는 것과 연관되므로 여기서도 분별하지 않을 수 없었다. 세상이 타락하고 도가 쇠약해지면서 사악한 말과 난폭한 행동이 또 일어났다고 맹자가 이미 말했다. 지금 『노자』와 『초사』의 「원유」遠遊편을 보니 사악한 말이 횡행한 지 참으로 오래되었다. 하물며 전국시대에는 어땠겠는가. 성인과 거리가 이미 멀어 경經은 부스러기만 남고 말은 빠진 게 많아 세상의 공부하는 사대부들은 스스로 최고의 보배라 여기면서도 실은 사악한 말에 의해 잘못된 것인 줄 몰랐다. 지금 옷깃을 왼쪽으로 하는 오랑캐 풍속에 완전히 빠지지 않은 것은 다행히 공자와 맹자가 남겨 준 가르침이 아직 존재하기 때문이다. 한나라의 유자儒者들은 선택이 정밀하지 못했고 식견이 철저하지 못했다. 많기만을 탐내며 얻기에만 힘쓰다 도를 해치는 정도가 이렇게 심각한 지경까지 이를 줄 몰랐다. 『대학』은 본래 『예기』 안에 있는 것으로 한 편의 글이기는 해도 누구의 손에서 나왔는지 상세하지 않다. 고정考亭 주씨(주희)에 이르러 처음으로 경經 1장, 전傳 10장으로 나누어, 경은 공자의 말이고 전은 증자曾子의 뜻으로, 문인門人들이 기록한 것이라고 하였다. 이 견해는 주씨가 마음으로 좋아하고 숭상하는 것에서 나온 말이지 고증考證한 것을 두고 한 말이 아니다. 후학들은 스스로 분별할 줄 모르고 공자의 말을 단지 증자가 전한 것이라고 생각했으니 도를 해친 게 더 심하다 하겠다.

나는 지극히 불초不肖한 사람으로 어떻게 감히 고정考후을 바랄 수 있겠는가. 덕행의 근면, 학문의 박식, 문장의 풍부함은 현격히 차이가 나 만분의 일 정도일 뿐만이 아니다. 그의 발꿈치에도 못 미칠 것은 확실히 말할 필요도 없다. 하지만 조심스레 혼자 생각해 보건대, 공자와 맹자의 혈맥을 아는 것에 대해서는 감히 스스로 양보하지 못하겠다. 이에 조심스레 자신을 헤아리지 못하고 공자와 맹자의 혈맥을 자유롭게 서술해 아이들에게 준다. 실은 공자와 맹자의 도가 후세에 크게 밝혀지지 못할까 두려워서다. 맹자는 말했다, "내가 왜 논쟁하길 좋아하겠느냐. 나는 부득이해서이다"라고. 도를 근심하는 군자는 양해해 주시길.

중용발휘
中庸發揮

『중용발휘』 서문

옛날 공자께서 돌아가시자 은미隱微한 말이 끊어졌고 70제자가 세상을 떠나자 대의大義가 어그러졌다. 도술道術에 천하가 찢겨 제자백가諸子百家가 각자 자기들의 도道를 진정한 도라 하고 자기의 덕德을 진정한 덕이라 하면서 천하를 변혁할 생각을 하였다. 배우는 사람들은 이치에 어두워 무엇을 따라가야 할지 몰랐다. 이에 자사子思께서 『중용』中庸이라는 책을 지어 성인의 도는 '진정한 도와 일치하는 최고 정도正道'[大中至正]의 최고 경지임을 증명하였다. 1장에 세 마디 말을 내걸고 시작을 열었으니 바로 육경六經의 총괄이고 학문의 큰 요체다.

도道라는 것은 사람들이 함께 따라가는 것이며 성性이라는 것은 사람이 하늘에서 부여받은 것이다. 그러므로 군신君臣이 서로 대하고 부자父子가 서로 사랑하고 부부夫婦가 서로 친밀하고 형제兄弟가 서로 화목하고 붕우朋友가 서로 따르며, 알맞은 옷을 입고 제대로 된 음식을 먹고 살 곳에서 산다. 이는 인성人性이 편안하게 여기는 것이 그렇기 때문이다. 소위 성인의 도 역시 이런 것을 따르는 것을 도라 한다. 교정해 바로잡거나 조작하는 것이 있는 게 아니다. 그러므로 자기 몸에 근본을 두고 실행하기 쉬우며 많은 사람들에게 징험해 보아 따르기 쉬우니 천지의 일상원칙이 되고 바뀌지 않는 대도大道가 된다. 진실로 믿고 따를 수 있는 것이다. 그러나 저 세상을 버리고 멀리 떠나 숨겨진 것이나 찾고 기이한 행동을 하는 무리들은 자기가 좋아하는 것만 추구하며 인간의 윤리를 어지럽힌다. 한 번은 보고 들을 수 있을지 몰라도 끝내 천하 사람들에게 영원히 따르도록 하기 어렵다. 그것이 도가 될 수 없음 또한 이를 보면 알수 있다. 그러므로 1장에, "하늘이 명한 것을 성性이라 하며, 성을 따르는 것을 도道라 하며, 도를 닦는 것을 교教라 한다"고 하였으며 이 말을 이어, "도는 잠시라도 떠날 수 없으며 떠날 수 있으면 도가 아니다"라고 하였다. 도의 진위眞僞와 정사正邪를 밝혀 인성人性이 편안히 여기는지 아닌지, 이 기준에 징험하려 했던 것이다.

성性의 자연스러움을 따르는 것을 도로 보는 게 아니다. 사람들이 도에 나아가도록 하는 것은 실상 교教가 하는 일이다. 그러므로 사람의 태생적 기질이 수만 가지로 다르더라도 부지런히 힘써 애써 배우며 그치지 않고 노력하면 어리석은 사람을 변화시켜 총명하게 하며 유약한 사람을 변모시켜 강하게 한다. 성공에 이르면 성인과 함께 갈 것이니 무엇을 다시 의심하겠는가. 그런데 사람들은 성인과 어리석은 사람, 현자와 그렇지 않은 사람은 본래 정해진 기질이 있어 배움으로는 바꿀 수 없다하면서 거칠고 지리멸렬한 채로 자포자기에 편안해하면서 끝내 소인이되는 것으로 돌아간다. 여기가 성인이 깊이 한탄한 곳이다. 그런 까닭에 교教와 법도의 효과는 속일 수 없는 것이라고 누누이 말해 사람들이 선善에 나아갈 수 있도록 한 것이다. 그 말씀에, "이 방법에 능숙하면 어리석더라도 반드시 총명해지며 유약하더라도 반드시 강해진다"라고 하였다.

그 나머지 서술한바, 성誠과 명明에 대한 말씀, 성性과 교教의 구분, 그리고 생지生知·학지學知·곤지困知의 삼지三知와 안행安行·이행利行·면강행勉强行의 삼행三行, 널리 배우고 자세히 묻고 신중히 생각하고 밝게 분별하고 독실히 행동하라[學問思辨行]는 등의 말씀은 일은 달라도 모두 사람들에게 부지런히 힘써 성인이 되도록 하려는 방법으로서 성인의 뜻이 아닌 게 없다. 전반부 15장은 공자의 말을 인용해 전적으로 중용의 뜻을 반복하고 추론해 밝혔다. 그 뒤는 종묘의 예악과 규범에 대한 일을 두루 언급하며 성인의 덕을 칭송하고 군자의 도를 찬양하였으며 "소리도 없고 냄새도 없는" 경지에 이르러 그쳤으니, 교教를 가장 상세하게 설명하였다. 이것이 『중용』 한 편의 대의大意다.

다만 『중용』을 살펴보면 앞뒤가 고르지 못해 서로 연결되지 않는 부분이 있는 것 같다. 진秦나라의 분서焚書 이후 남은 책을 수집해 정리하면서 이것저것 뒤섞여 잡스러운 책이 된 게 아닐까. 그런데 선유先儒는 이를 통틀어 한 편의 책으로 만들어 억지로 계통을 세웠다. 천도天道와 인도人道, 보편성[費]과 은밀함[隱], 본질[體]과 현상[用]이 서로 어울려 학설을 이루었다. 그런 까닭에 그 풀이에 견강부회와 마구 모아 놓은 실수가 없을 수 없었다. 게다가 허무·고원高遠의 이치를 실어 평온한 말씀을 풀이했으니 명칭을 붙인 뜻에 어긋나 또한 따를 수 없는 곳도 있다. 그러므로 아버님께서 『논어』와 『맹자』 두 책을 풀이한 뒤에 다시 이 책까지 매우 많은 곳을 바로잡아 고치시고 이를 『중용발휘』라고 하셨다. 이에 서문을 쓰고 전한다.

쇼토쿠正德 4년(갑오년 1714) 정월 원일, 이토 나가쓰구 삼가 쓰다

책의 유래를 서술함

○ 내(고례에다維楨, 진사이의 이름)가 살펴보니 『사기』史記 「공자세가」孔子世家에, "자사子思가 『중용』을 지었다"고 하였고 『공총자』孔叢子 「거위」居衛에, "자사가 송宋나라에 갔다. 송나라의 대부大夫 악삭樂朔이 자사를 공격하고 포위하였다. 자사가 『중용』이라는 책 49편을 지었다"고 하였다. 『중용』편은 이제까지 『예기』에 실려 있었는데 송나라 고정考亭 주씨(주희)에 와서 『논어』·『맹자』·『대학』과 합쳐져 나란히 사서四書가 되었고 전체가 33장으로 나뉘었다. 하지만 『대학』은 본래 공자 문하에서 나온 책이 아니다. 『시』·『서』 이경二經은 숙독했지만 공자 문하의 뜻은 모르는 자가 지은 것으로 이에 대한 설명은 따로 논의해 두었다. 『맹자』의 경우 공자의 뜻을 잘 설명한 책이다. 『중용』은 또 공자의 말을 연역하였다. 그 책을 자사가 지었는지 여부는 정확하게 알 수 없지만, 그 말은 『논어』에 부합하므로 취하기로 한다. 여기서는 조기趙岐의 『맹자집해』孟子集解를 본받아 상하上下편으로 나누었다.

○ 내가 송나라 삼산三山(복주福州의 별칭. 복건성福建省)인人 진선陳善이『중용』을 논한 글을 본 적이 있는데, "선조의 사당을 수리하고 종묘宗廟의 제기祭器를 진열하며……' 이하 단락은 한유漢儒의 잡기雜記인 것 같다"(『문슬신화』押蝨新話)라 했고, 노재魯齋 왕씨王氏(왕백王柏)는, 제21장 이하는 확실히 「성명서」誠明書라 했다. 나는 이러한 말이 상당히 논리가 있다고 생각한다. 하지만 증거가 없는 말이라 믿고 근거로 삼기엔 부족하다. 지난번에 찬찬히 생각해 본 적이 있는데,『공자가어』孔子家語는『중용』20장을 「애공문정」哀公問政편篇이라 했다. 그렇다면 이 장은 본래 한 편의 글로『중용』에 잘못 들어갔다.『중용』의 본문이 아닌 게 아주 명확하다. 또『중용』한 책은 겨우 4,200여 자에 지나지 않는데 제20장은 실제 세어 보면 780자로 거의 5분의 1에 해당한다. 「애공문정」한 편을 전부 인용할 이유가 없으니 이것도 한 증거가 된다. 이런 관점에서 본다면 진선과 왕백의 주장은 탁견이라 하겠다. 그리고 제16장의 귀신을 논한 곳과 제24장(주희의『중용장구』.『중용발휘』에서는 28장)의 상서로운 조짐과 요사스런 싹을 논한 곳은 또 공자의 말이 아니다. 이에 대한 설명은 해당 조목 아래에 있다. 그렇다면『중용』이라는 책은 한유가 잘못 편집한 것이 역시 많다 하겠다. 그러나 귀신과 요사스런 싹을 언급한 곳을 제외하면 그 말이 모두 확실하고 분명해서『논어』·『맹자』와 실상 표리表裏가 된다. 공자가 남긴 말이므로『논어』·『맹자』에 나란히 놓는다. 세상 교화에 큰 보탬이 될 것이다.

강령

○『중용』은『논어』의 뜻을 부연한 책이다. 중용이란 말은 처음『논어』에서 나왔고 자사가 이를 자세히 설명해『중용』을 지었다. 지나침과 모자람이 없이 평소에 늘 실행할 수 있는 덕을 밝혀 그 책이름을 지은 것이다. 선유先儒는 요순堯舜 이래 전수傳授한 심법心法이며 공자 문하의 심오한 이치를 담은 책이라 잘못 보고, 고원하고 은미한 설명으로 책을 풀이하였다. 공자와 맹자의 가르침은 인의仁義 두 글자를 벗어나지 않으며 인의 이외에 또 소위 중용이라는 것은 없음을 모르는 것이다. 작자의 의도에서 아주 심하게 벗어났다. 배우는 사람이 책의 이름을 지은 뜻으로 탐구한다면 생각이 반은 넘은 것이다.

○ 무릇 중中이라고 하나만 말한 것과 중용中庸이라고 이어 말한 것은 그 뜻이 현저히 다르다. 중용이라고 이어 말한 것은 지나침이나 모자람이 없이 평소에 늘 실행할 수 있는 도를 말한다. 예컨대 "중용은 지극한 것이로다"(『중용발휘』4장)라고 한 말이 이 뜻이다. 중이라고 하나만 말한

것은 단지 어떤 일에 처해 합당하게 대처하는 것만 가지고 말한 것이다. 권權(상황에 맞게 융통성 있게 운용함)을 써서 판단하지 않으면 반드시 폐단이 생긴다. 그런 까닭에, "가운데만 잡고 융통성[權]이 없는 것은 하나를 고집하는 것과 같다"(『맹자』「진심 상」 26장)고 한 것이다. 선유가 잘 살피지 못하고 이 둘을 섞어 설명한 것은 잘못이다.

○ 중中이라는 글자에 대해 종전 제유諸儒는 깊은 사고가 결여돼, 혹 "지나침이나 모자람이 없는 것"을 중이라 하고 혹 "한 편으로 쏠리지 않고 기대지 않는 것"을 중이라 했는데 모두 합당하지 않다. 중이라 함은 두 끝[兩端]을 전제하고 말하는 것으로 강剛과 유柔, 대大와 소小, 후厚와 박薄, 심淺과 천深 그 둘 사이의 중간을 중中이라고 한다. "양 끝을 잡아 그 중간을 백성에게 썼다"(『중용발휘』 6장)고 말한 것이 그 예다. 또한 중에는 강剛하지도 않고 유柔하지도 않으며 온당穩當하고 평정平正하다는 뜻도 있다. 그러므로 중은 반드시 권權이 필요하고 그런 다음에 합당함[當]을 얻는다. 가운데만 잡고 권이 없으면 하나로 정해져 변화가 없는 폐단이 생기게 마련이다. 그런 까닭에 맹자는, "가운데[中]만 잡고 융통성[權]이 없는 것은 하나를 고집하는 것과 같다"(「진심 상」 26장)고 한 것이다. 순임금과 탕임금이 가운데[中]를 잡은 일 같은 경우는 권을 말하지 않았어도 권이 자연스럽게 중에 있다. 배우는 사람이라면 반드시 권을 쓰지 않으면 안 된다. 그러므로 중은 반드시 권을 핵심으로 한다. 소위 "지나침이나 모자람이 없는 것"을 중이라고 풀이하면 안 되는 건 아니다. 하지만 권을 써서 합당함을 얻은 이후에 중이 놓이는 것이지 지나침이나 모자람이 없는 것이 바로 중이라고 해서는 안 된다. 한 편으로 쏠리지 않고

기대지 않는 것이라는 설명은 중이라는 뜻에서 더욱 멀다.

정자程子는, "대청마루를 말한다면 그 중앙이 중이 된다. 한 집안을 말한다면 대청마루가 중이 아니라 건물이 중이 된다. 한 나라를 말하면 건물이 중이 아니라 나라 가운데가 중이 된다. 이런 식으로 유추해 가면 알 수 있다"라고 하였다. 정자의 말대로라면 중이라는 글자 하나만으로도 자족自足할 수 있어 다시 권을 사용할 필요가 없다. 만약 권을 쓰지 않고 그것 자체로 된다면 맹자는 "가운데만 잡는다"라고만 말했어야지 꼭 권을 다시 말할 필요가 없었을 것이다. 단지 '시중'時中이라 말해도 역시 자연스럽게 권이 거기에 있다. 시時라는 말을 없애버리고 중中이라고 하나만 말해서는 안 된다. 배우는 사람은 반드시 권權 자와 시時 자, 중용中庸과 양단兩端 등의 글자를 투철하게 인식해야 한다. 그러려니 하고 대충 이해해서는 안 된다.

○ 요순시대에는 그들의 말 가운데 중中을 언급한 것이 이루 헤아릴 수 없을 정도로 많은데 공자와 맹자의 책에는 단 두 구절에 그친다. 공자는, "도에 맞게[中行] 행동하는 선비를 발견해 함께할 수 없다면 반드시 광자狂者나 견자狷者와 함께할 것이다"(『논어』「자로」21장)라고 하였고 맹자는, "중용을 실천하는 사람이 중용을 실천하지 못하는 사람을 키우고"[中也養不中](『맹자』「이루 하」7장)라고 하였다. 모두 사람의 기질을 가지고 말한 것이거나 혹은 요임금과 탕임금의 일을 논하기 위해 말한 것이다. 공자와 맹자의 학문은 오로지 인의仁義를 으뜸으로 하며 중의 경우는 긴요한 공부가 아니었음을 알 수 있다. 요순·하·은·주 4대 시대에는 학문이 다 열리지 않았고 논의가 상세하지 않아 성인으로서 성인의 일을 실행

하되 일에 대처하면서 중을 얻는 것이 긴요할 뿐 그 경중은 살필 필요가 없었다. 그런 까닭에 중이라고만 해도 되었다.

공자 때에 이르러 오로지 가르침을 위주로 하면서, 저울에 물건을 재려고 표시점을 새기고 눈금을 만들어 그 무게를 잘 살피는 것과 같게 되었다. 그런 까닭에 공자 문하에서는 예禮라고 했지 중中이라고 하지 않았다. 중에는 뻔해 보여 근거가 없는 듯한 걱정스러움이 있고 예에는 질서가 잡혀 어지럽지 않은 조리가 있으며, 중에는 하나만 잡고 수많은 나머지를 없애는 폐단이 있고 예에는 일을 당해 변화하며 대처하는 오묘함이 있기 때문이다. 그러므로 "공손하면서 예가 없으면 수고롭고, 신중하면서 예가 없으면 두려워하고, 용감하면서 예가 없으면 난폭해지고, 정직하면서 예가 없으면 급박해진다"(『논어』 「태백」 2장) 하고 또, "군자가 널리 글을 배우고 예로써 제약한다면 또한 어긋나지 않을 것이다"(「옹야」 25장, 「안연」 16장)라고 한 것이다. 안자顔子(안연)가 인仁에 대해 물었을 때 단지 예만 거론해 알려 주고(「안연」 1장) 중中을 가지고 말해 준 적은 없었으니 공자의 가르침에는 참작해 헤아리는 게 있다. 굳이 하·은·주 3대 성인의 구투舊套를 따를 필요가 없었던 게 명백하다. 이 점 우리 공자의 덕이 여러 성인들보다 월등히 뛰어나 만세의 사표師表가 되는 이유이다.

○ 『중용』 1장의 "희노애락"喜怒哀樂에서부터 "만물육언"萬物育焉까지 47자는 원래 『중용』 본문이 아니다. 옛날 『악경』樂經에서 빠진 조각 글귀가 『중용』 책 가운데 잘못 끼어들었을 뿐이다. 무슨 근거로 이렇게 말하는가. 47자의 말은 육경·『논어』·『맹자』와 배치될 뿐만 아니라 『중용』 본문

에 따라 추론해 봐도 자체적으로 모순이 되기 때문이다. 다만 송나라와 명나라의 제유諸儒는 대부분 선禪을 유학에 덧붙이면서 그것이 공자와 맹자의 뜻에 부합하는지 여부는 살피지 않았다.

그 말이 공자와 맹자를 배반한 줄도 모르는 이유를 지금 열 가지 증거를 들어 밝힌다. 배우는 사람들은 살펴보라. 말한다. 육경·『논어』·『맹자』와 배치되는 것을 가지고 말해 보면, 예컨대 미발未發·이발已發 설說은 육경 이래 여러 성인의 책에 모두 없다. 이것이 첫번째 증거다. 맹자는 자사子思의 문하 사람에게서 공부를 하였다. 당연히 배운 말을 조술해야 하는데 또 이 점에 대해 말하지 않았다. 이것이 두번째 증거다. 중中이라는 글자의 경우 순임금의 조정과 삼대에 이르는 책(『서』)에서 모두 이발의 측면에서 말했는데 이곳 『중용』 1장에서 유독 미발의 측면에서 말하고 있다. 이것이 세번째 증거다. 『서』의 전모典謨(「요전」堯典·「순전」舜典·「대우모」大禹謨·「고요모」皐陶謨)에서 말하는 중中이란 말은 모두 밖으로 드러나 절도節度에 들어맞는다는 의미로 설명하였는데 이곳 『중용』 1장에서는 반대로 화和라고 이름 붙였다. 이것이 네번째 증거다. 미발의 중을 가지고 말한다면 육경·『논어』·『맹자』는 모두 (체용體用의 논리로 볼 때) 현상[用]만 있고 본질[體]은 없는 책이 된다. 이것이 다섯번째 증거다. 『중용』 본문에서 자체적으로 모순이 되는 것으로 말을 해보면, 이 책은 본래 『중용』이라 명명했으니 중용이라는 의미를 전적으로 논해야 하는데 1장에서는 중화中和의 이치를 말하였다. 이것이 여섯번째 증거다. 중中이라는 글자는 후반부에 자주 나오는데 모두 이발의 측면에서 말하지 하나도 미발의 측면에서 말한 게 없다. 이것이 일곱번째 증거다. 또한 화和라는 글자의 경우 자사가 누차 말해야 하는 것인데 책의 마지막까지 또 다시는 언급한 것이 없다. 이것이 여덟번째 증거다. "희노애락이 밖으로 드러나 모두 절도節度에 맞는 것이 천하에 모두 통용되는 도[達道]다"라 하고서는 뒤에서 "군신君臣·부자父子·부부夫婦·곤제昆弟·붕우朋友의 사귐이 천하에 모두 통용되는 도다"라고 하였다. 이것이 아홉번째 증거다. "대본大本·달도達道라고 병칭하고서는 뒤에서는 "천하의 대본大本"이라고 하나만 말해 한편으로 치우쳐 두루 말하지 않았다. 이것이 열번째 증거다. 이 열 가지 증거는 모두 『중용』 본문과 육경·『논어』·『맹자』에 근거를 두고 한 말이지 내 억지주장이 아니다. 더욱이 "희노애락" 네 글자와 "중화"中和라고 이어 쓴 말은 오로지 『예기』 「악기」樂記에 보이는데 예악禮樂의 덕을 찬미하면서 한 말이다. 그러므로 이 일부분은 옛날 『악경』에서 빠진 조각 글귀라고 말한 것이다. 선유들이 이를 살피지 못하고 마침내 미발의 중을 도학의 근본 준칙으로 삼아 지금까지 이토록 오랜 시간 동안 학문에 심한 해가 되고 있다. 분별하지 않을 수 없다.

○ 주씨(주희)는 「중용장구 서」中庸章句序에서 『서』 「대우모」의 "인심은 위태롭고 도심은 은미하니 정精하게 하고 한결같이 하라"[人心道心危微精一]라는 말을 인용하면서 이 말을 성문聖門 도통道統(도의 정통 계보)의 근본이라 하였다. 하지만 「대우모」편은 본래 고문古文 계통의 책으로 『고문상서』古文尙書는 한漢나라 이래 자취를 감춰 전해지지 않다가 뒤늦게 진晉나라와 수隋나라 시대 사이에 나타나 그 말에 의심스러운 게 많다. 선유 명나라의 임천 오여필吳與弼, 명나라의 매작梅鷟 등 제유가 모두 『고문상서』를 의심하였다. 주희조차도 의심하였다. 또 『논어』에서 요임금과 순임금이 임금 자리를 전해주고 받는 것을 서술하면서, "아, 너 순舜아, 하늘의

역수曆數가 네 몸에 있으니 진실로 그 중中을 잡아라. 온 세상이 곤궁하면 하늘의 녹祿이 영원히 끊어질 것이다"[咨爾舜, 天之曆數在爾躬, 允執其中. 四海困窮, 天祿永終]("「요왈」1장)라고 한 22자만 있을 뿐이며 "순임금 또한 이 말씀으로 우禹에게 명命해 주셨다"(「요왈」1장)라고 했을 뿐이다. 순임금이 우임금에게 전해줄 때도 역시 요임금이 순임금에게 전해준 것과 같이 했을 뿐 조금도 더하거나 덜어낸 것이 없음을 알 수 있다. 그렇다면 순임금이 "인심은 위태롭고, 도심은 은미하니, 정精하게 하고 한결같이 하라"[人心惟危, 道心惟微, 惟精惟一]라는 세 마디 말을 덧붙인 것은 어떻게 된 일인가. 조심스럽게 생각해 보건대, 요순시대에는 세상이 순박하고 사람들이 소박해 군신君臣이 가르치고 경계하는 말은 단지 인륜과 정치, 일상생활에서 매일 실천하는 일에 그쳤을 뿐, 심성心性이나 명리命理와 같이 고원하고 미묘한 말은 언급하지 않았다. 그렇다면 순임금이 덧붙인 이 말은 요순시대의 말이 아닌 게 아주 명백하다.

또 인심人心·도심道心이란 말은 명확히 위미危微라는 두 글자에 그 핵심이 있다. 하지만 도심은 본래 뚜렷이 드러나 쉽게 보이는 것으로 미묘[微]한 게 아니다. 인심은 확실히 쉽게 욕망에 흘러가지만 사람은 반드시 의리義理의 마음을 가졌으므로 오로지 위태롭다[危]고만 해서는 안 된다. 왜 그런가. 도심은 인의仁義의 양심이다. 맹자는, "여기 사람들이 어린아이가 우물로 들어가려는 것을 홀연 보고는 모두 깜짝 놀라 측은해하는 마음이 생긴다"(「공손추 상」6장)라고 하였고 또, "어이 하고 함부로 소리쳐 부르면서 주면 길 가는 사람도 받지 않고, 발로 차서 주면 걸인도 달가워하지 않는다"(「고자 상」10장)라고 하였다. "자로子路는, '뜻이 통하지 않는데 억지로 말하는 사람은 그 얼굴빛을 보면 부끄러워 붉어지는데,

이런 것은 내 알 바 아니다'"(「등문공 하」7장)라고 하였다. 인의의 양심이 뚜렷이 드러나 보기 쉬운 게 이와 같다. 심하게 틀에 가둬 없애려 해도 깎여 없어진 적이 없고 산의 나무처럼 베어 버려도 싹이 돋아나지 않을 수 없다. 이런 관점에서 본다면 위미危微라는 두 글자는 공자와 맹자의 뜻에 부합하지 않음을 명확하게 알 수 있다. 『순자』荀子 「해폐」解蔽편에, "인심의 위태로움, 도심의 은미함"[人心之危, 道心之微]이라는 두 구절이 있는데, 순자는 『도경』道經이라고 칭하면서, "이 말은 원래 『상서』尚書의 말이 아니다. 후세의 유자들이 표절해 「대우모」한 편을 가짜로 지은 것일 뿐이다"라고 하였다. 이른바 『도경』이 과연 어떤 책인지 모르겠으나 장주莊周가 『장자』莊子에서 말한 묵가의 경전[墨經]이 아닐까.

상편(上篇)

옛 판본은 전체가 한 편으로 상하^{上下}편의 구별이 없다. 다만 "미발지중" ^{未發之中}을 논한 일부분만 제외한, 1장에서부터 "부모의 마음이 편안하실 것이다"[父母其順乎]까지가 실상 중용의 원본이다. 그러므로 여기서는 거 기까지 나눠 상편으로 하였다.

1. **天命之謂性; 率性之謂道; 脩道之謂敎.**

하늘이 부여한 것을 성^性이라 하고, 성을 따르는 것을 도^道라 하고, 도를 다 스린 것을 교^敎라 한다.

> 명^命은 명령한다는 말이다. 부여해 주었다는 말이다. 성^性은 태어날 때 갖는 바탕이다. 사람이 태어날 때 부여받는 것으로 더할 수도 덜 수도 없다. 인간이 몸이라는 형태를 갖게 되면 측은^{惻隱}·수오^{羞惡}·사양^{辭讓}· 시비^{是非}의 마음이 생래적으로 모두 갖춰져 외부에서 구할 필요가 없 으므로 하늘이 내게 부여해 준 것이라고 했다. 그러므로 "하늘이 부여 한 것을 성^性이라 한다"고 하였다. 솔^率은 따른다는 말이다. '길을 따라

가다', '수레바퀴 자국을 따라가다'고 말할 때의 '따라간다'는 말로, 이 것을 따라가 어긋나지 않는다는 의미이다. 사람에게는 부자·군신·부 부·형제·붕우의 윤리를 갖지 않을 수 없고 또한 그 윤리에 따라 각각 친밀[親]·의義·구별[別]·차례[敍]·믿음[信]의 도리가 없을 수 없으므로 모두 이 성性을 따르면서 바로잡거나 조작하는 게 없다는 말이다. 그러 므로 "성을 따르는 것을 도라 한다"고 하였다. 수脩는 다스린다는 말이 다. 성인이 몸소 사람됨의 기준을 세워 예의禮義를 밝히고 효제孝弟를 삼 가 실천하여 이를 교教(가르침)라 하였다. 그러므로 "도를 다스린 것을 교라 한다"고 하였다.

이 책은 본래 성인이 말하는 도가 참된 도이며 이단에서 도라고 하는 것 은 도가 아님을 밝히려는 것이다. 그런 까닭에 먼저 세 마디 말을 세워 학문의 전체 틀을 보여 주었다. 제자백가諸子百家는 각자 자신들의 도를 옳다고 여겼지만 도는 천하에 흘러 사람들이 똑같이 따르는 것이기 때 문에 인간의 성性에 부합하면 도가 되고 그렇지 않으면 도가 아님을 몰랐 다. 그러므로 성을 가장 먼저 앞세워 하늘이 부여했다고 했으니 성이라 는 것은 사람이 사람답게 되는 근본으로 내가 가졌다고 사사로이 할 수 있는 게 아님을 알겠다. 성을 따른다고 했으니 제자백가가 각자 자신들 의 도를 도라고 하지만 사람을 멀리하면서 도라고 하는 것은 도가 아님 을 알겠다. 도를 다스렸다고 했으니 이단이 인륜을 이탈하고 세상 사는 도리를 버리고서 학문이라 하는 것은 교教가 아님을 알겠다. 성性·도道· 교教 세 가지는 천하의 이치를 모두 다 포함한다. 배우는 사람은 이를 잘 살펴야 한다.

○ 도는 지극한 것이며 다 포괄하므로 여기에 무엇을 더할 수 없다. 그러나 사람이 성인이 되게 하고 현인이 되게 하며 재주와 덕을 성취하도록 할 수는 없다. 성인이 되게 하고 현인이 되게 하며 재주와 덕을 성취할 수 있는 것은 교教의 결과다. 그러므로 도가 우선이고 교는 그 다음이다. 하지만 인간의 성性이 닭·개와 같이 무지하다면 좋은 도가 있든 좋은 교가 있든 받아들일 수 없을 터이니 도를 다할 수 있게 하고 교를 받아들일 수 있도록 하는 것은 성이 선하기 때문이다. 맹자가 말하는 성선性善이 바로 이것이다. 그러므로 이 편 머리에 이 세 가지 말을 걸어 놓아 할 말을 확립시켰으니 진정 학문의 강령이다. 성은 알면서 교를 모르는 것은 불씨佛氏(불교)의 말일 뿐이요, 교를 알면서 성을 모르는 것은 순자荀子의 학문일 뿐이다. 배우는 사람이 신중하게 생각하고 명확하게 분별해 그 궁극 취지를 탐구하지 않아서야 되겠는가.

예전 해석은, "사람과 만물이 각자 자기 성性의 자연스러움을 따르면 일상생활 사이에 각자 당연히 가야 할 길이 있지 않을 수 없으니, 이것이 도道다"(주희의 『중용장구』 1장)라고 하였다. 내 생각에는, 천하에 도道보다 존귀한 것이 없고 도보다 큰 것이 없으며 고금에 기준이 되고 인륜을 통괄해 그 이상도 없고 또한 상대도 없다. 만약 성을 따르기를 기다렸다가 그런 다음에 도가 비로소 존재한다고 말한다면 이는 성이 먼저고 도는 그 다음이며 성은 귀중하고 도는 가벼운 것이 되어 선후의 자리가 바뀌고 경중의 차례를 잃어버린다. 어떻게 소위 "천하에 모두 통용되는 도"라고 하겠는가. 성은 내가 소유한 것이며 도는 천하에 모두 통하는 것이다. 각자 해당하는 곳이 있음을 말한 것이다. 도는 성에서 나오는 것이라고 하면 안 된다. 유안劉安도, "성을 따라서 실행하는 것을 도라고 한다"(『회남자』淮南子 권卷제11 「제속훈」齊俗訓)라고 했는데 한유漢儒들이 옛것을 그대로 따른 잘못이라 하겠다.

2. 道也者, 不可須臾離也, 可離非道也. 是故君子戒愼乎其所不睹, 恐懼乎其所不聞.

莫見乎隱, 莫顯乎微. 故君子愼其獨也.

喜怒哀樂之未發, 謂之中, 發而皆中節, 謂之和. 中也者, 天下之大本也, 和也者, 天下之達道也. 致中和, 天地位焉, 萬物育焉.

도道라는 것은 잠시도 떠날 수 없는 것이니 떠날 수 있으면 도가 아니다. 이런 까닭에 군자는 볼 수 없는 것에도 경계하고 삼가며 들을 수 없는 것에도 무서워하고 두려워한다.

│ 도道는 중용의 도를 말한다. 사람과 도의 관계는 나무가 흙에, 물고기가 물에 맺는 관계와 같아서 잠시 떠나고 싶더라도 떠날 수 없다. 위 문장에서 말한 "성을 따르는 것을 도라 한다"[率性之謂道]는 뜻을 거듭 말한 것이다. 하지만 심하게 가둬 두거나 오랫동안 나쁜 것에 빠져 있으면 짐승과 차이가 거의 없게 된다. 이 때문에 군자는 자신이 보고 듣는 것에서부터 보고 듣지 못하는 것에 이르기까지 경계하고 삼가며 무서워하고 두려워하는 공부를 하지 않은 적이 없다. 이것이 바로 교敎다.

은밀한 것보다 더 드러나는 게 없으며 미세한 것보다 더 나타나는 게 없다. 그러므로 군자는 홀로 있음을 삼간다.

│ 위 구절에서 학문의 핵심을 구체적으로 서술했다. 그러므로 여기서는 또한 필연적인 이치를 말해 배우는 사람이 경계하도록 하였다. 은隱은 보이지 않는 곳이다. 미微는 미세한 일이다. 독獨은 남들이 보지 않는 곳

에 자기 혼자 있는 때를 말한다. 천하의 일은 은밀한 곳도 반드시 드러나고 미세한 것도 반드시 나타나게 마련이다. 군자만이 그 이치를 알 수 있다. 때문에 자기 혼자만 아는 곳에서도 참[誠]되지 않는 경우가 없다. 『대학』에서도, "마음속에서 참되면 밖으로 드러난다. 그러므로 군자는 홀로 있음을 삼가는 것이다"(『대학정본』 6장)라고 하였다. 모두 필연적인 이치를 말하였다.

기쁨·노여움·슬픔·즐거움[喜怒哀樂]이 밖으로 드러나지 않은 것을 중中이라 하고 밖으로 드러나 모두 절도節度에 맞는 것을 화和라고 한다. 중이라는 것은 천하의 큰 근본이며 화라는 것은 천하에 모두 통용되는 도다. 중中·화和의 경지에 도달하면 천지가 제자리를 잡고 만물이 잘 자란다.

| 이 47자는 원래 『중용』 본문이 아니다. 옛 『악경』樂經에서 떨어져 나온 조각글로 예악禮樂의 덕을 찬양한 글일 것이다. 만약 이 글을 『중용』 본문으로 삼는다면 기쁨·노여움·슬픔·즐거움이 밖으로 드러나지 않은 중中만이 학문의 근본이 되고 육경·『논어』·『맹자』는 모두 현상[用]만을 말하고 본질[體]은 누락시킨 책이 되어 도를 아주 심하게 해친다. 그러므로 여기서는 옛 『악경』에서 떨어져 나온 조각글로 판단하였다. 이에 대한 설명은 또 「강령」에 자세하다.

○ 이 책은 전적으로 도를 밝히기 위해 쓴 것이다. 도는 인류의 일상생활에 존재하며 온 천하에 만세까지 도달하는 것으로 잠시도 떠날 수 없는 것이다. 당시에 제자백가가 각자 사사로운 학설을 멋대로 떠들며 허무를 숭상하고 빗나간 의론을 퍼뜨려 통일할 수가 없었다. 그러므로 첫머리에, "하늘이 부여한 것을 성性이라 하고, 성을 따르는 것을 도道라 한다"

[天命之謂性; 率性之謂道]고 내건 것이다. 소위 성性은 하늘이 우리에게 부여한 것으로 본래 고쳐 바로잡거나 조정할 수 있는 게 아니다. 성을 따르면 도가 되고 따르지 않으면 도가 아니다. 인륜을 폐기하고 인정을 죽이며 사람의 할 일을 없애는 이단을 어떻게 성을 따르는 도라고 할 수 있겠는가. 그러므로 자사는 이에 성性·도道·교教 세 가지의 의미를 첫머리에 드러내고 밝혀 『중용』의 소서小序로 삼은 것이다.

3. 仲尼曰: "君子中庸, 小人反中庸. 君子之中庸也, 君子而時中; 小人之中庸也, 小人而無忌憚也."

중니仲尼께서 말씀하셨다. "군자는 중용을 실천하고 소인은 중용과 반대로 한다. 군자의 중용은 군자답게 때에 맞게 실행하며 소인의 중용은 소인답게 꺼리고 어려워하는 게 없다."

여기서 중니라고 칭한 것은 다음 문장에서 인용하는 "자왈"子曰이 모두 공자의 말임을 밝힌 것이다. 중용中庸은 지나침이나 모자람이 없이 평소에 늘 실행할 수 있는 도다. 세상 사람들은 혹 군자에 대해 의심을 하고 소인의 행동을 착하다고 본다. 하지만 군자의 행동은 영원히 바뀌지 않을 일상의 도이며 소인의 행동은 이와 반대다. 군자건 소인이건 각자 잘하는 것을 스스로 중용으로 여기고 그밖에 가는 곳이나 따르는 것은 없다. 다만 군자는 우선 스스로 중용을 택한다. 이 때문에 군자가 될 수 있고 또 때에 따라 중中에 처해 허물이 적기를 구한다. 소인의 경우, 항상성[常]을 편안하게 여기지 못한다. 이 때문에 소인이 되는 것을 면하지 못하고 또 마음 내키는 대로 함부로 행동하면서 꺼리고 어려워하는 게 없다. 이런 까닭에 군자에게 소위 중용은 참된 중용이며 소인에게 소위 중용은 실상 중용과 반대가 된다.

> 한나라 왕숙王肅의 판본에는 "소인지반중용야"小人之反中庸也(소인이 중용
> 과 반대로 함은)로 되어 있다. 하지만 "반"反이라는 글자를 더하면 말에
> 맛이 없음을 알게 된다. 더욱이 앞의 두 구절이 군더더기 말이 돼버린
> 다. 그러므로 여기서는 정현鄭玄의 판본을 따랐다.

○ 이 장은 자사가 처음 공자의 말을 인용해 이 책에 붙인 제목의 의미를
밝힌 것이다. 군자와 소인은 각자 자신의 도를 중용이라고 생각하지만
오직 군자의 중용만이 참된 중용이라는 말이다.

4. 子曰: "中庸其至矣乎. 民鮮能久矣."

선생님께서 말씀하셨다. "중용은 지극한 것이로다. 백성이 이를 실행함이
드문 지도 오래되었다."

> 지나침이나 모자람이 없이 평소에 늘 실행할 수 있는 도(중용)는 천하
> 에 가장 지극한 최고의 덕이다. 다만 세상 교화가 쇠약해지고 민심이
> 야박해지면서 중용을 실행할 수 없는 지가 지금은 이미 오래되었다.

○ 이 장은 중용의 덕이 도의 지극한 경지임을 말한 것이다. 요순과 하·
은·주 삼대의 평화로운 시대에는 백성들이 소박하고 풍속이 훈훈해서
바로잡을 것이 없었고 자연히 도에 부합하지 않는 게 없었다. 아버지는
아버지다웠고 자식은 자식다웠으며 형은 형다웠고 아우는 아우다웠으
며 남편은 남편다웠고 아내는 아내다워 저절로 이상한 행동과 기이한
술법이 눈과 귀에 접촉하는 게 없었다. 이것이 소위 중용의 덕이 지극한

경지였다. 후세에 이르러 교화가 날로 희미해져, 미치지 못하는[不及] 실수를 하지 않으면 반드시 지나치게 하는[過] 실수를 저질러 도를 멀리서 구하고 할 일을 어려운 것에서 찾아, 노력하면 노력할수록 멀어지고 힘쓰면 힘쓸수록 어려워졌다. 백성들이 능숙하게 하기 드물어진 것은 모두 이것과 관련된다. 어찌 어렵고 또 어려워서가 아니겠는가.

5. 子曰: "道之不行也, 我知之矣: 知者過之, 愚者不及也; 道之不明也, 我知之矣: 賢者過之, 不肖者不及也.
人莫不飮食也, 鮮能知味也."
子曰: "道其不行矣夫."

선생님께서 말씀하셨다. "도가 실행되지 않는 것을 나는 알고 있다. 안다는 사람은 과하고 어리석은 사람은 미치지 못한다. 도가 밝혀지지 않는 것을 나는 알고 있다. 현명한 사람은 과하고 현명하지 못한 사람은 미치지 못한다.

│ 안다는 사람은 수준 높은 것을 좋아하고 낮은 것은 혐오한다. 어리석은 사람은 낮은 것을 편안하게 여기면서 높은 것은 빠뜨린다. 도가 이런 원인으로 막혀 버린 것이다. 현명한 사람은 어려운 일을 기뻐하고 쉬운 일은 염증을 낸다. 현명하지 못한 사람은 쉬운 일만 따라 하고 어려운 일은 두려워한다. 도가 이런 원인으로 어두워진 것이다.

사람이 먹고 마시지 않는 이가 없건마는 맛을 아는 이는 드물다."

│ 이 부분은 백성이 날마다 생활하면서도 모른다는 것을 말하였다.

선생님께서 말씀하셨다. "도가 실행되지 않는구나."

│ 이 말을 인용해 위 문장의 뜻을 맺고 개탄하는 뜻을 붙였다. 아래 문장

(15장)에서 "부모는 마음이 편할 것이다"[父母其順矣乎]라는 말을 인용해 마무리한 예와 같다.

○ 이 장은, 온 천하에 옛날부터 지금까지 도가 실행되지 않고 밝아지지 않는 이유는 이 두 가지 단서에 불과하며 이는 사람이 매일 먹고 마시면 서도 그 맛을 알아 알맞게 양념하는 사람이 드문 것과 같음을 말한 것이 다. 어리석은 사람과 현명하지 못한 사람은 확실히 중용에 미치지 못한 다. 현명한 사람과 지자知者 같은 경우는 학문이 진전될수록 도와 더욱 멀 어진다. 이 때문에 천하에는 이를 알고 일찌감치 돌아서는 사람이 없는 것이다.

6. 子曰:"舜其大知也與, 舜好問而好察邇言, 隱惡而揚善, 執其兩端, 用其中於民. 其斯以爲舜乎."

선생님께서 말씀하셨다. "순임금은 큰 지혜를 가진 분이다. 순은 묻기를 좋아하고 평범한 말을 살피기 좋아하며, 악을 숨기고 선을 드러내며, 양 끝 을 잡아 그 중간을 백성에게 썼다. 바로 이런 일로 순이 된 것이다."

> 이는 위 문장을 이어 도가 밝아지고 실행되는 이유를 말한 것이다. 이邇 는 가깝다는 말이다. 집執은 잡는다는 말이다. 양단兩端은 모든 일의 본 말本末과 경중輕重을 말한다. 순임금이 위대한 지혜를 가진 이유는 남을 하찮게 보고 자기 것을 쓰는 일을 하지 않으며 천근淺近한 말을 살피기 좋아하는 데 있다. 또 악한 것은 숨기고 드러내지 않으며 선한 것은 널 리 드러내고 버리지 않았다. 그런 까닭에 천하의 선한 것이 오도록 할 수 있었다. 그리고 여러 의론이 같지 않은 것은 모두 잡고서 버리지 않

았는데 자기 지혜를 넓힌 이유이다. 지나침과 모자람이 없는 상태를 선택해 백성들에게 쓴 것은 천하에 놓치는 선이 없기를 바라서였다. 지식인들은 늘 수준 높은 것으로 내달리려 하고 어리석은 사람들은 지혜에 도달하지 못한다. 순의 지혜로움 같은 경우만이 천하의 위대한 지혜가 될 수 있으며 중용이 실행될 수 있다. 순임금이 천하의 본보기가 되어 후세까지 전해질 수 있었던 것은 바로 이런 이유 때문이었다. 그러므로, "바로 이런 일로 순이 된 것이다"라고 한 것이다.

○ 어떤 사람이 물었다. "요임금은 진실로 그 중中을 잡았고, 순임금은 백성들에게 그 중中을 썼으며, 탕임금은 중中을 세웠습니다. 중中이란 성인이 위대하게 실천한 것이라 분명 말을 용납하지 않습니다. 그런데 맹자께서, '(자막子莫은 가운데를 잡았다[執中].) 가운데[中]만 잡고 융통성[權]이 없는 것은 하나를 고집하는 것과 같다'(「진심 상」 26장)라고 말하신 것은 어째서입니까?"

대답하였다. "성인이 중을 말하면 융통성[權]을 말하지 않아도 권權은 자연히 그 가운데 있다. 배우는 사람이 단지 중이 귀한 줄만 알고 권으로 대처하지 않으면 자막이 될 뿐이다. 후세에는 오로지 중만 말하고 권을 쓸 줄 모른다. 잘못이다."

7. 子曰: "人皆曰予知驅而納諸罟擭陷阱之中, 而莫之知辟也; 人皆曰予知擇乎中庸, 而不能期月守也."
선생님께서 말씀하셨다. "사람들은 모두, '나를 몰아서 그물과 우리, 구덩이에 빠뜨리려는 것인 줄 나는 안다'고 하면서도 피할 줄 모르고, 사람들은 모두, '나는 중용을 택할 줄 안다'고 하면서도 한 달을 지키지 못한다."

│ 두 번 나오는 "나는 안다"[予知]의 지知는 끊지 말고 다음 구절과 이어서 구두를 떼어야 맞다. 고罛는 그물이다. 획擭은 우리이다. 함정陷阱은 구덩이다. 모두 짐승을 몰래 잡는 장치다. 기월期月은 만 한 달이다. 사람들은 모두 재앙의 기틀이 잠복해 있음을 안다 하면서도 스스로 피할 줄 모른다는 것을 말해, 중용을 택할 줄 안다 하면서도 굳게 지키지 못하니 참 지혜가 될 수 없음을 밝힌 것이다.

○ 이 장은 군자는 아는 것을 아는 것으로 여겨서는 안 되고, 잘 지킬 수 있는가를 아는 것으로 여겨야 한다는 말이다. 이것을 잘 알면 지키지 않을 수 없을 것이다.

8. 子曰: "回之爲人也, 擇乎中庸, 得一善, 則拳拳服膺, 而弗失之矣."
선생님께서 말씀하셨다. "회回의 됨됨이는 중용을 택해, 선善 하나를 가지면 잘 간직해 가슴에 두고 잊지 않았다."

│ 중용을 택했다는 말은 선악이 있는 곳을 분별해 소위 중용을 찾은 것이다. 권권拳拳은 받들어 가지고 있는 모습이다. 복服은 붙여둔다[著]는 말이다. 응膺은 가슴이다. 잃어버릴까 두려워 굳건히 지키는 것을 말한다. 그 사람됨이 중용을 택하는 것은 자질이 도에 가까운 것이다. 잘 간직해 가슴에 둔다[拳拳服膺]는 말은 지키는 것이 굳건하다는 뜻이다. 모든 지자知者가 꼭 잘 지키는 것은 아니다. 안자顏子만은 좋아하는 게 독실하였다. 그러므로 지키는 것이 굳건하였다. 이것이 중용이 실행되는 이유이며 한 달도 지키지 못하는 사람들과 반대가 된다.

○ 이 장은 공자가 안자의 됨됨이가 중용을 택한 것을 칭찬한 말로 그 의미가 깊다. 대개 자질과 품성이 총명한 이들은 꼭 고원한 것에 힘쓰다가 산만함에 휩쓸려 그 끝엔 꼭 이단에 빠진다. 안자의 됨됨이는 중용을 택해, 공자의 "널리 배우고 예로 단속하는" 가르침을 잘 지켜 그만두려 해도 그만둘 수 없는 경지에 이르렀다.

어떤 사람이 물었다. "안자는 아성亞聖의 재질을 가진 사람인데 작은 선 한 가지를 꼭 지켰던 것은 어째서입니까?" 대답하였다. "선 한 가지는 확실히 작다. 하지만 선을 쌓으며 쌓아 두기를 그만두지 않으면 크게 될 수 있으며 쌓고 또 쌓아 광대해지는 지경에 이르면 아무리 천하에 지혜롭게 계산하는 사람이라도 헤아릴 수 없는 것이 생긴다. 그러므로 선 하나는 작더라도 성인이 높이 평가한 것이다. 이것이 안자가 아성의 경지에 이른 이유이며 뭇사람들이 미치지 못하는 까닭이다."

9. 子曰: "天下國家可均也, 爵祿可辭也, 白刃可蹈也, 中庸不可能也."
선생님께서 말씀하셨다. "천하 국가도 다스릴 수 있으며 벼슬과 녹봉도 사양할 수 있으며 흰 칼날 위도 밟을 수 있다. 중용은 잘할 수가 없다."

| 균均은 고르게 다스린다는 말이다. 천하의 일은 무엇에 의지해 잘할 수 있으므로 모두 힘을 쓰기 쉽다. 중용의 덕만은 아주 쉽고 아주 간결하지만 힘을 쓸 수가 없다. 그러므로 세 가지 일은 어려운 것 같지만 실은 쉽고 중용은 쉬운 듯하지만 실은 어렵다. 이것이 중용을 잘하기 어려운 까닭이다.

○ 이 장은 세 가지는 천하에서 가장 하기 어려운 일이지만 혹은 재능으

로, 혹은 뛰어난 절제로, 혹은 큰 용맹으로 할 수 있다. 모두 의지하는 게 있어서 그런 것이다. 중용의 덕만은 지극한 정성[誠]으로 망령됨이 없이 지혜가 다하고 인[仁]이 지극하지 않으면 할 수가 없다. 지력智力과 부지런히 힘쓰는 것으로 도달할 수 없음을 밝힌 것이다.

10. 子路問强.

子曰:"南方之强與, 北方之强與, 抑而强與. 寬柔以敎, 不報無道, 南方之强也, 君子居之.

袵金革, 死而不厭, 北方之强也, 而强者居之.

故君子和而不流, 强哉矯. 中立而不倚, 强哉矯. 國有道, 不變塞焉, 强哉矯. 國無道, 至死不變, 强哉矯."

자로가 강함[强]에 대해 물었다.

| 강함이란 굳세고 강해서 꺾이지 않는 것을 말한다.

선생님께서 말씀하셨다. "남방의 강함이냐, 북방의 강함이냐, 아니면 네가 생각하는 강함이냐?

| 억抑은 어조사다. 이而는 너라는 2인칭이다. 네가 생각하는 강함은 배우는 사람의 강함을 말한다.

관대함과 부드러움으로 사람을 가르치고 무도한 일에 대해 갚지 않는 것은 남방의 강함이다. 군자가 여기에 머무른다.

| 관유이교寬柔以敎는 관대하고 여유로우며 부드러운 태도로 사람이 하지 못하는 것을 가르쳐 준다는 말이다. 불보무도不報無道는 뜻하지 않은 흉한 일이 갑자기 닥쳐와도 받아들이고 되갚지 않는다는 말이다. 남방은 풍토가 온유해 사람들이 견디지 못하는 것을 잘 견뎌 군자의 도에 부합

할 수 있다. 학문의 효과로 확충한다면 이른바 배우는 사람의 강함[强] 이다.

무기와 갑옷을 깔고 앉아 죽어도 후회하지 않는 것은 북방의 강함이다. 강한 사람이 여기에 머무른다.

| 임衽은 자리로 삼는다는 말이다. 금金은 무기 등속이다. 혁革은 갑옷과 투구이다. 북방은 풍토가 억세고 강해서 용맹과 사나움을 임무로 보고 자기 몸을 돌보지 않는다.

그러므로 군자는 조화를 이루되 휩쓸리지 않으니 강한 것이다, 얼마나 굳센 것인가. 가운데 바로 서서 의지하는 곳이 없으니 강한 것이다, 얼마나 굳센 것인가. 나라에 도가 있을 때는 벼슬하기 이전의 뜻을 바꾸지 않으니 강한 것이다, 얼마나 굳센 것인가. 나라에 도가 없을 때는 죽어도 자신의 뜻을 바꾸지 않으니 강한 것이다, 얼마나 굳센 것인가."

| 교矯는 강하다는 말이다. 의倚는 의지해 붙는 것이다. 조화를 이루는 사람은 꼭 쉽게 휩쓸린다. 가운데 선 사람은 꼭 무엇에 쉽게 의지한다. 군자만이 이 두 가지 일에 힘쓸 필요가 없어 자연 실수를 피한다. 색塞은 주씨(주희)는, "아직 크게 벼슬하지 않은 것이다"라고 하였다. 나라에 도가 행해져 지위가 큰 벼슬에 이르면 지난날 가졌던 뜻을 쉽게 바꾼다. 나라에 도가 행해지지 않아 자신이 곤란하고 가난한 처지가 되면 평생 지키던 것을 꼭 바꾼다. 군자만이 이 두 가지 일에 또한 의지를 발휘할 필요가 없어 항상성을 잃지 않는다. 최고로 성취된 덕을 가지고 인지仁智를 겸비한 사람이 아니면 할 수 없다. 이른바 배우는 사람의 강함은 이것을 말한다.

○ 이 장 또한 중용은 잘할 수가 없다는 뜻인데, 이 장 끝에 네 번 "강한 것이다, 얼마나 굳센 것인가"[強哉矯]라고 말하면서 마쳤다. 중용의 덕은 부드러운 듯하지만 실은 천하에서 가장 강한 것임을 찬미한 것이다.

11. 子曰 : "素隱行怪, 後世有述焉, 吾弗爲之矣.

君子遵道而行, 半途而廢, 吾弗能已矣.

君子依乎中庸, 遯世不見知而不悔, 唯聖者能之."

선생님께서 말씀하셨다. "은밀한 것을 찾아내고 괴상한 행동 하는 것을 후세에서는 칭찬해 기록하기도 하는데, 나는 그런 것은 하지 않는다.

│ 주씨가 말했다. "소素라는 글자는 『한서』漢書 「예문지」藝文志를 살펴보니, 색素으로 써야 한다. 글자가 잘못 됐다. 색은행괴素隱行怪란 숨어 있는 이치를 찾아내고 과도하게 괴상한 행동을 하는 것을 말한다." 일상을 싫어하고 기이한 것을 좋아하는 것은 사람들에게 보통 볼 수 있는 병이다. 그러므로 안다는 사람은 사람들이 알기 어려운 것을 알기를 추구하고 현명한 사람은 사람들이 행하기 어려운 일을 행하기 좋아하면서 스스로 최고의 도라 하고 사람들도 꼭 이것을 칭찬하고 기록한다. 모두지나치게 하는 일이다. 성인이 후세에 칭찬하고 기록할 것을 미리 알면서도 이상한 행동을 하지 않은 것은 중용이 최상의 도라 무엇과도 바꿀수 없기 때문이다.

군자가 정해진 도를 따라 실행하다가 중도에서 포기하기도 하는데 나는 그만둘 수가 없다.

│ 준도이행遵道而行은 정해진 길을 지키며 따른다는 말이다. 이르는 그만 둔다는 뜻이다. 중용에 의지할 줄 모르고 이미 난 길을 지키며 따르기

만 한다는 말이다. 색은행괴 하는 자들과는 다르지만 도가 아직 자기에게 있지 않다. 그러므로 끝내는 중도포기를 피하지 못한다. 성인이 그만둘 수 없는 것은 중용의 도가 아침 일찍 일어나고 밤에 잠자리에 들며 여름에 갈옷을 입고 겨울에 가죽옷을 입는 것같이 확실히 자기에게 있어 털끝만큼의 힘도 빌릴 필요가 없기 때문이다.

군자는 중용과 일체가 되어 세상에 은둔해 살며 알려지지 않아도 후회하지 않는다. 성인만이 이렇게 할 수 있다."

| 의依는 그것과 하나가 되어 서로 떨어지지 않는다는 말이다. 군자는 중용과 일체가 되어 색은행괴 하는 자들과 상반될 뿐만이 아니다. 정해진 도를 따르는 군자라도 감히 바랄 수 없는 것이다. 최고로 성취된 덕을 가진 사람은 도를 즐기며 싫어하지 않는다. 세상이 나를 알아주지 않아도 자연히 원망하고 후회하는 게 없다. 그런 까닭에 "성인만이 이렇게 할 수 있다"고 한 것이다.

○ 이 장은 한 구절이 한 구절에 중첩되었다. 처음 구절에, "나는 그런 것은 하지 않는다"[吾弗爲之矣]라고 하였다. 색은행괴는 도와 반대가 된다. 이 단만이 해를 끼치는 게 아니라 유자라도 해치는 일을 피하지 못한다. 대체로 선禪과 노장老壯에 뿌리를 두고 손쉬운 규범에 달라붙어 인륜의 일상생활과 멀어진 것이 이런 예에 해당한다. 다음 구절에, "나는 그만둘 수가 없다"[吾弗能已矣]라고 하였다. 정해진 도를 따라가는 것은 최상이 될 수 없다는 말이다. 현실에 눈멀고 썩어빠진 유자만이 폐해를 입히는 게 아니라 돈독히 실행하는 군자라도 역시 폐해를 피하지 못한다. 대체로 명분과 도리에 의지하고 예법에 기대 살면서도 중용의 도를 모르는 것

이 이런 예에 해당한다. 마지막 구절에, "성인만이 이렇게 할 수 있다"라고 하였다. 여기서 중용과 일체가 되는 것이 최고 최상이며 다시 더할 게 없음을 알게 된다.

12. 君子之道, 費而隱.

夫婦之愚, 可以與知焉, 及其至也, 雖聖人, 亦有所不知焉. 夫婦之不肖, 可以能行焉, 及其至也, 雖聖人, 亦有所不能焉.

天地之大也, 人猶有所憾. 故君子語大, 天下莫能載焉 ; 語小, 天下莫能破焉.

詩云 : "鳶飛戾天, 魚躍于淵." 言其上下察也.

君子之道, 造端乎夫婦, 及其至也, 察乎天地.

군자의 도는 광대하면서 보이지 않는다.

비費는 『설문해자』說文解字에, "재산을 나눠주다/써버리다"[散財用也]라고 하였다. 도가 광대하다는 말이다. 은隱은 보이지 않는다는 말이다. "보이지 않게 매일 드러난다"는 뜻이다. 군자의 도는 어느 곳이든 있지 않은 곳이 없으며 어느 때이건 그렇지 않은 때가 없지만 근본적으로 어떠한 명칭으로도 말할 수 없으며 또한 어떠한 형상으로도 생각할 수 없는데 사람들은 매일 생활하며 이 도를 쓰는데도 자신들도 알지 못한다는 말이다. 그러므로 광대하면서 보이지 않는다고 하였다. 선유先儒는 '은'隱이라는 말의 뜻을 자세히 살피지 않고 '미묘해 볼 수가 없다'는 뜻으로 잘못 풀었는데 『중용』의 본뜻과 아주 크게 어긋난다. 『논어』와 『맹자』에서 말하는 군자의 도는 모두 평이하고 올바르며 여유로워 알기 쉽고 실행하기 쉬운, 영원토록 바뀌지 않을 일상의 도를 말한다. 이 책

(『중용』)에서 누차 군자의 도를 말하고 있는데 모두 이런 의미로 풀이
해야 한다.

부부의 어리석음으로도 참여해 알 수 있지만 그 지극한 경지에 도달하면
성인조차도 역시 알지 못하는 것이 있다. 부부의 불초^{不肖}함으로도 잘 실행
할 수 있지만 그 지극한 경지에 도달하면 성인이라도 할 수 없는 게 있다.

| 이 부분은 도가 매우 넓다는 것을 말하였다. 지^至는 최고지점에 도달했
음을 말한다. 도의 광대함은 부부가 참여해 알 수 있고 실행할 수 있는
것에서부터 미루어 나가 최고의 경지에 도달하면 그 사이에는 성인의
덕으로도 알지 못하고 할 수 없는 것이 있다. 군자의 도는 영원토록 바
뀌지 않는 일상의 도이다. 그러므로 크건 작건 거대하건 미세하건 모두
인간사에서 빼놓을 수 없는 것으로 모든 것이 도가 아닌 게 없다. 그러
므로 성인이라도 역시 알 수 없고 할 수 없는 게 있는 것이다.

천지의 광대함에 사람들은 오히려 유감스러워하는 게 있다. 그러므로 군
자가 큰 것을 말하면 천하조차 실을 수 없을 정도이며 작은 것을 말하면
천하조차 깨뜨릴 수 없다.

| 이 구절은 위 문장을 이어 도가 지극히 광대한 것임을 말한 것이다. 천
지의 광대함에 대해 사람들은 오히려 유감스러워하는 게 있지만 군자
의 도는 어디서든 행해지지 않는 곳이 없다. 그러므로 군자의 말은 천
하의 사물에 대해 언급하면 이를 다 담을 수 없고 천하의 교묘함에 대
해 언급하면 이를 깨뜨릴 수 없는 지경에까지 도달한다.

시에, "새는 날아 하늘에 이르고, 물고기는 연못에서 뛴다"라고 하였는데
(도가) 위아래에 훤하게 드러나는 것을 말한 것이다.

| 시는 「대아^{大雅}·한록^{旱麓}」이다. 연^鳶은 솔개 종류다. 려^戾는 도달한다는

말이다. 찰察은 드러난다는 뜻이다. 이 구절은 시를 인용해, 도는 성인이라도 알지 못하고 할 수 없는 게 있지만 (도는) 천지 사이에 가득 차서 명백하게 훤히 드러나 처음부터 가리거나 감출 수 없어, 새가 날아 하늘에 이르고 물고기가 연못에서 뛰는 것과 같다는 것을 말하였다. 가리거나 감출 수 있는 것이라면 어떻게 소위 군자의 도이겠는가.

군자의 도는 부부에 뿌리를 두고 있지만 지극한 경지에 도달하면 천지에 환하게 드러난다.

| 이 구절은 위 문장의 "위아래에 훤하게 드러난다"[上下察也]는 말의 뜻을 설명한 글이다. 군자의 도는 부부의 어리석음으로도 참여해 알 수 있고 실행할 수 있는 것에 근본을 두어 사람이 이해하기 쉽고 따르기 쉬워 아주 고원하고 실행하기 어려운 일이 있는 게 아니다. 하지만 지극한 경지에 도달하면 천지 사이에 찬란하게 명백히 드러나 감추거나 숨기려 해도 그럴 수 없다.

○ 이 장은, 중용의 도는 광대하고 모두 구비되어 하늘과 땅 사이에 훤히 드러나 숨기는 것이 없음을 말하였다. 이 책은 본래 평상시에 실행할 수 있는 도를 논한 것이다. 그러나 평상이라고 하면 사람들은 바로 얕고 가까이 있는 것으로만 본다. 그런 까닭에 어떤 때는 심각하게 논하기도 하고 어떤 때는 얕게 말하기도 하며 어떤 때는 먼 것으로 깨우쳐 주고 어떤 때는 가까운 것으로 비유하기도 했으니 모두 평상시의 도를 남김없이 말하려고 한 이유에서다.

어떤 사람이 물었다. "성인은 인류의 최고 경지에 이른 분입니다. 하지만 군자의 도에 대해서는 알지 못하고 할 수 없는 게 있다고 했습니다.

무슨 말입니까?"

대답하였다. "성인이 알지 못하고 할 수 없다는 것은 알기 어렵고 실행하기 어려운 것을 말하는 게 아니다. 원래 알기 쉽고 실행하기 쉬운 것을 가지고 말한 것이다. 공자께서 '태묘에 들어가서 매사를 물었다'(『논어』「팔일」15장)라든가, '나는 늙은 농사꾼보다 못하다', '나는 늙은 밭농사꾼보다 못하다'(「자로」4장)라고 말씀하신 경우가 이에 해당한다. 무릇 인륜과 관계되는 것, 민생民生이 의지하는 것, 만세토록 통용되는 것, 이를 모두 군자의 도라고 한다."

13. 子曰:"道不遠人, 人之爲道而遠人, 不可以爲道.
詩云:'伐柯伐柯, 其則不遠.' 執柯以伐柯, 睨而視之, 猶以爲遠. 故君子以人治人, 改而止.
忠恕違道不遠, 施諸己而不願, 亦勿施於人.
君子之道四, 丘未能一焉:所求乎子, 以事父, 未能也. 所求乎臣, 以事君, 未能也. 所求乎弟, 以事兄, 未能也. 所求乎朋友, 先施之, 未能也.
庸德之行, 庸言之謹, 有所不足, 不敢不勉, 有餘不敢盡, 言顧行, 行顧言, 君子胡不慥慥爾."

선생님께서 말씀하셨다. "도는 사람을 멀리하지 않는다. 사람이 도를 실행하면서 사람을 멀리하면 도라고 할 수 없다.

사람을 벗어나 도가 있을 수 없고 도를 벗어나 사람이 존재하지 않는다. 그러므로 성인은 사람을 따라 가르침을 세웠지 가르침을 세워 사람을 몰아내지 않았다. 사람을 속이는 바르지 못한 가르침과 고원한 설명은 모두 사람을 멀리하면서 도라고 하는 것으로 중용의 도라고 할 수 없다.

시에, "나무를 베어 도끼자루를 만들고 나무를 베어 도끼자루를 만드니, 만드는 방법이 멀지 않구나"라고 하였으니, 도끼자루를 잡고 도끼자루를 만들면서 곁눈질해 보느라 오히려 멀어지고 말았다. 그러므로 군자는 (같은) 사람으로서 사람을 다스리다가 그가 고치면 그만둔다.

> 시는 「빈풍豳風·벌가伐柯」이다. 가柯는 도끼자루다. 칙則은 방법이다. 예睨는 똑바로 보지 않고 곁눈으로 보는 것이다. 나무를 베어 도끼자루를 만드는 사람은 저 도끼자루의 길이를 제대로 만드는 방법이 바로 자기가 잡은 도끼자루에 달려 있으니 또 아주 가까운 곳에 있는 것이다. 하지만 곁눈질을 해서 치수를 재는 일을 피하지 못하니 오히려 가깝지 않은 일이 되고 말았다. 도는 본래 사람과 거리가 멀지 않으므로 저 도끼자루 만드는 것에도 피차의 구별이 있는 것과 비교되지 않는다. 그러므로 성인은 천하 사람들이 모두 똑같이 그러하다고 생각하는 도를 가지고 천하에서 모두 똑같이 그러하다고 생각하는 사람을 다스렸다. 올바르고 당연하니 기준이 되고 지나치게 구하면 잘못이다. 이러므로, "(같은) 사람으로서 사람을 다스리다가 그가 고치면 그만둔다"라고 하였다. 성인의 가르침만이 중용과 올바름[大中至正]의 도다. 숨어 있는 것을 찾고 고원한 것에 힘쓰는 사람들이 알 수 있는 게 아니다.

충서忠恕는 도와 거리가 멀지 않으니 나에게 베풀어서 원하지 않는 것을 또한 남에게 베풀지 않는다.

> 자신의 마음을 다 쓰는 것을 충忠이라 하고 남의 마음을 헤아리는 것을 서恕라 한다. 위違는 거리이다. 도는 사람과 거리가 멀지 않으니 애초부터 아주 고원하고 실행하기 어려운 일이 없다. 자신의 마음을 다 써서 남을 대우해 주면 충이 확립되고 남의 마음을 헤아려 일을 베풀면 서가

행해진다. 충이 확립되고 서가 행해지면 도를 다 실행할 수 있다. 그러므로 또 이를 설명해서, "나에게 베풀어서 원하지 않는 것을 또한 남에게 베풀지 않는다"라고 하였다. 충서가 도를 다 실행할 수 있음을 밝힌 것이다. 증자曾子가 말한, "선생님의 도는 충서일 뿐이다"(『논어』「이인」 제15장)라는 것도 이 뜻일 따름이다.

군자의 도道 네 가지 중에 나는 하나도 잘하지 못한다. 자식에게 요구하는 것으로 아버지를 섬기는 일을 잘하지 못하며, 신하에게 요구하는 것으로 임금을 섬기는 일을 잘하지 못하며, 동생에게 요구하는 것으로 형을 섬기는 일을 잘하지 못하며, 벗에게 요구하는 것으로 그들에게 먼저 베푸는 일을 잘하지 못한다.

│ 이는 위 문장을 이어, 자신에게 돌이켜 구하는 도(방법)는 충서忠恕의 일임을 말하였다. 도는 힘써 실행할 수는 있지만 꼭 그렇게 된다고 기약할 수는 없다. 그러므로, "나는 하나도 잘하지 못한다"고 말한 것이다. 구求는 요구한다는 말이다. 자식과 신하, 동생, 벗에게 요구하는 것을 가지고 임금과 부모, 형, 벗을 섬길 수 있다면 어떤 도이든 다 실행되지 않는 게 없을 것이다. 자신에게 돌이켜 구하는 방도는 끝이 없고 그 효과는 헤아릴 수 없다. 그러므로 공자는 이를 말해 학문하는 핵심은 전적으로 자신에게 돌이켜 구하는 데 있음을 밝혔다. 이 의미를 안다면 천하는 다스리고도 남을 것이다.

일상의 덕을 실행하고 일상적인 말을 삼가는 행동에 부족한 것이 있으면 감히 힘쓰지 않을 수 없고 남는 것이 있으면 감히 끝까지 다하지 않는다. 말은 행동을 돌아보고 행동은 말을 돌아보니 군자가 어떻게 독실하지 않겠는가.

용庸은 항상성[常]을 말한다. 용덕용언庸德庸言은 자식과 신하, 동생, 벗에게 요구하는 것을 가지고 말한 것이다. 덕이 부족하면 더욱 힘쓰고 말에 남는 것이 있으면 끝까지 다하지 않는다. 그렇게 하고서 또 말과 행동이 서로 돌아보기를 그만두지 않으니 말과 행동이 부합되지 않을까 두려운 것이다. 조조慥慥는 독실한 모습이다. 군자의 언행이 이와 같다면 어찌 독실한 게 아니겠는가. 도는 중용에 이르러 최고 경지가 된다. 일상의 덕은 실행할 만하지 않다 하고 일상적인 말은 충분히 삼갈 만하지 않다고 하는 것이 모두 현자賢者와 지자知者가 과해서이며, 도가 밝아지지 못하고 실행되지 않는 까닭이다.

○ 이 장은 반복해 추론하고 밝히면서 도는 사람을 멀리하지 않는다는 뜻을 말했다. 학문하는 최상의 요체이자 중용의 극치이다. 도를 모르는 사람은 꼭 형체도 없고 그림자도 없는, 고원해서 도달할 수 없는 이치를 자신의 최고 목표로 여기기 때문에 중용의 도는 천하에 통용되며 만세토록 전해져 잠시도 떠날 수 없다는, 실상 우리 도의 극치임을 모른다. 천지 사이에 중용 이외에는 따로 지극한 이치가 없음을 알 수 있다.

14. 君子素其位而行, 不願乎其外. 素富貴, 行乎富貴; 素貧賤, 行乎貧賤; 素夷狄, 行乎夷狄; 素患難, 行乎患難, 君子無入而不自得焉.
在上位不陵下, 在下位不援上, 正己而不求於人, 則無怨. 上不怨天, 下不尤人. 故君子居易以俟命; 小人行險以徼幸.
子曰: "射有似乎君子. 失諸正鵠, 反求諸其身."
군자는 자신이 있는 자리에서 도를 실행하며 그 외의 것은 바라지 않는다.

부귀한 자리에 있게 되면 부귀에 맞게 도를 행하며 빈천한 자리에 있게 되면 빈천에 맞게 도를 행하며 오랑캐의 자리에 있게 되면 오랑캐에 맞게 도를 행하며 환난에 처하게 되면 환난에 맞게 도를 행한다. 군자는 어디에 가든 스스로 만족하지 못하는 것이 없다.

│ 송나라의 유작游酢이 말했다. "자신이 있는 자리에서 도를 실행한다는 것은 자신이 처한 곳에 맞게 그 안에서 도를 실행해 평소에 그런 것처럼 한다는 말이다. 순舜은 마른 밥을 먹고 푸성귀를 먹으면서 평생을 그렇게 살 것처럼 하였다. 이는 빈천한 자리에 있으면서 빈천에 맞게 도를 행하는 것이 아니면 그럴 수 없는 것이다. 순이 천자가 되어서는 비단홑옷을 입고 금琴을 연주하면서 마치 본래 소유한 것처럼 행동했다. 이는 부귀한 자리에 있으면서 부귀에 맞게 도를 행하는 것이 아니면 그럴 수 없는 것이다. 마른 밥 먹는 것과 비단홑옷을 입는 것은 처한 자리가 다르긴 하지만 이에 따르는 도를 행하는 것은 같다. 오랑캐 나라에 있거나 환난에 처해서도 또한 이와 같이 할 뿐이다."[1]

윗자리에 있으면서 아랫사람을 멸시하지 않고 아랫자리에 있으면서 윗사람을 끌어내리지 않으며, 자신을 올바로 하고 남에게서 구하지 않으면 원망이 없다. 위로는 하늘을 원망하지 않으며 아래로는 사람을 탓하지 않는다. 그러므로 군자는 평범하게 살면서 명命을 기다리고 소인은 험한 행동을 하면서 요행을 구한다.

│ 이易는 평범하다는 말이다. 요徼는 구한다는 말이다. 행幸은 얻어서는 안

---

1) 유작의 이 말은 주회의 친구 석돈의 『중용집록』(中庸輯錄)에 있다. 이 책은 정자(程子)의 여러 제자들이 스승에게 들은 『중용』에 대한 언급을 모은 책으로 주회는 이 책에 서문을 썼다. 주회의 『중용혹문』(中庸或問)에도 인용되었다.

되는 것을 얻는 것을 말한다. 자신이 있는 자리에서 도를 실행한다. 그러므로 그 외의 것은 바라지 않는다. 본래 두 가지 일이 아니다.

선생님께서 말씀하셨다. "활쏘기는 군자와 비슷한 점이 있다. 정곡을 맞추지 못하면 자신에게서 (원인을) 찾을 뿐이다."

┃ 베에 동그라미로 표시해 놓은 것을 정正이라 하고 가죽에 새를 그려 놓아 표시한 것을 곡鵠이라고 한다. 모두 과녁의 한가운데며 사격의 표적이다. 이것은 공자의 말을 인용해 위 문장의 "자신을 올바로 하고 남에게서 구하지 않는다"[正己而不求乎人]는 뜻을 맺은 것이다.

○ 이 장은 『논어』의 소위, "하늘을 원망하지 않고 사람을 탓하지 않으며, 아래로는 사람의 일을 배우고 위로는 도덕을 통달했는데, 나를 알아주는 것은 하늘일 것이다"(「헌문」 37장)의 뜻이다. 중용의 극치라 하겠다.

15. 君子之道, 辟如行遠必自邇; 辟如登高必自卑.
詩曰: "妻子好合, 如鼓瑟琴. 兄弟旣翕, 和樂且耽. 宜爾室家, 樂爾妻孥."
子曰: "父母其順矣乎."

군자의 도는, 비유하자면 먼 길을 갈 때 반드시 가까운 곳에서 시작하는 것과 같고, 비유하자면 높은 곳을 올라갈 때 낮은 곳에서 시작하는 것과 같다.

┃ 비辟는 '譬'(비유하다)와 같은 글자다. 군자의 도는 넉넉하고 여유롭게 스스로 터득하면서 차례를 따라 점차 진전하며 감히 순서를 뛰어넘거나 절차를 무시하지 않는다. 고원한 것을 도의 극치로 여기지 않고 비근卑近한 것을 고원한 것으로 가는 사다리로 삼지 않는다. 도는 중용에

이르러 최고의 경지가 된다. 중용 이외에 별도로 소위 고원한 것이 있는 게 아니다. 고상한 것으로 달려가고 원대한 것에 힘써 단번에 곧장 도에 들어가려는 것은 이단이 하는 짓이며 군자가 평상시에 행하는 도가 아니다.

시에, "처자식과 사이가 좋고 화합해, 금슬을 연주하는 것 같구나. 형제와 화합하는 데다가, 즐겁고 또 기뻐하는구나. 네 집안을 화목하게 하고, 네 처자식을 즐겁게 하였다"라고 하였다.

> 시는 「소아小雅·상체常棣」다. 금슬을 연주한다는 말은 화합한다는 뜻이다. 흡翕도 화합한다는 말이다. 탐眈도 즐겁다는 뜻이다. 노帑는 처자식을 말한다. 이는 시를 인용해 처자식과 형제가 이와 같다면 집안의 도리가 성취되고 인륜이 갖춰진다는 말이다. 이것을 벗어나 소위 고원高遠이라는 것은 없다.

선생님께서 말씀하셨다. "부모는 마음이 편할 것이다."

> 공자는 이 시를 찬미하며 말하였다. "사람이 처자식과 화합하고 형제와 의가 좋으면 부모의 마음도 편안해 거스르는 것이 없다." 집안의 도리를 완성함에 어떻게 이보다 더한 게 있겠는가. 자사는 시와 공자의 말을 인용해 위 문장의 뜻을 끝맺었다. 집안의 도리가 성취되면 나라는 자연히 다스려지고 천하는 자연히 평화롭게 된다. 요순이 다스린다 해도 또한 여기서 벗어나지 않을 것이다. 소위 고원이란 바로 이것이다.

○ 이 장은, 성인의 도는 인륜과 일상생활 사이에 지나지 않으며 천하를 뒤덮는 인仁의 풍성함도 여기에서 시작해 차츰 이뤄 가는 것임을 말하였다. 그러므로 비근한 것을 편안히 여기면 고원한 것을 기약하지 않더라

도 고원함은 자연 그 안에 있게 된다. 비근을 싫어하고 고원을 추구하는 것은 실로 도를 아는 게 아니다. "아래로 사람의 일을 배워 위로 도덕을 통달했다"[下學而上達]는 뜻은, 리理와 성性에 집착해 허무와 고원으로 달려가는 사람이 알 수 있는 게 아니다. 맹자가 말한, "요순의 도는 효제孝弟일 뿐이다"(「고자 하」2장)라는 것도 이 장의 뜻이니 최고의 말이다.

○ 내 생각에, 중용의 뜻은 여기에서 끝난다. 여기까지가 『중용』의 본문이다. 이하는 다른 책에서 떨어져 나온 조각글일 수 있는데 지금은 고찰할 수 없다.

하편(下篇)

여기 이하부터 이 편 끝까지는 『중용』본문이 아니다. 그러므로 여기서
는 따로 나눠 「하편」으로 하였다. 이에 대한 설명은 책머리의 서유敍由
(「책의 유래를 서술함」)와 각 조목 아래 보인다.

16. 子曰: "鬼神之爲德, 其盛矣乎.

視之而弗見, 聽之而弗聞, 體物而不可遺.

使天下之人齊明盛服, 以承祭祀, 洋洋乎如在其上, 如在其左右.

詩曰: '神之格思, 不可度思, 矧可射思.'

夫微之顯, 誠之不可揜, 如此夫."

선생님께서 말씀하셨다. "귀신의 능력 실행이 얼마나 큰 것인가.

│ 음陰을 귀鬼라 하고 양陽을 신神이라 한다. 어떤 사람은, 귀한 것을 신이
    라 하고 천한 것을 귀라 한다고 하였다.

보아도 볼 수 없으며 들어도 들을 수 없다. 형상을 나타내려 해도 전해 남
겨줄 수 없다.

┃ 이 구절은 귀신은 볼 수도 들을 수도 없다는 것을 말하였다. 체體는 형상
　으로 나타낸다는 말이다. 귀신은 형체도 없고 소리도 없어서 형상을 구
　체적으로 나타내 전해주려 해도 그럴 수 없다는 말이다.

천하 사람들로 하여금 재계하고 몸가짐을 깨끗이 하여 의복을 성대하게
입고 제사를 받들게 하니, 넘실넘실 가득하구나, 위에 있는 듯하고 좌우에
있는 듯하다.

┃ 주씨가 말하였다. "재齊라는 말은 재계한다(=제齊)는 의미로, 가지런하
　지 못한 것을 가지런히 하여 재계를 지극히 하는 것이다. 명明은 깨끗이
　한다는 말이다. 양양洋洋은 유동流動하며 충만한 모양이다." 귀신의 덕
　(능력)은 없는 곳이 없다. 그러므로 사람들로 하여금 두려워하며 공경
　해 받들도록 하는 것이 이와 같다는 말이다.

시에, '신이 오시는 것을, 헤아릴 수 없도다. 하물며 싫어할 수 있을까'라고
하였다.

┃ 시는 「대아·억抑」이다. 격格은 온다/도달한다는 뜻이다. 신矧은 '하물며'
　라는 뜻이다. 역斁은 싫어한다는 뜻이다. 신이 오시는 것을 헤아릴 수
　없으니 당연히 공경을 다 바칠 뿐이다. 하물며 싫어해 게을리 대할 수
　있겠는가, 라는 말이다.

미묘한 것은 잘 드러나니, 진실한 이치[誠]를 가릴 수 없음이 이와 같구나."

┃ 위 문장을 이어, 미묘한 것이 가장 잘 드러나는 것은 실질적인 이치[實
　理]의 자연스런 모습이다. 그러므로 신을 볼 수도 없고 들을 수 없어도
　마음은 태만히 여기며 불경해서는 안 된다고 말한 것이다.

○ 여기부터 이하는 본래 『중용』 본문이 아니다. 하지만 성인에게 물어

보아도 도와 어긋나는 것은 드물 것이다. 다만 이 장 및 아래 문장의 "상서로운 조짐과 요사스런 싹"[禎祥妖孽]을 설명하는 곳(28장)은 의심할 만하다. 『논어』에, "선생님께서는 괴상한 것, 힘쓰는 일, 어지러운 것, 귀신은 말씀하지 않으셨다"[子不語怪力亂神](「술이」 20장)라 했고 또, "사람을 잘 섬기지 못하는데 어떻게 귀신을 섬길 수 있겠느냐"(「선진」 11장)라고 했다. 귀신과 관련된 일은 『시』와 『서』에 실린 이래 옛날 성현들이 모두 두려워하고 공경하며 받드느라 겨를이 없었는데 어떻게 감히 이에 끼어들 수 있었겠는가. 오로지 우리 공자에 이르러 그 말씀이 이와 같았던 것은 대체로 귀신에 빠지면 반드시 인간의 도리를 소홀히 해 귀신에 대한 말이 사람을 쉽게 홀리기 때문이었다. 이런 관점에서 보면 이 장은 공자의 말씀이 아닌 것 같다. 이 구절은 위로는 이어받는 주제가 없고 아래로는 일으키는 주제가 없이 (홀로 떨어져 있으므로) 역시 다른 책에서 떨어져 나온 조각글임이 분명하다.

17. 子曰: "舜其大孝也與. 德爲聖人, 尊爲天子, 富有四海之內, 宗廟饗之, 子孫保之.
故大德必得其位, 必得其祿, 必得其名, 必得其壽.
故天之生物, 必因其材而篤焉. 故栽者培之, 傾者覆之.
詩曰: '嘉樂君子, 憲憲令德. 宜民宜人, 受祿于天, 保佑命之, 自天申之.'
故大德者必受命."

선생님께서 말씀하셨다. "순舜은 대효大孝일 것이다. 덕은 성인이 되시고 존귀함은 천자가 되시고 부유함은 사해四海 안을 소유하셔서 종묘宗廟에서 흠향하시며 자손을 보존하셨다.

│ 자손은 (『춘추좌씨전』에 보이는) 우사虞思·진호공陳胡公 같은 인물을 말
│ 한다.

그러므로 대덕大德은 반드시 합당한 지위를 얻으며, 반드시 합당한 녹을
얻으며, 반드시 합당한 이름을 얻으며, 반드시 합당한 수壽를 얻는다.

│ 순임금은 나이가 110세였다.

그런 까닭에 하늘은 만물을 낳을 때 반드시 그 재질에 따라 돈독하게 해준
다. 그러므로 심은 것들은 북돋아주고 덩굴같이 기울어진 식물은 잘 덮어
준다.

│ 재材는 재질이다. 독篤은 후하게 잘 해준다는 말이다. 재栽는 심었다는
│ 말로 재자栽者는 초목을 말한다. 경자傾者는 덩굴 종류를 말한다. 배培는
│ 번성하게 해준다는 말이다. 부覆는 덮어 준다는 말이다. 모두 잘 자라
│ 가지와 이파리까지 왕성하게 해준다는 뜻이다. 하늘이 그 재질에 따라
│ 돈독하게 해주는 것이 이와 같다는 말이다.

시에, '아름답고 즐거운 군자여, 훌륭한 덕이 뚜렷이 드러나는구나. 백성
을 돌보고 사람을 돌보시어, 하늘에서 녹을 받으셨도다. 하늘이 보우保佑
하며 명하시고는, 거듭거듭 살펴주시네'라고 하였다.

│ 시는 「대아·가락假樂」이다. 헌憲이라는 글자는 시 원문에는 현顯으로 썼
│ 다. 신申은 거듭한다는 말이다.

그러므로 대덕大德을 가진 사람은 반드시 천명을 받는다."

│ 이는 필연의 이치를 말한 것이다.

○ 이 장은 순의 일을 거론해 "대덕은 반드시 천명을 받는다"는 실제를

증명하였다.

18. 子曰 : "無憂者, 其惟文王乎. 以王季爲父, 以武王爲子, 父作之, 子述之.

武王纘大王王季文王之緖, 壹戎衣而有天下, 身不失天下之顯名, 尊爲天子, 富有四海之內, 宗廟饗之, 子孫保之.

武王末受命, 周公成文武之德, 追王大王王季, 上祀先公, 以天子之禮, 斯禮也, 達乎諸侯大夫及士庶人. 父爲大夫, 子爲士, 葬以大夫, 祭以士, 父爲士, 子爲大夫, 葬以士, 祭以大夫. 期之喪, 達乎大夫, 三年之喪, 達乎天子, 父母之喪, 無貴賤一也."

선생님께서 말씀하셨다. "근심이 없는 이는 오직 문왕文王일 것이다. 왕계王季를 아버지로 두셨고 무왕을 아들로 두셨는데 아버지는 시작하였고 자식은 이어받았다.

│ 이는 문왕의 지극한 성덕聖德이 천명과 부합할 수 있었다는 말이다. 그
러므로 아래 문장에서 태왕·왕계·무왕·주공의 일을 인용해 아버지는
시작하고 자식은 이어받은 일을 실증한다.

무왕은 태왕·왕계·문왕이 한 일을 이어, 한 번 갑옷을 입어 천하를 소유하셨으면서도 몸은 천하에 드러난 아름다운 이름을 잃지 않으셨다. 존귀함으로는 천자가 되고 부유하기로는 사해四海 안을 소유하시어 종묘에서 흠향하시고 자손을 보전하셨다.

│ 이는 무왕이 문왕의 일을 이어받았음을 말하였다. 태왕을 겸해 말한 것
은 왕계의 사업은 실제로는 태왕에서 시작되었기 때문이다. 찬纘은 이
어간다는 말이다. 태왕은 왕계의 아버지다. 서緖는 사업이다. 융의戎衣는

갑옷 등속을 말한다. 한 번 갑옷을 입어 천하를 소유했다는 것은 공적을 이루기 쉬웠다는 말이다.

무왕이 말년에 천명을 받으셨기에 주공周公이 문왕과 무왕의 덕을 완수하시어, 태왕과 왕계를 추존해 왕으로 높이시고, 위로는 선공先公(조상)을 천자의 예로 제사 지내셨다. 이 예禮는 제후·대부大夫와 사士·서인庶人에게까지 통하였다. 아버지가 대부이고 자식이 사士이면 장례는 대부의 예로 하고 제례는 사의 예로 하고, 아버지가 사이고 자식이 대부이면 장례는 사의 예로 하고 제례는 대부의 예로 하였다. 기년상期年喪은 대부에게까지만 이르고 삼년상三年喪은 천자에게까지 이르렀다. 부모의 상은 귀천貴賤을 가리지 않고 똑같았다."

| 또 주공이 문왕과 무왕의 덕을 이을 수 있었음을 말하였으니 위 문장의 소위 "자식이 이었다"[子述之]는 일이다. 말末은 노년이라는 말이다. 선공先公은 태왕의 아버지에서 후직后稷까지를 말한다. 태왕·왕계는 왕이 되는 자취가 그들로부터 일어났기 때문에 왕으로 추존한 것이다. 또 위로 선공先公을 천자의 예로 제사 지낸 것은 모두 문왕과 무왕의 덕을 성취했기 때문이다. 무왕이 천자가 된 후 위로 선공까지 제사 지내면서 천자의 예를 쓰지 않을 수 없었다. 이것은 효의 지극함이다. 주공은 또 이 예를 가지고 제후·대부와 사·서인에게까지 통하도록 하였다. 아버지가 대부이고 자식이 사일 경우 제례를 사의 예로 하는 것은 예에서는 확실히 당연한 것이다. 아버지가 사이고 자식이 대부일 경우 제례를 대부의 예로 하는 것은 예에 어긋나는 게 아니다. 상복의 경우 기년상(1년상)부터 이하의 상喪은 제후에게는 적용하지 않고 대부에서부터 단축하였다. 3년 상은 적손適孫이 조부를 위하는 경우와 (부모상일 때) 장

자長子인 경우, (남편상일 때) 아내인 경우에 해당한다. 천자에게까지 이르렀다는 말은 단축하기는 하지만 그만두지는 않는다는 뜻이다. 부모 상일 경우 위아래 구분 없이 똑같이 적용하였으니 부모의 은혜에는 귀천이 없기 때문이다. 이것은 모두 주공이 무왕의 업적을 마무리하면서 문왕의 일을 이은 것이다.

○ 이 장은 문왕과 무왕, 주공의 일을 거론해 천도天道는 선한 사람에게 복을 내린다는 실제를 또한 말한 것이다.

19. 子曰 : "武王周公, 其達孝矣乎."
夫孝者, 善繼人之志, 善述人之事者也.
春秋脩其祖廟, 陳其宗器, 設其裳衣, 薦其時食.
宗廟之禮, 所以序昭穆也, 序爵, 所以辨貴賤也, 序事, 所以辨賢也, 旅酬下爲上, 所以逮賤也, 燕毛, 所以序齒也.
踐其位, 行其禮, 奏其樂, 敬其所尊, 愛其所親, 事死如事生, 事亡如事存, 孝之至也.
郊社之禮, 所以事上帝也, 宗廟之禮, 所以祀乎其先也. 明乎郊社之禮, 禘嘗之義, 治國其如示諸掌乎.

선생님께서 말씀하셨다. "무왕과 주공은 천하에 통하는 효[達孝]를 실천하신 분들이다."

┃ 달達은 통한다는 말이다. 이 말은 무왕과 주공의 효는 온 세상에 영원히 통용되는 대효大孝로, 단지 한 몸의 효가 아니라는 뜻이다.

효는 사람의 뜻을 잘 계승하고 사람의 일을 잘 따라 실행하는 것이다.

| 이는 위 문장 달효達孝의 뜻을 풀이한 것이다. 진력陳櫟이 말했다. "조부
에게 일을 하려는 뜻이 있었는데 하지 못했거든 자손이 그 뜻을 잘 계
승해서 성취한다. 조부에게 이미 이룩한 일이 있고 본받을 만하거든 자
손은 그 일을 잘 따라 준수하고 이어간다."

봄·가을로 선조의 묘당廟堂[朝廟]을 손질하고 귀중한 물건을 진설하고 의
상을 펼쳐 놓고 제철 음식을 올린다.

| 조묘朝廟는 천자는 7묘廟, 제후는 5묘, 대부는 3묘, 적사適士(원사元士)는 2
묘, 관사官師(하위 관리)는 1묘이다. 종기宗器는 선대에서부터 간직해 오
던 귀중한 기물器物이다. 상의裳衣는 선조가 남긴 의복으로, 제사를 지낼
때 펼쳐 놓고 시동尸童에게 준다. 시식時食은 사계절의 음식이다.

종묘宗廟의 예는 소목昭穆을 차례대로 하는 것이며, 벼슬의 차례에 맞게 하
는 것은 귀천을 구분하는 것이며, 제사의 일을 차례에 맞게 하는 것은 현
명함을 구별하는 것이며, 여럿이 술을 권할 때 아랫사람이 윗사람을 위해
술을 올리는 것은 천한 사람에게까지 (공경 바치는 일이) 미치도록 하는 것
이며, 잔치를 할 때 모발의 색으로 차례를 정하는 것은 나이 순서대로 하
는 것이다.

| 주씨가 말했다. "종묘의 차례는 좌측이 소昭가 되고 우측이 목穆이 되
며 자손 역시 이 순서대로 해서, 종묘에 제사가 있게 되면 자손과 형제,
소昭에 속하는 사람들과 목穆에 속하는 사람들이 모두 함께 있는데도
질서를 잃지 않는다. 작爵은 공公·후侯·경卿·대부大夫의 벼슬을 말한다.
사事는 종宗(종백宗伯·종인宗人 같은 제사 담당관)·축祝(대축大祝·소축小
祝 같은 기도 담당관) 등 유사有司가 맡은 일이다. 여旅는 많은 사람이다.
수酬는 술을 마시도록 인도하는 것이다. 여럿이 술을 권하는 예는 빈

객賓客의 젊은이들과 형제의 아들들이 각자 자기 어른들에게 술잔을 올리고 여럿이 서로 권한다. 종묘 안에서는 일을 맡는 것을 영광으로 여긴다. 그러므로 천한 사람에게까지 순서가 돌아가 역시 공경을 펼 수 있도록 하는 것이다. 연모燕毛는 제사를 마치고 잔치를 벌이면 모발의 색으로 어른과 젊은이를 구별해 앉는 순서를 정하는 것이다. 치齒는 나이이다."

조상의 자리를 밟아 조상의 예를 실행하고 조상의 음악을 연주하며, 조상이 존중했던 것을 공경하고 친하게 여긴 이들을 사랑하며, 죽은 이 섬기기를 산 사람 섬기듯이 하며 없는 분 섬기기를 계신 분 섬기듯이 한다.

| 천踐은 밟는다는 말로, 조상의 자리를 밟는다는 말은 현명함을 본받는 것이다. 예를 실행하고 음악을 연주하는 것은 조상의 덕을 높이는 것이다. 공경하고 사랑하는 것은 조상의 마음을 자신의 것으로 하는 것이다. 산 사람같이, 계신 분같이 하는 것은 정성을 다하는 것이다.

교郊·사社의 예는 상제上帝를 섬기는 것이요, 종묘의 예는 선조를 섬기는 것이다. 교사의 예와 체禘제사·상嘗제사의 의미에 밝으면 나라 다스리기는 손바닥 위에 놓고 보는 것과 같을 것이다.

| 교郊는 하늘을 제사 지내는 것이요, 사社는 땅을 제사 지내는 것이다. (상제와 관련된) 교·사의 예만 언급하고 후토后土(토지신)를 말하지 않은 것은 문장을 생략한 것이다. 사계절 제사 가운데 여름제사를 체禘라 하고 가을제사를 상嘗이라고 한다. 체제사는 양陽의 기운이 왕성한 것이며, 상제사는 음陰의 기운이 왕성한 것이다. 그러므로 교·사를 말하면 체제사·상제사로 짝을 맞추는데 왕성한 것을 거론한 것이기도 하다. 『예기』에, "체제사·상제사보다 귀중한 것은 없다"(「제통」祭統)라고 한

말은 이런 뜻이다. 『논어』에 의지해 (여기서 언급한) 체제사를 왕의 대제大祭로 봐서는(「팔일」11장) 안 된다. 주씨가 말했다. "시示는 시視와 같은 말이다. 손바닥 위에 놓고 보는 것과 같다는 말은 보기 쉽다는 말이다." 선왕先王이 근본에 보답했던 뜻은 교·사·체·상보다 깊은 것이 없으므로 인효성경仁孝誠敬이 지극하지 않으면 이 제사에 참여할 수 없다. 그 뜻을 명확히 이해하면 나라 다스리는 일은 쉽기가 이와 같을 것이라는 말이다.

○ 이 장은 주공이 예를 제정해 문왕과 무왕의 덕을 완성했음을 말해 무왕과 주공의 효를 밝힌 것이다.

○ 생각건대, 송宋나라의 진선陳善은 "봄·가을로 선조의 묘당을 손질하고"[脩其祖廟] 이하는 한나라 유학자들의 잡기雜記라고 했는데 그 말이 더욱 믿을 만하고 근거로 삼을 수 있다. 지금 그의 말에 의지해 추론해 보면, "순舜은 대효일 것이로다"[舜其大孝](17장) 이하는 역시 『효경』孝經의 어세語勢와 비슷하므로 『중용』의 뜻과는 상관이 없는 것 같다. 그렇다면 모두 『예기』에서 떨어진 조각글이라 해야 한다. 상세한 설명은 서유敍由에 보인다.

20. 哀公問政.
子曰: "文武之政, 布在方策. 其人存, 則其政擧; 其人亡, 則其政息.
人道敏政, 地道敏樹.
夫政也者, 蒲盧也. 故爲政在人, 取人以身, 脩身以道, 脩道以仁.
仁者, 人也, 親親爲大. 義者, 宜也, 尊賢爲大. 親親之殺, 尊賢之等, 禮所生也.

在下位, 不獲乎上, 民不可得而治矣.

故君子不可以不脩身, 思脩身, 不可以不事親; 思事親, 不可以不知人;

思知人, 不可以不知天.

애공哀公이 정사政事에 대해 물었다.

| 애공은 노魯나라 임금으로 이름이 장蔣이다.

선생님께서 말씀하셨다. "문왕과 무왕의 정사는 목판과 간책에 펼쳐져 있

습니다. 현명한 사람이 있으면 정사는 거행되고 현명한 사람이 없으면 정

사는 종식될 것입니다.

| 방方은 목판이고 책策은 대나무 쪽[簡策]이다. 식息은 없어진다는 말이다.

문왕과 무왕의 정치가 선명하게 드러난 것이 이와 같다, 다만 이를 실

행하는 자가 현명한지 아닌지에 달려 있을 뿐이라는 말이다.

사람의 도道는 정사에 빠르게 나타나고 땅의 도는 나무에 빠르게 나타납

니다.

| 민敏은 빠르게 나타난다는 말이다. 사람이 도를 실행할 때 본래 선을 행

하길 좋아한다, 그러므로 정사로 통솔하면 그 교화가 빠른 것이 땅에

나무를 심는 것과 같다는 말이다. 정사가 종식되는 것은 단지 사람이

없기 때문이다.[2]

정사라는 것은 벌과 같습니다. 그러므로 정사는 현신賢臣에게 달려 있습니

다. 현신을 얻는 것은 자신을 수양하는 데 있고, 자신 수양은 도로써 하고,

도를 닦는 것은 인仁으로써 합니다.

---

2) 이 마지막 문장은 앞의 구절 "其人亡, 則其政息"에 붙인 주석으로 보인다.

포로蒲盧는 과라蜾蠃(나나니벌)로, 허리가 가는 벌이다. 『이아』爾雅에 보인다. 정씨(정현鄭玄)가 말했다. "시에, '명령螟蛉에게 새끼가 있는데, 과라가 업어가네'(「소아·소완小宛」)라고 하였다. 명령은 뽕나무 벌레다. 포로가 뽕나무 벌레의 새끼를 데려다가 시간이 갈수록 변화시켜 자기 자식으로 만들어 버린다." 송나라의 심괄沈括은 포로를 갈대[蒲葦]라고 했다. 하지만 고서古書에 분명하게 증명한 곳이 없기 때문에 여기서는 심괄의 견해를 따르지 않았다. 정사는 사람이 변화시키는 데 달려 있는 것으로 벌이 뽕나무 벌레에게 하는 것과 같다는 말이다. 인人은 현신賢臣을 말한다. 자애로운 덕이 사방에 두루 가득해 도달하지 않는 곳이 없는 것을 인仁이라 한다. 정사를 실행하는 핵심은 전적으로 사람에게 달려 있으며, 사람을 얻는 핵심은 먼저 자신을 수양하는 데 달려 있고, 자신을 수양하는 일은 도를 규범으로 하며, 도를 닦는 일은 인을 근본으로 한다. 이와 같이 하면 현신이 존재해 정사가 거행되어 다스려지지 않는 것이 없다는 말이다.

인仁은 사람[人]이 되는 것이니 친척을 사랑하는 일이 중대합니다. 의義는 마땅함[宜]이니 현자를 높이는 것이 중대합니다. 친한 사람을 사랑하는 정도에 등급을 낮춰 가고 현자를 높이는 일에 차등을 두는 것에서 예禮가 생겨나는 것입니다.

"인자仁者 인야人也"는 인仁하면 사람이 되고 불인不仁하면 사람이 아니라는 말이다. 인자는 사람에 대해 사랑하지 않는 사람이 없다. 하지만 친척을 사랑하는 일이 중대하다. 의자義者는 일에 대해 마땅하게 하지 않는 게 없다. 하지만 현자賢者를 존중하는 일이 중대하다. 친척에는 오등급의 상복제도가 있고, 현자에게는 오등급의 작위제도가 있다.[3] 예禮

는 등급을 나누고 절차를 두는 것을 말한다. 도를 닦는 일은 인仁을 근본으로 하고 인은 또 의義로 보충한다. 예는 인의仁義 두 가지에 절차를 맞게 하고 잘 다듬은 것이다.

○ 생각해 본다. 옛사람들이 글자 풀이를 한 예 중에는 발음이 비슷한 것을 가져와 풀이한 것이 많은데 원래 올바른 풀이가 아니다. "인자仁者는 인야人也, 의자義者는 의야宜也"라는 말이 이러한 예다. 주희의 『중용장구』에는, "인人은 사람의 몸을 가리켜 말한 것이다"라고 하였는데 의미에 너무 집착한 것이라 하겠다. 의義 자 같은 경우는 당연히 『맹자』의, "부끄러워하고 미워하는 마음은 의義의 근본이요"(「공손추 상」 6장)라는 말과 "사람에겐 누구나 하지 않는 것이 있는데 이를 마음대로 하는 데까지 도달하는 것이 의義다"(「진심 하」 31장) 등의 말에 의지해 풀이해야 한다. 한나라·당나라 이래 제유들이 살피지 않고서 오로지 의宜라는 글자를 올바른 풀이로 보아 통하지 않는 것이 있는 것도 몰랐다. 그러므로 여기서는 따르지 않았다.

---

3) 오등급의 상복제도는 상례(喪禮)의 다섯 가지 복상(服喪)으로, 오복(五服)제도라고 한다. 친소(親疏)관계에 따라 3년 상에서 3개월로 복상기간이 점차 감해진다[殺].

   1. 참최(斬衰) : 3년 상. 거친 베옷에 옆과 아랫단은 바느질하지 않은 상복. 부친상과 적손(嫡孫=承重孫)의 조부상.

   2. 자최(齊衰) : 거친 베옷에 바느질을 한 상복. 모친상은 3년, 조부상과 아내상은 1년. 증조부는 5개월. 고조부는 3개월.

   3. 대공(大功) : 익힌 삼베로 만든 옷. 자최와 같은 형식으로 만들되 소공보다는 거칠고 자최보다는 곱다. 9개월 상. 백부, 숙부, 형제 등.

   4. 소공(小功) : 대공과 같은 옷. 대공보다는 곱지만 시마보다는 거친 감으로 만든다. 5개월 상. 증조부모, 백숙조부모, 형제의 아내 등.

   5. 시마(緦麻) : 가는 베로 만든 상복. 3개월 상. 고조부모 등에 해당.

   오등급의 작위(爵位)제도는 조정 관직의 등급으로, 공(公)·후(侯)·백(伯)·자(子)·남(男)을 말한다.

아랫자리에 있으면서 윗사람의 신임을 얻지 못하면 백성을 다스리지 못할 것입니다.

> 정씨(정현)가 말했다. "이 구절은 아래에 있다(24장). 잘못으로 중복되어 여기 있다."

그러므로 군자는 자신을 수양하지 않을 수 없습니다. 자신 수양을 생각하면 부모를 섬기지 않을 수 없습니다. 부모 섬기기를 생각하면 사람을 알지 않을 수 없습니다. 사람 알기를 생각하면 하늘을 알지 않을 수 없습니다.

> 이 구절은 의당 아래 문장, "선에 밝지 않으면 자신을 성실하게 할 수 없습니다"(24장)라는 글 뒤에 있어야 하지 않을까 싶다. 이미 정해진 뜻을 거듭 밝혀 그 다음 문장, "성誠은 하늘의 도"[誠者, 天之道](24장)라는 글을 끌어오기 때문이다. 위 문장, "아랫자리에 있으면서 윗사람의 신임을 얻지 못하면"이라는 구절이 두 번 나옴에 따라 이 때문에 함께 여기 잘못 놓이게 된 것이다. 사람을 안다[知人]는 말은 사람의 도리로 당연히 해야 할 일을 안다는 뜻으로, 소위 "정성을 다하는 것은 인간의 도리"[誠之者, 人之道]라는 말이 이것이다. 하늘을 안다[知天]는 말은 인간의 도리가 비롯되는 근본을 안다는 뜻으로, 소위 "성誠은 하늘의 도"라는 말이 이것이다.

○ 이 장은, 정사를 실행하는 데는 수신修身이 근본이며 수신은 바로 인의仁義에 달려 있음을 말한 것이다. 맹자가 왕도王道를 논한 것과 의미와 내용이 꼭 들어맞는다.

21. *天下之達道五, 所以行之者三. 曰: 君臣也, 父子也, 夫婦也, 昆弟*
也, 朋友之交也, 五者, 天下之達道也. 知仁勇三者, 天下之達德也. 所
以行之者一也.
或生而知之, 或學而知之, 或困而知之, 及其知之一也. 或安而行之, 或
利而行之, 或勉强而行之, 及其成功一也."

천하에 모두 통용되는 도가 다섯이며 이것을 실행하는 것이 세 가지입니
다. 군신관계·부자관계·부부관계·형제관계·붕우관계 다섯은 천하에
모두 통용되는 도[達道]입니다. 지知·인仁·용勇 세 가지는 천하에 모두 통
하는 덕[達德]입니다. 이것을 실행하는 것은 하나입니다.

| 달達은 통한다는 말로, 어디든 통해 실행된다는 의미다. 군신관계, 부자
관계, 부부관계, 형제관계와 붕우관계 다섯은 천하에 모두 통용되고 만
세에까지 전해져 인간의 삶과 어긋나는 게 없다. 그러므로 다 통용되는
도[達道]라고 한다. 그러나 지知가 아니면 밝힐 수 없고 인仁이 아니면 지
킬 수 없고 용勇이 아니면 진척시킬 수 없다. 그러므로 다 통하는 덕[達
德]이라고 한다. 일一이라는 것은 둘이 아니라는 말이다. 달도達道와 달
덕達德은 그 일이 다르더라도 서로 쓰이므로[用] 본래 두 가지 이치가 아
니다. 그렇기에 "이것을 실행하는 것은 하나"라고 한 것이다.

어떤 사람은 태어나면서 알고, 어떤 사람은 배워서 알고, 어떤 사람은 곤란
을 겪고 나서야 압니다만 앎에 도달하는 것은 똑같습니다. 어떤 사람은 이
것을 편안하게 실행하고, 어떤 사람은 이롭게 여겨 실행하고, 어떤 사람은
애써 힘껏 실행합니다만 성공에 도달하는 것은 똑같습니다."

| 안다는 것은 달도가 최고의 경지임을 알고 잠시도 떠날 수 없는 것이다.
실행한다는 것은 달도를 알고 잠시도 그만둘 수 없는 것이다. 세 가지

의 앎(생지生知·학지學知·곤지困知)은 지혜[智]이며 세 가지 실행(안행安行·이행利行·면행勉行)은 인仁이다. 최고의 경지로 나아가 도달하게 하는 것은 용맹[勇]의 힘이다. 이 말은 전적으로 학지·이행 이하의 사람을 위해 발언한 것이다. 성인이 생지·안행이라는 것은 확실히 말할 필요도 없다. 그러므로 "성공에 도달하는 것은 똑같다"고 한 것이다.

여씨(여대림呂大臨)가 말했다. "들어가는 길은 달라도 도달하는 경지는 똑같다. 이것이 중용이 되는 까닭이다. 만약 생지·안행의 자질을 바라면서 거기엔 거의 미칠 수 없다 여기고 곤지·면행을 가볍게 보면서 성공은 있을 수 없다 말한다면 이것이 도가 밝혀지지 않고 실행되지 않는 까닭이다."

○ 도의 무궁함은 사방상하에 경계가 없다는 말이다. 그러므로 성인에게는 성인의 수양이 있고 현자에게는 현자의 수양이 있고 배우는 사람에게는 배우는 사람의 수양이 있는 것이다. 공자 같은 성인도 스스로 "배우는 데 싫어하지 않는다"(「술이」 2장)고 말한 것도 이러한 이유 때문이었다. 성인을 생지·안행이라고 여기는 것은 배우는 사람의 처지에서 말한 것이지 성인의 뜻은 아니다.

22. 子曰 : "好學近乎知, 力行近乎仁, 知恥近乎勇.
知斯三者, 則知所以脩身, 知所以脩身, 則知所以治人, 知所以治人, 則知所以治天下國家矣.

선생님께서 말씀하셨다. "배우기 좋아하는 것은 지知에 가깝고, 힘써 실행하는 것은 인仁에 가깝고, 부끄러움을 아는 것은 용勇에 가깝습니다.

배우기를 좋아하면 스스로 만족하지 않고, 힘써 실행하면 구차하게 하는 것이 없고, 부끄러움을 알면 나아지는 게 있다. 그러므로 이런 것을 지·인·용 자체라고 할 수는 없어도 또한 그에 가까운 것이다.

○ 『공자가어』에는 이 구절 위에, "공公이 말하였다. '그대의 말씀은 훌륭하고 지극합니다. 과인은 사실 고집스러워 이를 성취할 수 없습니다'"라는 말이 있다. 그러므로 "자왈"子曰로 대답하는 말로 시작한 것이다. 여기서는 공이 묻는 말이 빠졌고 "자왈" 두 글자는 그대로 남았다. "자왈" 두 글자는 제거해야 한다.

이 세 가지를 알면 몸을 수양하는 방도를 알 것이며 몸을 수양하는 방도를 알면 사람을 다스리는 방도를 알 것이며 남을 다스리는 것을 알면 천하국가를 다스리는 방도를 알 것입니다.

세 가지가 당연히 해야 할 일임을 알면 자신을 수양할 수 있고 사람을 다스릴 수 있으며 가家·국國·천하를 다스릴 수 있다는 말이다. 아주 먼 이치도 본래 아주 가까운 일 안에 존재한다. 도가 둘이 아니기 때문이다. 그러므로 지혜로운 사람은 가까운 것에 힘쓰고 어리석은 사람은 먼 것에서 구한다. 가까운 것을 소홀히 하는 사람은 실상 도를 아는 사람이 아니다.

○ 이 장은 수신修身이 사람을 다스리는 근본임을 거듭 밝힌 것이다. 도 전체를 논한다면 인의仁義에 있는 것이며 덕을 진전시키는 일은 지·인·용을 핵심으로 한다.

23. 凡爲天下國家, 有九經. 曰 : 脩身也, 尊賢也, 親親也, 敬大臣也, 體群臣也, 子庶民也, 來百工也, 柔遠人也, 懷諸侯也.

脩身則道立, 尊賢則不惑, 親親則諸父昆弟不怨, 敬大臣則不眩, 體群臣則士之報禮重, 子庶民則百姓勸, 來百工則財用足, 柔遠人則四方歸之, 懷諸侯則天下畏之.

齊明盛服, 非禮不動, 所以脩身也; 去讒遠色, 賤貨而貴德, 所以勸賢也; 尊其位, 重其祿, 同其好惡, 所以勸親親也; 官盛任使, 所以勸大臣也; 忠信重祿, 所以勸士也; 時使薄斂, 所以勸百姓也; 日省月試, 旣稟稱事, 所以勸百工也; 送往迎來, 嘉善而矜不能, 所以柔遠人也; 繼絶世, 擧廢國, 治亂持危, 朝聘以時, 厚往而薄來, 所以懷諸侯也.

凡爲天下國家, 有九經, 所以行之者一也.

무릇 천하·국·가를 다스리는 일엔 아홉 가지 원칙[九經]이 있습니다. 자신을 수양하는 것과 현자를 존중하는 것과 친척과 친하게 지내는 것과 대신大臣을 공경하는 것과 여러 신하를 내 몸같이 여기는 것[體]과 여러 백성을 자식같이 사랑하는 것[子]과 많은 기술자를 오게 하는 것과 멀리 있는 사람을 잊지 않는 것[柔]과 제후를 회유하는 것입니다.

│ 주씨가 말했다. "경經은 항상[常]이라는 말이다. 천하국가를 다스리는 상법常法을 말한다. 체體는 자신을 그 자리에 처하도록 생각해서 그들의 마음을 살피는 것을 말한다. 자子는 부모가 자기 자식을 사랑하듯이 하는 것이다. 유원인柔遠人은 소위 '손님과 나그네를 잊지 말라'(『맹자』「고자 하」7장)는 것이다. 이는 구경九經의 조목을 나열한 것이다."

자신을 수양하면 도道가 확립되고, 현자를 존중하면 이치에 대해 의혹을 갖지 않으며, 친척과 친하게 지내면 백부와 숙부, 형제들이 원망하지 않고, 대신大臣을 공경하면 일에 헷갈리지 않고, 여러 신하를 내 몸같이 여기면 사士들이 예에 보답하는 일이 두터워지고, 여러 백성을 자식같이 사랑하면 백성들이 권면하고, 많은 기술자를 오게 하면 재용財用이 풍족해지고, 멀리 있는 사람을 잊지 않으면 사방에서 사람들이 돌아오고, 제후를 회유하면 천하가 두려워할 것입니다.

> 주씨가 말했다. "이는 구경의 효과를 말한 것이다. 도가 확립된다[道立]는 말은 도가 자신에게 이루어져 백성들에게 표본이 된다는 말이다. 불혹不惑은 이치에 대해 의혹을 갖지 않음을 말한다. 불현不眩은 일에 헷갈리지 않음을 말한다. 대신大臣을 공경하면 전적으로 신임을 받아 소신小臣들이 이간질할 수 없다. 그러므로 일에 임해 헷갈리지 않는다. 많은 기술자를 오게 하면 '기술을 통하게 하고 일을 교역하여'[通功易事](『맹자』「등문공 하」4장) 농업과 상업이 서로 도움을 준다. 그러므로 재용이 풍족해진다. 멀리 있는 사람을 잊지 않으면 천하의 나그네들이 모두 기뻐해 그 나라의 길에서 나서고 싶어 한다. 그러므로 사방에서 사람들이 돌아온다. 제후를 회유하면 덕이 베풀어지는 것이 넓고 위세가 제압하는 것이 넓다. 그러므로 천하가 두려워한다."

재계하여 몸과 마음을 깨끗이 하고 성대한 복장을 하여 예가 아니면 움직이지 않음이 몸을 닦는 것입니다. 참소하는 사람을 없애고 여색을 멀리하며 재물을 천하게 여기고 덕을 귀하게 여기는 일이 현자를 권면하는 것입니다. 지위를 높게 해주고 봉록을 후하게 주며 좋아하고 싫어하는 것을 함께 하는 일이 친척과 친하게 지내는 것입니다. 관속을 많게 하고 하는 일을 마음대로 하는 것이 대신을 권면하는 것입니다. 충신忠信하는 사士에게 봉록을 후하게 주는 일이 사士를 권면하는 것입니다. 때에 맞게 사람을 부리고 거두는 세금을 가볍게 하는 것이 백성을 권면하는 것입니다. 날마다 살펴보고 달마다 시험을 보아 관부官府에서 주는 녹을 일에 맞게 지급하는 것이 많은 기술자를 권면하는 것입니다. 떠나는 사람에게 부절符節을 주어 보내고 오는 사람은 반갑게 맞이하며 잘하는 사람은 잘 대해주고 잘하지 못하는 사람은 가엾게 여기는 것이 멀리 있는 사람을 잊지 않는 것입니다. 끊어진 세대를 이어 주고 망한 나라를 일으켜 주며, 어지러운 나라를 다스리고 위태로운 나라를 지탱해 주며, 조회朝會와 빙문聘問을 때에 맞게 하며, 가는 이는 후하게 대하고 오는 이는 박하게 준비해 오도록 하는 것이 제후를 회유하는 것입니다.

│ 이는 구경九經을 실행하는 구체적인 일을 말한 것이다. 관성임사官盛任使는 소속관리가 많아 충분히 일을 맡길 수 있는 것을 말한다. 대신大臣은 자잘한 일에 친숙하지 않아야 하기 때문에 그를 우대하는 것이 이와 같다. 충신중록忠信重祿은 충신스러운 사士에게는 봉록을 후하게 주어서 우대하는 것을 말한다. '旣'는 희餼로 읽어야 한다. 희름餼稟은 초식稍食(관부官府에서 지급하는 녹봉)이다. 칭사稱事는『주례』周禮「고인직」稾人職에, "활과 노弩를 만든 것을 살펴 그들에게 지급하는 것을 조절한다"라고 한 것과 같은 일이 이것이다. 떠나면 부절을 주어 보내고 오면 쓸 물품을 풍부하게 해서 맞이한다. 조朝는 제후가 천자를 알현하는 것을 말한다. 빙聘은 제후가 대부를 보내 헌상獻上하는 것을 말한다. 후왕박래厚往薄來는 잔치와 하사품은 후하게 주고 바치는 공물은 가볍게 받는 것을 말한다.

무릇 천하국가를 다스리는 일에는 구경이 있으니 이것을 실행하는 것은 하나입니다.

│ 아홉 가지 원칙은 그 일이 다르지만 이를 실행하는 데에는 두 가지 이

치가 없다는 말이다.

○ 이 장은 천하국가를 다스리는 핵심을 말하면서 구경으로 실제를 보여 준 것이다. 처음에 수신을 말해 근본을 올바르게 했고, 다음으로 존현尊賢과 친친親親을 말해 인의의 실상을 밝혔다. 맹자는 왕도를 논할 때면 반드시 인의를 근본으로 삼아 정전법井田法과 문왕이 기岐 지역을 다스리던 정치를 말했는데 역시 이 장과 의미가 같다. 치국治國의 대원칙이요 성학聖學의 정해진 법도라 하겠다.

24. 凡事豫則立, 不豫則廢, 言前定則不跲, 事前定則不困, 行前定則不疚, 道前定則不窮.
在下位不獲乎上, 民不可得而治矣. 獲乎上有道, 不信乎朋友, 不獲乎上矣; 信乎朋友有道, 不順乎親, 不信乎朋友矣; 順乎親有道, 反諸身不誠, 不順乎親矣; 誠身有道, 不明乎善, 不誠乎身矣.
誠者, 天之道也; 誠之者, 人之道也. 誠者, 不勉而中, 不思而得, 從容中道, 聖人也. 誠之者, 擇善而固執之者也.

모든 일을 평소에 미리 정해 놓으면 뜻대로 세워지고 평소에 미리 정하지 않으면 막혀 버립니다. 말을 미리 정하면 어긋나지 않고 일을 미리 정하면 곤란을 겪지 않으며 행동을 미리 정하면 병폐가 없고 도를 미리 정하면 궁해지지 않을 것입니다.

예豫는 미리 정한다는 말이다. 겁跲은 넘어진다/어긋난다는 말이다. 구疚는 병폐가 생긴다는 말이다. 이는 모든 일을 평소 미리 익혀 잘 알아 자신에게 완전히 터득하면 일을 하는 동안 마음속으로 하고자 하는 일에 가로막히는 게 없을 것이라는 말이다.

아랫자리에 있으면서 윗사람의 신임을 얻지 못하면 백성을 다스리지 못할 것입니다. 윗사람의 신임을 얻는 데 방도가 있으니, 붕우朋友에게 신뢰를 받지 못하면 신임을 얻지 못합니다. 붕우에게 신뢰를 받는 데 방도가 있으니, 부모님께 순종하지 않으면 붕우에게 신뢰를 받지 못합니다. 부모에게 순종하는 데 방도가 있으니, 자신에게 돌이켜 보아 성실하지 못하면 부모에게 순종하지 못합니다. 자신을 성실하게 하는 데 방도가 있으니, 선에 밝지 않으면 자신을 성실하게 할 수 없습니다.

> 이는 또 아랫자리에 있는 사람으로서 미리 정해야 한다는 뜻을 미루어 말한 것이다. 반저신反諸身은 행동이 올바르지 않으면 자신에게 돌이켜 구한다는 말이다. 성실[誠]은 진실하고 거짓이 없음을 말한다. 명호선明乎善은 아래 문장에 보이는, 소위 "선을 선택해 굳게 잡는 것"을 말한다.

성실 자체[誠者]는 하늘의 도이며 성실해지는 것[誠之者]은 인간의 도입니다. 성실 자체는 힘쓰지 않아도 들어맞으며, 생각하지 않아도 터득해 여유롭게 도에 들어맞으니 성인의 경지요, 성실해지는 것은 선을 택해 굳게 잡는 것입니다.

> 성실 자체[誠者]는 성인의 행동이며 진실하고 거짓이 없는 것이며 자신이 힘을 쓰지 않는 것이니 천도天道가 자연스레 흘러가는 것과 같다. 그러므로 "하늘의 도"라고 하였다. 성실해지는 것[誠之者]은 아직 진실하고 거짓이 없는 경지는 아니지만 진실하고 거짓 없음에 도달하기를 추구하는 것을 말한다. 인간의 도리가 확립되는 곳이다. 그러므로 "인간의 도"라고 하였다. 힘쓰지 않아도 들어맞는 것이 예禮다. 생각하지 않아도 터득하는 것이 지혜[智]다. 여유롭게 도에 들어맞는 것이 인仁이

다. 예禮·지智·인仁 세 가지를 겸하는 것이 성인의 덕이며 성실의 공적이다. 택선이고집지擇善而固執之는 선악의 구분을 잘 살펴 선을 굳게 지키는 것을 말한다. 성실해지는 일이다.

○ 어떤 사람이 물었다. "『중용』에서는 오로지 성誠을 말했는데 『논어』에서 성을 말하지 않은 것은 어째서입니까?" 대답하였다. "공자께서 살아 계실 때 주周나라 왕실이 쇠약하긴 했지만 선왕先王이 남긴 교화가 아직 존재했다. 그 교화를 이미 인仁이라 하고 예禮라 하였으니 성誠을 말하지 않아도 성은 자연 그 안에 있는 것이다. 그러므로 성誠을 언급한 말은 오직 애공哀公에게 알려준 한 마디 말이 있을 뿐이다. 그 후로 성인과 거리가 멀어지고 도가 막혀 진실은 사라지고 거짓이 번성하였다. 그런 까닭에 먼저 성誠을 확립하지 않으면 인仁은 인이 아니고 의義는 의가 아니었다. 그래서 후편에서 성誠을 자주 말하였다. 맹자도 마찬가지다. 시대를 따라 그런 지경에 이른 것이지 도에 두 근본이 있는 게 아니다."

25. 博學之, 審問之, 愼思之, 明辨之, 篤行之.
有弗學, 學之弗能弗措也; 有弗問, 問之弗知弗措也; 有弗思, 思之弗得弗措也; 有弗辨, 辨之弗明弗措也; 有弗行, 行之弗篤弗措也. 人一能之, 己百之, 人十能之, 己千之.
果能此道矣, 雖愚必明, 雖柔必强."
널리 배우고, 자세하게 묻고, 신중하게 생각하고, 분명하게 분별하고, 독실하게 실천하십시오.

┃ 이 다섯 가지는 위 문장의, "선을 택해 굳게 잡는" 세목이다. 하지만 앞

의 네 가지는 독실하게 실천하는 것을 핵심 귀결처로 삼는다.

배우지 않은 것이 있으면 배우되 능하지 못하면 그만두지 마십시오. 묻지 않은 것이 있으면 묻되 알지 못했으면 그만두지 마십시오. 생각하지 않은 것이 있으면 생각하되 깨치지 못했으면 그만두지 마십시오. 분별하지 않은 것이 있으면 분별하되 명확하지 않으면 그만두지 마십시오. 실행하지 않은 것이 있으면 실행하되 독실하지 않으면 그만두지 마십시오. 남이 한 번에 잘하거든 나는 백 번을 하고 남이 열 번에 잘하거든 나는 천 번을 하는 겁니다.

| 마침 배우지 않은 것이 있으면 배우지만 또한 반드시 능숙하지 않으면 그만두지 않는다. 묻고 생각하고 분별하고 실행하는 것 모두 역시 이와 마찬가지다. 자신의 일을 백 배 더 해야 성공을 기약한다.

과연 이 방법에 능숙하게 되면 어리석은 자라도 반드시 총명해질 것이며 유약한 자라도 반드시 강해질 것입니다."

| 배우고 묻는 공부는 본래 이와 같은 것이다. 그 공부를 백 배 더 하면 어리석은 사람도 현명한 경지에 진전할 수 있고 유약한 사람도 강한 경지에 나아갈 수 있다. 그렇게 되지 않은 것은 모두 배우고 묻는 공부에 부합하지 못했기 때문이다.

○ 애공과 공자의 문답은 여기서 끝난다. 『공자가어』를 살펴보면 이 부분을 「애공문정」哀公問政편이라 했는데, 본래 한 편의 글이 여기에 잘못 끼어든 것일 뿐이다. 하지만 학문의 본말本末을 포괄해 모두 설명하고 있으므로 실로 공씨孔氏가 남긴 말이다. 여기서는 여섯 단락으로 나눠 풀이했다. 『공자가어』에는 "박학지"博學之 이하 마지막 구절이 없고 별도로 공자

가 대답한 말이 실려 있는데 무엇이 맞는지는 미상未詳이다. 다음 문장은 별개의 새로운 글로 시작하는데 역시 무슨 책인지 모르겠다. 상세한 설명은 다음 문장에 보인다.

26. 自誠明謂之性, 自明誠謂之教, 誠則明矣, 明則誠矣.

성誠을 통해 밝아지는 것[明]을 성性이라 하고, 밝은 것[明]을 통해 성誠이 되는 것을 교教라고 한다. 성이 밝음이고 밝음이 성이다.

> 성誠은 성性의 근본 특성[德]이며 명明은 교教(가르침)의 결과다. 자성이 명自誠而明은 성性의 근본 특성을 통해 터득한 것이다. 그렇기 때문에 성性이라고 하였다. 증자曾子의 학문 같은 경우가 이것이다. 자명이성自明而誠은 교教(가르침)의 결과를 통해 터득한 것이다. 그렇기 때문에 교라고 하였다. 제자諸子의 학문 같은 경우가 이것이다. 각자 자신들이 소중하게 생각하는 것을 가지고 말한 것이다. 성즉명誠則明은 성과 명이 하나로 합치된 것이며, 명즉성明則誠은 명과 성이 하나로 합치된 것이다. 덕을 완성하는 데 도달하면 우열이 있는 게 아니다.
>
> 이 장 역시 한 편의 글에서 왔는데 앞 장과는 관계가 없다. 그러므로 글자의 의미 역시 자못 다르다. 성誠이라는 글자는 전적으로 성인을 가리켜 말한 것이라고 할 수 없다. 성인의 경우는 성과 명에 모두 도달해 본래 선후를 말할 수 있는 게 없다. (주희의 주석처럼) "성誠으로 말미암아 밝아졌다"[由誠而明]고 풀이해서는 안 된다.

○ 『논어』는 전적으로 교教만 말했지만 도道가 그 안에 있다. 『맹자』는 전적으로 도만 말했지만 교가 그 안에 있다. 대체로 도가 으뜸이고 교가 그

다음이다. 하지만 도는 아무것도 하지 않으므로 교에게 공이 있다. 그러므로 『논어』는 인仁을 근본으로 보았지만 사람들에게 알려 줄 때는 매번 반드시 교를 중시했다. 그런 까닭에 전적으로 교敎만 말했지만 도道가 그 안에 있는 것이다. 맹자시대에 이르러 세상의 기강이 쇠퇴하고 도가 미미해 제자백가가 각자 자기들의 도를 도라고 하면서 인의仁義가 막혀 버렸다. 그러므로 맹자는 오로지 인의를 걸고 사람들에게 보여 주면서 "마음을 보존하고 성性을 잘 돌보고 선善이 싹튼 마음을 확충해 나가는 것"을 핵심으로 했다. 그런 까닭에 전적으로 도만 말했지만 교가 그 안에 있는 것이다. 이는 말이 달라도 핵심은 교를 위주로 하지 않음이 없는 것이다. 하지만 성의 선함을 통하지 않으면 역시 도를 체득하고 교를 받아들일 수 없다. 그러므로 성도 귀하다 하겠다. 맹자가 성선설性善說을 누차 외친 이유는 자포자기하는 사람들을 위한 것으로 그 근본이 있는 곳을 알아야 한다. 이 장은 성性·교敎를 함께 논하면서 성의 공적이 중하다고 했는데 이는 『논어』·『맹자』의 뜻과는 조금 다르다. 후대에 생긴 성에 대한 학문[性學]이 여기서부터 점차 뻗어 나간 게 아닐까.

○ 생각해 보건대, 이 장 이하 역시 『중용』 본문이 아니다. 송나라의 노재魯齋 왕씨(왕백王柏)는 『성명서』誠明書라고 했다. 증거가 있는 것은 아니지만 의론방식이나 말뜻을 보면 왕씨의 설 역시 언급할 가치가 없는 것은 아니다. 『예기』 「대전」大傳, 「악기」樂記 같은 부류로 보이는데 올바르면서 의미가 모두 담긴 앞의 장들과는 같지 않다.

27. 唯天下至誠, 爲能盡其性. 能盡其性, 則能盡人之性. 能盡人之性, 則能盡物之性. 能盡物之性, 則可以贊天地之化育. 可以贊天地之化育,則可以與天地參矣.

오직 천하의 지극한 성誠을 가진 사람이라야 자기의 성性을 다 발휘할 수 있다. 자기의 성을 다 발휘할 수 있으면 남의 성을 다 발휘할 수 있다. 남의 성을 다 발휘할 수 있으면 사물의 성을 다 발휘할 수 있다. 사물의 성을 다 발휘할 수 있으면 천지의 화육化育을 도울 수 있다. 천지의 화육을 도울 수 있으면 천지와 함께 서서 셋이 될 수 있다.

> 천하지성天下至誠은 성誠과 명明에 모두 도달해 행동이 도의 기준에 이른 것으로 성인의 일이다. 찬贊은 돕는다는 말이다. 여천지삼與天地參은 천·지와 함께 서서 셋이 된다는 말이다. 성인은 위에 있으면 다듬고 완성해 주고 도와주면서 백성을 잘 다스린다. 이는 대자연이 하늘을 움직여 사람과 사물의 삶이 각자 자기의 성性을 완수하지 않음이 없는 것과 같다. 어찌 사물 하나하나가 자신의 성을 다 발휘하는 것이겠는가. 본문의 "能盡人之性"부터 그 이하는 교의 효과가 도달한 지점을 가지고 말한 것으로, 단지 자신의 성을 다 발휘하는 것일 뿐만이 아니다. 그러므로 "성誠이 밝음[明]이고 밝음[明]이 성誠이다"라고 한 것이다.

○ 마음[心]은 생각을 하지만 성性은 아무것도 하지 않는다. 생각을 하는 것은 힘써 능할 수 있지만 아무것도 하지 않는 것은 스스로 자라는 대로 맡겨 둔다. 그러므로 맹자는 심心에 대해 진盡이라는 말을 썼고[盡心] 성性에 대해서는 양養이라는 말을 썼다[養性].『역』易「계사전」繫辭傳과「중용」에서는 모두 진성盡性이라는 말을 쓰고 있어 맹자와 크게 다르다. 배우는 사람은 이 점을 살펴라.

28. 其次致曲, 曲能有誠, 誠則形, 形則著, 著則明, 明則動, 動則變, 變則化, 唯天下至誠爲能化.

至誠之道, 可以前知. 國家將興, 必有禎祥; 國家將亡, 必有妖孽. 見乎著龜, 動乎四體, 禍福將至, 善必先知之, 不善必先知之, 故至誠如神.

그 다음은 끝까지 밀고나가 구석구석 도달하는 것이니, 구석구석 도달하면 성誠이 있게 된다. 성誠하면 형상을 볼 수 있고, 형상을 볼 수 있으면 특별히 더 드러나며, 특별히 드러나면 광휘가 멀리 도달하며, 광휘가 멀리 도달하면 생기가 돋아나고, 생기가 돋으면 변하고, 변하면 그치지 않고 변화해 흔적을 남기지 않는다. 오직 천하의 지극한 성誠을 가진 사람만이 그치지 않고 변화해 흔적을 남기지 않을 수 있다.

┃ 그 다음[其次]은 위 문장 "與天地參"을 두고 말한 것이다. 치致는 끝까지 미루어 나가는 것이다. 곡曲은 "빠지는 것 없이 완성해 주다"[曲成], "하나하나 모두에 해당하다"[曲當]라는 말의 곡과 같다. 치곡致曲은 선善을 끝까지 밀고 나가 도달하지 않는 곳이 없음을 말한다. 형形은 볼 수 있는 형상이 있는 것이다. 저著는 사물에 특별히 드러나는 것이다. 명明은 빛이 멀리 도달하는 것이다. 동動은 움직인다는 말로 생기가 있음을 말한다. 변變은 최초 상태에 머무르지 않는 것이다. 화化는 변하고 또 변해 흔적을 볼 수 없는 것이다. 이는 현자 이하의 사람들이 선을 확충해 나가 도달하지 않는 곳이 없게 되면 역시 지성至誠의 오묘한 경지를 가질 수 있다는 말이다. "형저"形著의 경지 이상은 차례는 있어도 선후는 없다. 한 번 갖게 되면 모두 갖게 되어 성공에 도달했을 때 "천지와 함께 셋이 되는" 것과 저절로 그 결과가 똑같다. 그러므로 "오직 천하의 지극한 성誠을 가진 사람만이 그치지 않고 변해 흔적을 남기지 않을 수 있

다"고 한 것이다.

지성至誠의 도를 터득한 사람은 일을 먼저 알 수 있다. 국가가 장차 흥하려면 반드시 상서로운 조짐이 있으며 국가가 장차 망하려면 반드시 요망한 징조가 생겨, 시초점과 거북점에 나타나며 사체四體에도 동작으로 드러난다. 화와 복이 장차 이르려 할 때 좋은 것을 반드시 먼저 알고 좋지 않은 것을 반드시 먼저 안다. 그러므로 지성은 귀신과 같다.

| 정상禎祥은 복福의 조짐이고, 요얼妖孽은 화禍의 싹이다. 시蓍(시초)는 주역점을 치는 것이다. 귀龜(거북)는 복점卜占을 치는 것이다. 주씨가 말했다. "사체四體는 몸의 움직임과 구체적인 행동을 말한다." 이는 지성至誠이 발현되는 것을 극찬한 것이다. 지성여신至誠如神은 지성을 가진 사람은 일을 미리 알 수 있어 귀신과 같다는 말이다.

○ 상서로운 조짐과 요망한 징조에 대한 말은 예로부터 있었지만 공자와 맹자에 이르러 입을 닫고 말하지 않은 것은 어째서인가. 무서워하고 두려워하며 수신하고 반성하면 하늘이 내리는 변고가 있더라도 나라에 해가 되지 않는다. 그렇지 않으면 하늘이 내리는 변고가 없더라도 몸은 살해당하고 나라는 망하고 만다. 그런 까닭에 일식이나 지진 등 변고가 『춘추』에 기록돼 있어도 사람을 가르치는 문제에서는 전적으로 도덕과 인의를 말할 거리로 삼고, 일체 혹세무민하는 말은 모두 토의하는 대상에서 없애버렸다. 사람들에게 기이한 것을 좋아하는 마음을 열어 줄까 두려워한 것이다. 이 장은 공씨孔氏가 남긴 말이 아닐 것이다.

29. 誠者自成也, 而道自道也.

誠者, 物之終始, 不誠無物. 是故君子誠之爲貴.

誠者, 非自成己而已也, 所以成物也. 成己仁也, 成物知也. 性之德也, 合內外之道也. 故時措之宜也.

故至誠無息.

不息則久, 久則徵.

徵則悠遠, 悠遠則博厚, 博厚則高明.

博厚, 所以載物也; 高明, 所以覆物也; 悠久, 所以成物也.

博厚配地, 高明配天, 悠久無疆.

如此者, 不見而章, 不動而變, 無爲而成.

天地之道, 可一言而盡也. 其爲物不貳, 則其生物不測.

天地之道, 博也, 厚也, 高也, 明也, 悠也, 久也.

今夫天斯昭昭之多, 及其無窮也, 日月星辰繫焉, 萬物覆焉. 今夫地一撮土之多, 及其廣厚, 載華嶽而不重, 振河海而不洩, 萬物載焉. 今夫山一卷石之多, 及其廣大, 艸木生之, 禽獸居之, 寶藏興焉. 今夫水一勺之多, 及其不測, 黿鼉蛟龍魚鼈生焉, 貨財殖焉.

詩云: "維天之命, 於穆不已." 蓋曰天之所以爲天也. "於乎不顯, 文王之德之純." 蓋曰文王之所以爲文也. 純亦不已.

성誠은 저절로 이루어지고 도道는 저절로 가는 것이다.

> 이러한 진실[實=誠]을 가지면 덕은 저절로 이루어지고 도道 역시 저절로 가지 않는 것이 없을 것이다. 이 말은 앞 장의, "인은 사람이 되는 것, 의는 마땅함이다"[仁者, 人也; 義者, 宜也](20장)라고 한 예와 같은 표현으로, 성誠은 성成이고 도道는 도道(=導)라는 말이다.

성誠은 사물의 끝이자 시작이므로 성誠하지 않으면 어떤 것도 있을 수 없다. 이런 까닭에 군자는 성誠을 귀하게 여긴다.

> 물物은 일[事]이다. 종시終始는 전체를 말한다. 이 문장은 이런 뜻이다: 하나라도 진실하지 않은 게 있으면 실행한 것이 있더라도 역시 없는 것과 마찬가지이며 처음부터 끝까지 모두 볼 만한 것이 없다. 그러므로 군자는 성誠을 귀하게 여긴다. 인간의 길이기 때문이다.

성誠은 스스로 자신을 완성하는 것일 뿐 아니라 남을 완성해 주는 것이다. 자신을 완성하는 것은 인仁이며 남을 완성해 주는 것은 지知다. (인仁과 지知) 이는 성性의 덕이며, 안팎을 합한 도이다. 그러므로 때에 맞게 실행해 모두 맞게 된다.

> 이는 "성은 저절로 이루어지는 것"[誠者自成]이라는 말의 뜻을 전적으로 논한 것이다. 진실[誠]해졌으니 자신을 완성하고 남을 완성해 주어 자연히 인仁·지智의 덕에 합치된다는 말이다. 이는 우리 성性 고유의 선이며 또 안팎을 합쳐 틈이 없는 것이다. 그런 까닭에 찬미하면서, 때에 맞게 실행해 자연히 일의 중요한 기틀에 들어맞고 인심에 부합해 어긋나는 것이 없다고 한 것이다.

그러므로 지성至誠은 쉼이 없으니,

> 식息은 소멸한다는 말이다. 지성至誠의 도道는 자체가 사라지거나 쉬지 않는다.

쉬지 않으면 오래가고, 오래가면 효과가 나타나고,

> 구久는 훼손해도 무너지지 않고 때려도 손상을 입지 않기 때문에 오랜 시간이 지나도 사라지지 않는 것이다. 징徵은 사람들이 마음으로 기뻐해 천하가 복종하는 것이다.

효과가 나타나면 유원悠遠하고, 유원하면 박후博厚하고, 박후하면 고명高明
하다.

> 유원悠遠은 후세에까지 전해져 끝이 없는 것이다. 박후博厚는 사방에 널
> 리 펼쳐져 깊고 도타운 것이다. 고명高明은 만물 위에 높이 솟아올라 빛
> 이 밝은 것이다. 유원 이하는 모두 효과가 나타난 것[徵]이 멀리 미치고
> 또 높고 큰 것을 말한다.

박후는 만물을 실어 주는 것이요, 고명은 만물을 덮는 것이요, 유구悠久는
만물을 이루어 주는 것이다.

> 이는 효과[徵]의 실제를 말한 것이다. 박후는 만물을 다 받아들여 빠뜨
> 리는 게 없는 것이다. 고명은 만물을 감싸 덮어 주며 버리는 게 없는 것
> 이다. 유구는 만물이 자연히 완성되지 않는 게 없는 것이다. 유구悠久는
> 위 문장 "구久·징徵·유원悠遠"을 아우르며 말한 것으로, 오래되면 오래
> 될수록 그치지 않는다는 뜻이다. "하늘이 다하도록 없어지지 않는다"
> [極天罔墜]는 말과 같은 표현이다. 박후·고명은 만물을 싣고 만물을 덮는
> 일을 성취해 만물의 완성은 자연히 그 안에 있게 된다. 그러므로 유구
> 를 세 가지의 끝에 두었다.

박후는 땅에 합치하고, 고명은 하늘에 합치하고, 유구는 끝이 없다.

> 무강無疆은 시간이 끝이 없는 것을 말한다. 이는 성인은 천지天地와 그 덕
> 이 합치됨을 말하였다.

이와 같은 사람은 보여 주지 않아도 드러나며, 움직이지 않아도 변하며 아
무것도 하지 않아도 모두 이루어진다.

> 이는 위 문장을 이어서 또 성인은 천지天地와 그 오묘함이 합치됨을 말
> 하였다. 주씨가 말했다. "현見은 보여 준다는 말이다. '불현이장'不見而章

은 '땅에 합치한다'[配地]는 말이며, '부동이변'不動而變은 '하늘에 합치한
다'는 말이며, '무위이성'無爲而成은 '끝이 없다'[無疆]는 말이다."

천지의 도는 한마디로 다 나타낼 수 있으니, 구체적인 모습[爲物]은 하나로
거대하다. 그러므로 만물을 낳는 것은 헤아릴 수 없다.

> 이는 성인의 '순수[純] 역시 그치지 않는' 오묘함을 말하려고, 먼저 천지
> 의 거대함을 말하면서 시작했다. 이貳는 두번째, 부차적이라는 말이다.
> 불이不貳는 하나·첫째로 거대하다는 뜻이다. 어떤 물건도 상대가 없다
> 는 말이다. 천지는 이처럼 거대하므로 만물을 낳을 수 있지만 그것을
> 헤아려 알 수 없다는 말이다.

천지의 도는 넓고, 두텁고, 높고, 밝고, 아득하고, 오래되었다.

> 이 구절은 위 문장 "유구무강"悠久無疆 아래 있어야 할 것 같다. "박후배
> 지"博厚配地 이하 세 구절의 뜻을 풀이한 것이기 때문이다. 이렇게 배치
> 하면 위아래 문장이 서로 이어져 가장 글이 순탄하고 합당해진다.

지금 저 하늘은 이 반짝이는 작은 것들이 많이 모인 것이지만 그 무궁함에
이르러서는 해와 달과 별이 매달려 있고 만물이 덮여 있다. 지금 저 땅은
한 줌의 흙이 많이 모인 것이지만 그 넓고 두터운 데 이르러서는 화악華嶽
을 싣고 있으면서도 무겁다 하지 않고 강과 바다를 거두어 뒀는데도 새지
않고 만물을 싣고 있다. 지금 저 산은 한 주먹의 돌덩이들이 많이 모인 것
이지만 그 광대함에 이르러서는 초목이 자라고 짐승이 살고 보물이 나온
다. 지금 저 물은 한 바가지 물이 많이 모인 것이지만 그 헤아릴 수 없음에
이르러서는 자라와 악어와 교룡과 물고기와 거북이가 살고 (사람이 이를
이용해) 재물이 늘어난다.

> 이는 "구체적인 모습은 하나로 거대하다[爲物不貳], 그러므로 만물을 낳

는 것은 헤아릴 수 없다"는 구절을 말한 것이다. 소소昭昭는 경경耿耿과 같은 말로 작게 빛나는 것을 말한다. 진振은 거둔다[收]는 말이다. 권卷은 구역을 말한다. 사람들은 눈과 귀가 보고 듣는 것에 익숙해 전체의 모습을 미루어 상상하지 못한다. 그러므로 자사가 추론해 천지의 무궁함과 산수山水의 광대함에 도달해, 그 헤아릴 수 없는 오묘함을 두루 다 표현한 것이다. 성인의 덕의 거대함도 이와 같다.

시에, "하늘의 명이, 아 깊어 그치지 않는구나"라고 하였다. 하늘이 하늘인 까닭을 말한 것이다. "아, 드러나지 않는가, 문왕의 덕의 순수함이여"라고 하였다. 문왕이 문왕이 된 까닭을 말한 것이다. 순수함 역시 그치지 않았다.

│ 시는 「주송周頌·유천지명維天之命」이다. 오於는 감탄사다. 목穆은 심원深遠 (깊고 아득해 헤아릴 수 없음)이다. 시의 뜻은, 하늘이 문왕에게 명령하여 이 큰 나라를 다스려, 자손에게까지 복과 은혜가 거듭 온다는 말이다. 이는 시를 인용해 천도가 사람에게 명령했음을 밝힌 것으로, 길흉과 화복은 그 이치가 심원해 영원토록 그치지 않는다는 것이다. 불현不顯은 '어찌 드러나지 않겠는가'와 같은 말이다. 순純은 순수하고 잡스럽지 않다는 말이다. 성인의 "지성무식"至誠無息한 덕은 천도天道의 "오목불이"於穆不已한 오묘함과 똑같아서 한 치의 차이도 없다는 말이다.

○ 주씨(주희)는, "태극에 동정이 있는 것은 천명天命이 유행하는 것이다"라고 하였는데 이는 명命이라는 글자를 음양陰陽이 유행하는 오묘함으로 본 것이다. 본문에 보이는 명命이라는 말과 의미가 심하게 어긋난다. 상세한 해설은 나의 『어맹자의』에 보인다.

○ 이상은 성인이 가진 "지성무식"至誠無息의 오묘함을 두루 말하고 이를 미루어 나가 천지와 그 덕이 같다는 데까지 이르렀다. "높고 크구나, 오직 하늘만이 큰데, 오직 요임금만 이에 견줄 수 있다"(『논어』「태백」20장)라는 뜻이다.

30. 大哉, 聖人之道. 洋洋乎發育萬物, 峻極于天.

優優大哉, 禮儀三百, 威儀三千. 待其人而後行.

故曰, 苟不至德, 至道不凝焉.

위대하도다, 성인의 도여. 가득하게 넘칠 듯 만물을 발육하니 높고 크게 자라 하늘에 닿는구나.

| 준峻은 높고 큰 모습이다.

넉넉하고 크구나, 예의禮儀가 삼백 가지며 위의威儀가 삼천 가지로다. 올바른 사람을 얻은 후에 실행될 것이다.

| 위 문장을 이어 말한 것이다. 우우優優는 충분하고 여유 있다는 뜻이다. 예의는 원칙이 되는 예이며, 위의는 구체적인 세밀한 예이다. 성인의 도는 이와 같이 크다. 하지만 올바른 사람을 얻지 못하면 또한 실행할 수 없을 것이라는 말이다.

그러므로 말한다. 지극한 덕을 가진 사람이 아니면 지극한 도道는 모이지 않는다.

| 위 문장을 이어 덕을 닦지 않으면 안 된다는 것을 말했다. 지덕至德은 지극한 덕을 가진 사람을 말한다. 지도至道는 앞 문장에서 말한 "성인의 도"가 이것이다. 응凝은 모인다는 말이다. 올바른 사람이 있으면 그 도가 자연히 모인다는 말이다.

○ 성인이 태어나지 않았을 때는 도가 천지에 있었다. 성인이 태어난 뒤로는 도가 성인에게 있었다. 성인이 세상을 떠난 뒤에는 도가 육경에 있다. 도가 천지에 있을 때는 도가 미약해 볼 수가 없었다. 도가 육경에 있을 때는 빈말로 보여 보탬이 되지 않았다. 오직 성인이 세상에 계실 때 환하게 문장이 있어 위아래로 천지와 함께 흘렀다. 이를 모인다[凝]고 한 것이다. 지극한 덕을 가지지 않으면 어떻게 그렇게 할 수 있겠는가.

31. 故君子尊德性而道問學: 致廣大而盡精微, 極高明而道中庸, 溫故而知新, 敦厚以崇禮.

그러므로 군자는 덕성을 공경해 받들고 문학問學(=학문)을 따라간다. 광대함의 극치에 이르고 정밀함을 다하며, 고명을 최고로 다하고 중용을 따르며, 옛것을 익히고 새것을 알며, 두터움을 돈독하게 하며 예를 높인다.

> 이는 위 문장을 이어 지도至道를 모으려면 먼저 지덕至德을 닦지 않을 수 없음을 말했다. 존尊은 공경해 받들고 유지한다는 뜻이다. 덕성德性은 덕의 본성[性]으로 성선性善을 말한다. 도道는 말미암다/따른다는 말이다. 치광대致廣大는 "천하의 큰집[仁]에 머문다"(『맹자』「등문공 하」 2장)는 말과 같다. 극고명極高明은 앞에서 말한 "고명배천"高明配天이 이것이다. 온溫은 '따뜻하게 데우다'라는 말의 데운다는 뜻으로, 옛것을 배우고 다시 때에 맞게 익힌다는 말이다. 돈敦은 두터움을 더한다는 말이다. 군자가 자신을 수양하고 학문에 힘쓰는 것을 말한 것이다. 치광대 하면 반드시 정밀한 것을 쉽게 버리므로 정밀함을 다해서 털끝만큼의 차이도 없어야 한다. 극고명 하면 반드시 중용을 쉽게 벗어나므로 중용을 따르면서 지나치거나 미치지 못하는 잘못이 없어야 한다. 이것은 모두 지도

至道를 응집하는 일이다. 하지만 지덕至德을 닦지 않으면 할 수 없다. 그러므로 문학問學은 반드시 옛것을 익혀 새로운 지식을 계발해야 하며 덕행德行은 돈독함을 더해 절차와 꾸밈[文]에 통달해야 한다. 이와 같이 하면 지덕을 닦는 데에 절대 빼놓는 공부가 없을 것이다. 이 장은 처음에는 존덕성尊德性을 먼저 말하고, 도문학道問學을 다음에 두었으며, 마지막에는 온고溫故 지신知新을 먼저 말하고 돈독敦篤 숭례崇禮를 다음에 두었다. 서로 번갈아 가면서 교차해 글을 놓아 끝까지 상세하게 말하였다.

○ 지식을 우선으로 하고 실천은 나중에 한다. 이는 진정 학문의 상법常法이라 바꿀 수 없다. 하지만 궁극의 경지를 탐구해 논하자면 참된 덕이 있은 다음에 참된 지혜가 있다. 성인의 지혜 같은 경우가 그렇다. 그렇기 때문에, "지덕至德이 아니면 지도至道는 모이지 않는다"고 한 것이다. 선유들은 존덕성尊德性만 오로지 하느라 문학問學이 느슨해졌는가 하면, 도문학道問學을 우선으로 하느라 덕성德性이 뒤로 밀리고 말았다. 모두 한쪽으로 치우치는 실수를 한 것이라 군자의 도라고 할 수 없다.

32. 是故居上不驕, 爲下不倍. 國有道, 其言足以興; 國無道, 其默足以容. 詩曰: "旣明且哲, 以保其身." 其此之謂與.

이런 까닭에 윗자리에 있으면 교만하지 않고 아랫자리에 있으면 배신하지 않는다. 나라에 도가 있으면 그의 말은 자신을 일으킬 수 있고 나라에 도가 없으면 그의 침묵은 용납받을 수 있다. 시에, "현명하고 밝아, 자기 몸을 보존한다"라고 하였으니 이런 상태를 말한 것일 게다.

│ 이는 지도至道가 자연히 응집된 효험을 말하였다. 시는 「대아 · 증민烝民」

이다. 군자는 세상에서 지혜가 밝고 덕이 무르익어 무슨 일을 하든 되지 않는 게 없다. 그러므로 윗자리에 있을 수도 있고 아랫자리에 있을 수도 있다. 도가 있을 때를 만나면 간언을 하면 실행되고 말을 하면 들어줘서 일어나 바른 지위에 있게 된다. 도가 없을 때를 만나면 자신의 뜻을 거둬들여 마음에 품어, 집어 말할 수 있는 어떤 흔적도 남기지 않는다. 재주를 쓰는 사람들이 엿보고 헤아릴 수 있는 경지가 아니다. 마지막에 또 시를 인용해, 현명하고 밝은 지혜의 효과는 머리를 써서 따지지 않고도 자연스럽게 몸을 보존함을 깊이 찬양하였다.

○ 송나라 유학자가 이 구절을 잘못 설명해 후세에 끼친 화가 적지 않으니 경계하지 않을 수 없다. 한나라 양웅揚雄이 말한, "명철明哲이 환히 빛나, 사방으로 비추며 끝이 없다. 예기치 못한 일에도 겸손해, 천명을 보존한다"(『법언』法言 「연건」淵騫. 『한서』 「양웅전 하」에 재록)라는 것도 옳지 않다고 할 수는 없다. 이익에는 달려가고 해악은 멀리하면서 편리함을 먼저 차지하는 무리와 똑같이 논해서는 안 된다.

33. 子曰: "愚而好自用, 賤而好自專, 生乎今之世, 反古之道. 如此者,
災及其身者也."
非天子, 不議禮, 不制度, 不考文.
今天下, 車同軌, 書同文, 行同倫.
雖有其位, 苟無其德, 不敢作禮樂焉. 雖有其德, 苟無其位, 亦不敢作禮
樂焉.
子曰: "吾說夏禮, 杞不足徵也. 吾學殷禮, 有宋存焉. 吾學周禮, 今用之,

吾從周."

王天下有三重焉, 其寡過矣乎.

上焉者, 雖善無徵, 無徵不信, 不信民弗從. 下焉者, 雖善不尊, 不尊不信, 不信民弗從.

故君子之道, 本諸身, 徵諸庶民, 考諸三王而不謬, 建諸天地而不悖, 質諸鬼神而無疑, 百世以俟聖人而不惑.

質諸鬼神而無疑, 知天也; 百世以俟聖人而不惑, 知人也.

是故君子動而世爲天下道, 行而世爲天下法, 言而世爲天下則, 遠之則有望, 近之則不厭.

詩曰: "在彼無惡, 在此無射. 庶幾夙夜, 以永終譽." 君子未有不如此而蚤有譽於天下者也.

선생님께서 말씀하셨다. "어리석으면서도 자기 의견 쓰기를 좋아하고 천賤하면서도 자기 마음대로 행동하길 좋아하며, 지금 세상에 태어나 옛날의 법을 회복하려 하면 이와 같은 사람은 재앙이 그 몸에 미친다."

｜ 이 이하는 덕과 지위와 때, 세 가지가 매우 지중至重함을 말했다. 반反은 회복한다는 말이다. 도道는 법法이다. 어리석은 사람은 덕이 없고 천한 사람은 지위가 없어 모두 사람들이 믿고 따를 수 있는 존재가 아니다. 그런데도 자기 의견을 쓰고 자기 마음대로 행동하면 반드시 인심과 어긋난다. 이전 시대의 예는 지금 시대에 합당한 게 아닌데 갑자기 회복하려 하면 반드시 풍속을 거스른다. 재앙이 반드시 그 몸에 미칠 것이다. 이 세 가지(자용自用·자전自專·반고지도反古之道)의 뜻은 아래 문장에 상세하다.

천자가 아니면 예를 의논하지 않고, 제도를 만들지 않으며, 글을 상고하지 않는다.

> | 자사가 위 문장의 뜻을 이어 천한 사람이면 자기 마음대로 행동해서는
> 안 된다는 것을 말했다. 천자는 성왕聖王의 후손으로 왕의 자리를 이은
> 사람을 말한다. 도度는 등급·차등을 말한다. 문文은 서체를 이른다.

지금 천하는 수레는 바퀴 치수가 같고, 글은 서체가 같으며, 행동은 윤리가
같다.

> | 지금은 자사 자신이 살던 시대를 말한다. 궤軌는 수레바퀴 자국의 치수
> 다. 윤倫은 차례와 순서의 예禮이다. 이는 지금 시대를 살면서 옛날의 도
> 를 회복해서는 안 된다는 것을 말한 것이다.

그런 지위(천자)에 있더라도 그에 맞는 덕이 없으면 감히 예악을 만들지
못하며, 덕이 있더라도 그에 맞는 지위가 없으면 또한 감히 예악을 만들지
못한다.

> | 덕이 없으면서 감히 예악을 만들면 어리석으면서 자기 의견을 쓰는 것
> 이요, 지위에 있지 않으면서 감히 예악을 만들면 천하면서 자기 마음대
> 로 행동하는 것이다.

선생님께서 말씀하셨다. "내가 하夏나라의 예를 설명할 수 있지만 기杞나
라로는 증명하기에 부족하며, 내가 은殷나라의 예를 배웠는데 송宋나라가
이것을 보존하고 있다. 내가 주周나라의 예를 배웠는데 지금 이것을 쓰고
있다. 나는 주나라를 따르겠다.

> | 기나라는 하나라의 후손이다. 징徵은 증명한다는 말이다. 송나라는 은
> 나라의 후손이다. 이는 또 공자의 말을 인용해 시대를 따르지 않으면
> 안 된다는 것을 전적으로 밝힌 것이다. 하나라와 은나라의 예는 모두
> 성인이 만든 것이지만 지금 시대의 법이 아니다. 그러므로 공자의 덕으

로서도 천자의 지위에 있지 않으면 역시 그 당시 왕의 제도를 따를 뿐이다.

천하를 왕으로 다스리는 데 세 가지 소중한 것이 있으니 (이것을 잘하면) 허물이 적을 것이다.

| 세 가지 소중한 것이란 덕과 지위와 때, 세 가지가 아주 중요한 것임을 반복해 말한 것이다. 이 세 가지가 있으면 백성들이 믿고 따를 수 있다. 허물이 적다는 말은 인심에 합치되고 풍속과 잘 어울려 잘못하는 게 없다는 말이다.

예전 시대의 것이 훌륭하기는 하지만 증거가 없다. 증거가 없으니 믿지 않는다. 믿지 않으니 백성이 따르지 않는다. 낮은 지위에 있는 성인이 훌륭하기는 하지만 존귀하지 않다. 존귀하지 않으니 믿지 않는다. 믿지 않으니 백성이 따르지 않는다.

| 상언자上焉者는 당시의 왕 이전을 말하는데 하나라와 상商나라의 예 같은 것이 이에 해당한다. 하언자下焉者는 성인이 아래 자리에 있음을 말하는데 공자가 예를 잘 아는 것 같은 것이 이에 해당한다. 선한 사람은 훌륭한 덕이 있고 존귀한 사람은 알맞은 지위가 있으며 증명하는 사람은 제때를 얻는데, 이른바 세 가지 소중한 것은 이를 말한다. 백성들이 믿지 않는 것은 함부로 말해서는 안 되고, 백성들이 따르지 않는 것은 함부로 만들어서는 안 된다. 그러므로 민심의 향배向背를 보면 천하가 똑같이 그렇다고 하는 것을 알 수 있으며, 천하가 똑같이 그렇다고 하는 것을 알면 영원토록 똑같이 그렇다고 하는 것을 알 수 있다. 그러므로 공자가 책을 정할 때 요순시대에서 끊어 그 이전 시대의 상고해 알 수 없는 일은 제거하고 말하지 않았다. 나라를 다스리는 규범으로 전할

수 없는데 혹세무민할 수 있기 때문이었다.

그러므로 군자의 도는 자기 몸에 근본을 두고 여러 사람에게 징험하며, 삼왕三王에게 상고해 보아 잘못되지 않으며, 천지에 세워 두어 어그러지지 않으며, 귀신에게 물어보아도 의심이 없고, 백세百世 이후의 성인을 기다려도 의혹되지 않는다.

| 본저신本諸身은 몸에 가까운 것에서 취한다는 뜻으로, 자신에게 실행해 보아 편안하다는 말이다. 징저서민徵諸庶民은 믿고 따르는 것을 실제 써 보는 것이다. 건建은 세운다는 말로, 여기에 세우고 저기에 참조해 본다는 뜻이다. 귀신鬼神은 점치는 것을 가지고 말한 것이다. 『역』「문언전」文言傳에, "귀신과 함께 길흉에 부합한다"고 한 말이 이 뜻이다. 자기 몸에 근본을 두는 것은 자신에게 시험해 보는 것이며, 여러 사람에게 징험하는 것은 당세當世에 실제 써 보는 것이며, 하은주 삼대의 왕에게 상고해 보는 것은 옛 시대에 견주어 보는 것이며, 천지에 세워 두고 귀신에게 물어본다는 것은 사람에게 상고하는 데 그치지 않는다는 말이다. 백세 이후의 성인을 기다린다는 것은 또한 장래에도 증명해 보겠다는 것이다. 이는 군자의 도는 최고의 경지에 도달했으므로 합치되지 않는 게 없고 기준으로 삼지 않는 게 없으니, 이단의 가르침이 색은행괴索隱行怪하며 세상을 시끄럽게 하고 사람을 놀라게 하지만 인심과 세상의 변화에 미루어 나가면 모두 합치하는 게 없는 것과는 다르다는 말이다.

귀신에게 물어보아도 의심이 없는 것은 하늘을 아는 것이며, 백세에 성인을 기다려도 의혹되지 않는 것은 사람을 아는 것이다.

| 귀신은 명확하게 알 수 없는 존재다. 귀신에게 물어보아 의심이 없다 함은 지혜가 이 세계와 저 세계의 이치를 통달한 것이다. 백세(삼천 년)는

미리 알 수 없다. 이를 기다려 미혹되지 않는다 함은 도가 인륜의 지극한 경지에 도달한 것이다.

이런 까닭에 군자는 움직이면[動] 대대로 천하의 도가 되고, 행하면[行] 대대로 천하의 법이 되고, 말하면[言] 대대로 천하의 규칙이 된다. 멀리 있으면 우러러보고 가까이 있으면 싫지 않다.

| 도道는 행동하는 것으로 말한 것이다. 법法은 세상을 다스리는 것으로 말한 것이다. 칙則은 학문을 가지고 말한 것이다.

시에, '여기서도 미워하는 이가 없고, 저기서도 싫어하는 사람이 없네. 아침 일찍 일어나 밤 늦게 자며, 길이 영예를 누리네'라고 하였다. 군자가 이와 같이 하지 않고 일찍 세상에 영예를 가진 사람은 있지 않았다."

| 시는 「주송·진로振鷺」다. 이와 같다는 말은 미워하는 이도 없고 싫어하는 사람도 없음을 가리켜 말한 것이다. 덕이 있고 지위가 있으며 때를 얻은 사람이 아니면 할 수 없다.

○ 이상은, 성인은 진실한 덕을 높이고 헛된 문식文飾을 귀하게 여기지 않기 때문에 그 도는 저절로 인심에 순종하고 천지에 부합하며 세상 변화에 응답해 천하만세의 법칙이 됨을 총괄해 말한 것이다.

34. 仲尼祖述堯舜, 憲章文武, 上律天時, 下襲水土.

중니는 요·순을 시작으로 서술하시고[祖述] 문·무를 본받아 드러내셨으며[憲章], 위로는 자연의 때[天時]를 본받으셨고 아래는 풍토를 따르셨다.

| 조祖는 시작이다. 조술祖述은 시원始原을 두고 서술한다는 말이다. 요순에서 끊어 시작하는 것이다. 헌憲은 본받다, 장章은 밝힌다는 말이다. 헌

장憲章은 본받아 밝게 드러낸다는 말이다. 중니는 멀리 요임금과 순임금의 도를 근본으로 하고 가까이 문왕과 무왕의 법을 지켜 감히 까마득하고 애매한 불경不經의 말을 가르침으로 하지 않았으며 또 감히 자기로부터 옛것을 만들지 않았다는 말이다. 율律은 본받는다는 말이다. 천시天時는 춘하추동의 사계절을 말한다. 이를 본받아 양陽의 기운에는 사물이 자라고 음陰의 기운에는 사물이 죽듯 자연히 계절의 때에 부합하였다. 습襲은 따른다는 말이다. 수토水土는 오방(동서남북과 중앙)의 땅(지역)이 각자 그 지역의 합당함을 가졌음을 말한다. 이를 따라 "노나라에 있을 때는 소매가 넓은 옷을 입었으며, 송나라에 있을 때는 장보관章甫冠(검은색의 관)을 썼다"(『예기』 「유행」儒行). 도를 체득한 최고 경지가 천지와 그 덕이 합치했던 것이다.

○ 여기부터 이하 이 편의 끝까지 공자의 덕이 성대함을 두루 말해 이 장의 뜻을 맺는다. 생각건대, 복희·신농·황제의 글을 삼분三墳이라 하고 소호·전욱·고신·당우의 글을 오전五典이라 한다. 공자 시대에는 삼분·오전이 모두 있었는데 공자는 단지 요순을 조술하고 문무를 헌장해 삼황三皇·삼제三帝의 글이라도 모두 제거한 것은 어째서인가. 추측해 보면 삼황·삼제의 글은 거대하고 광대해서 인륜과 일상생활에 절실하지 않고 천하국가를 다스리는 데 무익한 게 있어서가 아니었을까. 요순의 도와 문무의 정치는 실로 만세토록 바뀌지 않을 상도常道로, 고금을 널리 살펴보고 이전 성인을 두루 선별해 보아도 요순이 아니면 조술할 만한 것이 없으며 문무가 아니면 헌장할 만한 것이 없다. 그러므로 당연히 조술해야 할 것을 조술하고 당연히 헌장해야 할 것을 헌장한 것으로, 조술한 것

은 자연히 조술한 것이었으며 헌장한 것은 자연히 헌장한 것이었다. 여기서 성인의 위대함은 사람이 생긴 이래 있은 적이 없는 존재로서의 실재임을 더욱 볼 수 있다. 이는 학문의 최고 공적이며 성인의 심오한 면모로, 진나라와 한나라 이래 유자들이 말한 적이 없는 점이다. 배우는 사람은 잘 살펴보기 바란다.

35. 辟如天地之無不持載, 無不覆幬, 辟如四時之錯行, 如日月之代明.
萬物竝育而不相害, 道竝行而不相悖. 小德川流, 大德敦化, 此天地之
所以爲大也.

비유하면 하늘과 땅이 실어 주지 않음이 없고 덮어 주지 않음이 없는 것과 같으며, 비유하면 사계절이 번갈아 운행하는 것과 같으며, 해와 달이 이어 가며 밝혀 주는 것과 같다.

| 도幬 역시 덮는다는 말이다. 착錯은 '번갈아'라는 말이다. 공자의 덕이
  위대함은, 하늘은 덮어 주고 땅이 실어 주며 사계절과 해·달이 번갈아
  운행하고 이어서 밝게 해줘 만물이 그 안에서 저절로 함께 자라고 함께
  사는 것과 같다는 말이다.

만물은 함께 자라면서 서로 해치지 않고, 도는 함께 실행되며 어긋나지 않는다. 작은 덕은 냇물의 흐름이요 큰 덕은 교화를 도탑게 한다. 이것이 하늘이 위대하게 되는 까닭이다.

| 이는 중니의 덕을 칭송해 천지에 견준 것이다. 만물병육萬物竝育은 "늙은
  이들은 편안하게 해주고, 벗들에게는 믿음을 주고, 어린 사람들은 품어
  주고 싶다"(『논어』 「공야장」 25장)는 것과 같고, 도병행道竝行은 백이의
  깨끗함, 유하혜의 조화로움, 안연의 인仁, 중유(자로)의 용맹과 같은 것

이다. 패悖는 배치된다는 말이다. 저들 모두 공자가 교화하고 키워주는 가운데 함께 자라고 함께 살아가며 각자 서로 방해하지 않는다는 말이다. 소덕小德은 염구·번지가 각자 자신의 재목材木을 성취하는 것과 같은 것이다. 천류川流는 냇물에 지류가 있는 것과 같다. 대덕大德은 안연·민자건이 덕행을 잘 말하는 것과 같은 것이다. 돈화敦化는 만물이 때맞춰 내리는 비의 은혜를 받아 번식해 구석구석 잘 자라는 것과 같은 것이다. 작은 것은 작은 것대로 이루어 주고 큰 것은 큰 것대로 이루어 준다는 말이다. 이는 중니의 위대함이 아니라 실은 천지의 위대함이다. 중니가 천지임을 말한 것이다.

○ 이상은 공자의 도가 천지와 그 크기가 똑같을 뿐만이 아니라 공자가 천지임을 말한 것이다. 위아래의 문장과 상통하므로 공자의 도의 위대함을 총괄해 말했다.

36. 唯天下至聖, 爲能聰明睿知, 足以有臨也; 寬裕溫柔, 足以有容也; 發强剛毅, 足以有執也; 齊莊中正, 足以有敬也; 文理密察, 足以有別也. 溥博淵泉, 而時出也, 溥博如天, 淵泉如淵.
見而民莫不敬, 言而民莫不信, 行而民莫不說.
是以聲名洋溢乎中國, 施及蠻貊, 舟車所至, 人力所通, 天之所覆, 地之所載, 日月所照, 霜露所隊, 凡有血氣者, 莫不尊親. 故曰配天.
오직 천하의 지극한 성인만이 잘 듣고 밝게 이해하며 지혜롭고 지식이 풍부[聰明睿知]할 수 있어 임臨할 수 있으며, 관대하고 여유로우며 온화하고 유연[寬裕溫柔]할 수 있어 용납할 수 있으며, 바로 반응하고 강하며 굳세고 의

연[發强剛毅]할 수 있어 집행할 수 있으며, 몸가짐이 가지런하고 엄숙하며 중용을 지키고 올바르게[齊莊中正] 할 수 있어 공경할 수 있으며, 문장이 빛나고 논리가 치밀하며 상세하고 분명하게[文理密察] 할 수 있어 구별할 수 있다.

> 천하지성天下至聖은 공자를 말한다. "세상에 사람이 생긴 이래 공자보다 훌륭한 사람은 있지 않다"(『맹자』 「공손추 상」 2장)라는 뜻이다. 임臨은 윗자리에 있으면서 아랫사람에게 임한다는 말이다. 문文은 글이 빛나는 것이다. 리理는 조리가 있는 것이다. 밀密은 상세함이다. 찰察은 명백하게 분별하는 것이다. 공자만이 지知·인仁·용勇·예禮·의義의 덕을 겸비할 수 있어 어떤 일이든 완전하게 하지 못하는 것이 없다는 말이다.

드넓고 광활하며 연못·샘[淵泉]과 같아 때에 맞게 덕이 드러난다. 드넓고 광활함은 하늘 같고, 연천淵泉한 모습은 연못과 같다.

> 부박溥博은 두루 다 존재하며 광활한 것이다. 깊어 헤아릴 수 없는 것을 연못이라 하고 근원이 있어 그치지 않는 것을 샘이라 한다. 출出은 겉으로 드러나는 것이다. 다섯 가지 덕(총명예지聰明睿知·관유온유寬裕溫柔·발강강의發强剛毅·제장중정齊莊中正·문리밀찰文理密察)이 마음에 쌓여 때에 맞게 드러나 실천한다는 말이다.

모습이 나타나면 사람이 공경하지 않는 이가 없고 말을 하면 사람이 믿지 않는 이가 없고 행동을 하면 사람이 기뻐하지 않는 이가 없다.

> 민民은 사람이다. 공경하지 않는 이가 없다는 말은 성인이 지나가면 누구나 다 교화된다는 뜻이다. 믿지 않는 이가 없다는 말은 말을 하면 모두 따른다는 뜻이다. 기뻐하지 않는 이가 없다는 말은 마음으로 기뻐하며 진심으로 복종한다는 뜻이다.

이 때문에 명성이 중국에 가득하고 넘쳐 오랑캐에게까지 뻗어, 배와 수레가 이르는 곳과 사람의 힘이 통하는 곳과 하늘이 덮은 곳과 땅이 실어 주는 곳과 해와 달이 비치는 곳과 서리와 이슬이 내리는 곳에 혈기를 가진 모든 것들이 존경하고 친하지 아니함이 없다. 그러므로 하늘과 짝한다[配天]고 하는 것이다.

| 성명聲名은 공자의 명예를 말한다. 배천配天은 하늘과 나란히 서서 영원히 추락하지 않을 것이라는 말이다.

○ 이상은 또 공자의 덕의 위대함을 말한 것이다. 숨어 있는 것을 찾고 기이한 일을 행하는 사람을 후세에는 기록하기도 하고, 장엄하게 되길 힘쓰는 사람을 사람들은 반드시 높이고 우러러본다. 오직 공자만은 온순·선량·공손·절제·양보하는 태도로 남들에게 구하는 게 없었고 또한 후세에 전해 사방 먼 곳까지 닿으리라고 전혀 의도하지 않았다. 하지만 사람들이 존경하고 친하게 여기는 지극함은 성인이 하늘과 짝이 되도록 했다. 그 덕이 융성해 자연히 사람들을 감동시키지 않았다면 어떻게 이와 같은 경지를 이룩할 수 있겠는가.

37. 唯天下至誠, 爲能經綸天下之大經, 立天下之大本, 知天地之化育, 夫焉有所倚.

肫肫其仁, 淵淵其淵, 浩浩其天.

苟不固聰明聖知, 達天德者, 其孰能知之.

詩曰: "衣錦尙絅." 惡其文之著也.

故君子之道, 闇然而日章, 小人之道, 的然而日亡. 君子之道, 淡而不

厭, 簡而文, 溫而理, 知遠之近, 知風之自, 知微之顯, 可與入德矣. 詩云:
"潛雖伏矣, 亦孔之昭."

故君子內省不疚, 無惡於志, 君子之所不可及者, 其唯人之所不見乎. 詩
云: "相在爾室, 尚不愧于屋漏."

故君子不動而敬, 不言而信. 詩曰: "奏假無言, 時靡有爭."

是故君子不賞而民勸, 不怒而民威於鈇鉞. 詩曰: "不顯惟德, 百辟其刑
之."

是故君子篤恭而天下平. 詩云: "予懷明德, 不大聲以色."

子曰: "聲色之於以化民, 末也." 詩云: "德輶如毛." 毛猶有倫, "上天之
載, 無聲無臭." 至矣.

오직 천하의 지극한 성인만이 천하의 큰 원칙[大經]을 경륜經綸할 수 있으
며, 천하의 큰 근본[大本]을 세울 수 있으며, 천지의 조화와 발육을 주관할
수 있으니, 어찌 의지하는 것이 있겠는가.

│ 주씨(주희)가 말했다. "경륜은 모두 실을 다루는 일이다. 경經은 실마리
를 다듬어 실을 나누는 것이고, 윤綸은 종류를 나란히 해 합치는 것이
다. 경은 항상 변하지 않는 기준으로, 대경大經은 다섯 종류의 인륜[五倫]
을 말한다. 성인의 덕은 지성至誠이라 망령됨이 없다. 그러므로 인륜의
법도를 그 극치까지 다 실행해 온 세상에 만세토록 법이 될 수 있다. 이
것이 소위 경륜한다는 말이다." 입대본立大本은 자신을 수양해 천하의
표준이 된다는 말이다. 지知는 주관한다[主]는 말로, 지화육知化育은 천지
의 도를 다듬어 성취해 주고 보태고 도와준다는 말이다. 이는 모두 무
엇에 의지하고 붙는 것이 있어 그렇게 하는 것이 아니다. 지성의 덕이
자연스럽게 하는 일로 힘으로 도달하기를 바랄 수 없다.

간절하고 지극한 인이로다, 깊고 고요한 연못이로다, 드넓은 하늘이로다.

| 이는 위 문장을 이어 말한 것이다. 준준肫肫은 간절하고 지극한 모습이
  다. 인仁은 여러 덕의 으뜸으로, 위 문장의 총명예지聰明睿知 이하 다섯 가
  지 덕(+寬裕溫柔·發强剛毅·齊莊中正·文理密察)을 포함해 말한 것이다.
  연연淵淵은 깊고 고요한 모습이다. 호호浩浩는 광대한 모습이다. 기연기
  천其淵其天은 단지 이와 같을 뿐만이 아니라는 말이다.

만약 진정 총명하고 성스런 지혜를 가져 하늘의 덕을 통달한 사람이 아니
라면 그 누가 성인의 오묘함을 알겠는가.

| 만약 그러한 덕을 가진 사람이 아니라면 그 오묘함을 알 수 없으니, 보
  통의 지혜로 엿보고 헤아릴 수 있는 게 아니라는 말이다. 『맹자』에 공자
  를 칭송해, "요순보다 훨씬 뛰어나다"(「공손추 상」 2장)고 했는데 하늘
  의 덕을 통달한 사람의 말이라 하겠다.

시에, "비단 옷을 입고 홑옷을 더 입었네"라고 하였다. 그 화려함이 드러나
는 것을 싫어해서다.

| 시는 「국풍」의 「위衛나라 석인碩人」과 「정鄭나라 봉丰」에, 모두 "의금경
  의"衣錦褧衣로 되어 있다. 경褧은 경絅과 같은 글자로, 얇은 홑옷이다. 상尙
  은 더 입는다는 말이다. 성인의 덕은 하늘의 덕을 통달한 사람이 아니
  면 알 수가 없다. 하지만 성인의 마음씀은 아주 겸손해서 스스로 보이
  지 않는 덕을 쌓았으면서도 감히 드러나는 행동은 하지 않는다. 그러므
  로 시를 인용해 위 문장의 뜻을 밝힌 것이다.

○ 여기부터 이하는 모두 여덟 번 시를 인용하는데 모두 이 장의 뜻을 설명
  한 것이다. 군자의 덕은 보이지 않아 파악할 수 없는 오묘한 것임을 말
  했는데, "하늘이 하는 일은 소리도 없고 냄새도 없다"는 데에 이르러 끝

난다. 깊고 얕은 차이가 있는 듯하지만 실은 같은 뜻이다.

그러므로 군자의 도는 어두워 보이지만 날마다 드러나고, 소인의 도는 뚜렷해 보이지만 날마다 사라진다. 군자의 도는 담백하지만 싫증나지 않으며 간결하지만 문채가 나고 부드럽게 윤기 나지만 치밀한 조리가 있다. 먼 곳이 가까운 데에서 시작됨을 알고, 바람이 처음 이는 곳을 알며, 미세한 것은 드러나는 것임을 알아야 덕의 경지에 들어갈 수 있다. 시에, "잠겨 있어 숨어 있는 것 같아도, 아주 밝게 드러나는구나"라고 하였다.

| 위 문장을 이어 군자의 도를 일반적으로 말한 것이다. 군자는 진실을 숭상하고 꾸미는 것을 귀하게 여기지 않는다. 그러므로 겉으로는 어두운 것 같아도 그 덕은 나날이 빛나고 소인은 이와 반대다. 담이불염淡而不厭은 매일 먹는 오곡五穀으로 비유해 말한 것이다. 간簡은 문채文彩가 없는 것이다. 온이리溫而理는 아름다운 옥으로 비유해 말한 것이다. 모두 외부에서 찾지 않아도 덕의 빛이 자연 드러난다는 말이다. 원지근遠之近은 교화가 멀리 미치는 것은 가까운 곳에 근본을 둔다는 말이다. 풍지자風之自는 바람처럼 흘러가 전해지는 영향력은 자신에게서 시작된다는 말이다. 미지현微之顯은 미세하고 작은 일도 반드시 뚜렷이 드러난다는 뜻이다. 모두 지성至誠의 덕이 자연히 나타나고 드러나지 않는 게 없다는 말이다. 배우는 사람은 이 세 가지를 안 이후에야 덕의 경지에 들어갈 수 있다. 시는 「소아·정월正月」이다. 공孔은 심하다는 말이다. 소昭는 밝다는 말이다.

그러므로 군자는 (자기) 안을 살펴보아 병이 없으므로 마음에 부끄러움이 없다. 군자에게 (사람들이) 미치지 못하는 점은 오직 사람들이 보지 못하는 곳에 있다. 시에, "그대가 방안에 있는 걸 보니, 방 모퉁이에서도 부끄러

워하지 않는구나"라고 하였다.

| 구玟는 병病이다. 무오어지無惡於志는 마음에 부끄러움이 없다는 말과 같
다. 시는 「대아·억抑」이다. 상相은 본다는 말이다. 옥루屋漏는 방의 서북
쪽 모퉁이다. 이는 시를 인용해 군자의 행동은 안팎이 일치해 부끄러워
하는 게 없다는 말이다.

그러므로 군자는 움직이지 않아도 사람들이 공경하고 말하지 않아도 믿
는다. 시에, "음악을 연주하자 아무 말 없고, 이에 다툼도 있지 않네"라고
하였다.

| 시는 「상송商頌·열조烈祖」다. 시를 인용해, 군자가 말하고 행동하지 않아
도 백성들 스스로 공경하고 믿어 다투는 게 없다고 말했다. 주격奏假 두
글자는 의미 미상未詳. 정씨(정현)가 말했다. "격假은 크다[大]는 말이다.
종묘宗廟에서 태악大樂을 연주하자 사람들이 모두 엄숙하고 공경하며
말하는 사람이 없었다. 이때 평화롭게 화합해 다투는 게 없었다는 말이
다." 주씨가 말했다. "주奏는 나아간다[進]는 말이다. 제사에 나아가 신명
神明에 감격할 때에 그 정성[誠]과 공경[敬]을 지극히 하니 말을 하지 않
아도 사람들이 자연스레 감화된다는 말이다." 두 설명 가운데 누가 옳
은지는 미상.

이 때문에 군자는 상을 주지 않아도 백성들은 권면하고 노하지 않아도 백
성들은 칼·도끼보다 더 두려워한다. 시에, "어찌 덕이 드러나지 않겠는가.
여러 왕들이 본받는구나"라고 하였다.

| 위威는 두려워한다는 말이다. 부鈇는 여물을 써는 칼이다. 월鉞은 도끼
다. 시는 「주송周頌·열문烈文」이다. 벽辟은 임금이다. 이는 시를 인용해
군자의 말 없는 가르침은 저절로 사람 마음을 감화시킴을 밝힌 것이다.

이 때문에 군자는 공손함을 돈독히 하여도 천하는 평화로워진다. 시에,
"나는 밝은 덕을 사랑해, 목소리와 얼굴빛을 대단하게 하지 않는다"라고
하였다.

│ 독篤은 돈독하게 한다는 말이다. 독공篤恭은 성인의 모습을 말한다. 아무
일 하지 않아도 천하가 자연스레 잘 다스려진다는 말이다. 시는 「대아·
황의皇矣」이다. 이 시를 인용해 성인의 덕의 오묘함은 목소리와 낯빛을
크게 표현하는 데 있지 않음을 밝힌 것이다.

선생님께서 말씀하셨다. "목소리와 얼굴빛은 백성을 교화하는 일에는 말
단이다." 시에, "덕이 가볍기가 터럭과 같구나"라고 하였는데, 터럭이라
했어도 비교할 점이 남아 있다. "하늘의 일은, 소리도 없고 냄새도 없다"라
고 해야 최고 경지다.

│ 이는 공자의 말을 인용해 위 문장 「황의」라는 시의 뜻을 설명한 것이
다. 시는 「대아·증민烝民」이다. 유輶는 가볍다는 말이다. 여모如毛는 "독
공"篤恭의 지극한 경지는 목소리와 낯빛을 크게 하지 않는다는 뜻을 말
한 것이다. 윤倫은 견주다/비교하다는 말이다. 터럭이라 한 것은 여전
히 비교할 수 있는 대상이 있으므로 아직 완벽한 경지는 아니라는 말이
다. 그러므로 또한 「문왕」文王이라는 시를 인용해, 소리나 냄새로도 말할
수 없는 상천上天의 일과 같아야 비로소 최고 경지가 된다고 하였다. "독
공"의 최고 경지는 언설言說로 형용할 수 있는 게 아님을 밝힌 것이다.

○ 「대아·문왕」을 살펴보니, 문왕의 덕을 칭송하면서 "하늘의 일은, 소
리도 없고 냄새도 없어라. 문왕을 본받으면, 온 나라가 고무되고 진실하
게 되리라"라고 하였다. 그 뜻은, 하늘은 소리나 냄새로도 말할 수 있는

게 없어 하늘을 본받으려 해도 그럴 수 없다, 오직 문왕의 덕만이 하늘과 똑같으므로 문왕을 본받아야 하늘을 본받는 것이다, 라는 말이다. 『중용』은 이 구절을 단장취의해, "드러나지 않을 수 없는 독공"의 오묘함은 근본적으로 목소리와 낯빛에 있는 게 아님을 찬미했다. 소리도 없고 냄새도 없는 가운데 저절로 지극한 이치를 지녀 모든 교화의 주재主宰가 된다는 점을 말한 게 아니다. 송나라 유학자들이 글로 써서 "무극태극"無極太極의 오묘함을 형용하면서부터 배우는 사람들이 그런 설명을 익숙히 들어, 이 이치는 은미해 엿보고 알 수 있는 게 아니라고 여겨 왔다. 이런 견해는, 시의 언어는 원래 평이하게 서술한 것으로 아주 심오한 의미는 없다는 사실을 전혀 모르고 하는 말이다. 공자가 말한, "하늘이 무슨 말을 하더냐"(『논어』 「양화」 18장)와 맹자가 말한, "하늘은 말하지 않는다"(『맹자』 「만장 상」 6장) 등의 말과 의미가 같은 것으로, 후세 사람들이 말하는 것과 같은 게 아니다. 구별하지 않으면 안 된다.

원문

大學定本

大學定本序

聖人之道, 不出乎人倫日用之間, 而中庸爲極. 故其爲敎也, 使天下萬世之人, 與知能行, 而未嘗窮其說, 以使人幾乎不可企及也. 自詩書已來, 其說寢備, 而載鄒魯二書者, 昭然可見矣. 蓋天下之事無窮, 而一人之所知有限, 非質之往聖, 求之師資, 則無所準度. 故人不可不學焉. 然事有大小, 務有緩急, 天下之物, 洪纖高下, 日新月盆, 不可勝載. 苟以有限之精力, 而欲講無窮之理, 則雖閱百世, 而亦有不能盡者矣. 故聖人先其大而後其小, 急其本而緩其末, 務知關人倫日用之最要者, 而未嘗以盡窮凡天下之理爲事也. 後之格物之說, 則異於此焉. 欲今日格一件, 明日格一件, 以至於其極, 則難矣. 且人之所欲無窮, 聲色臭味之誘乎我, 苟縱而莫之節, 則放蕩汎濫, 無所紀極. 故欲不可不節焉. 然欲使根治其心, 無所萌動, 則斯身未亡之間, 竟難見其效矣. 故聖人以禮爲準, 以義爲度, 使凡接乎耳目者, 動必由此以進德, 而未嘗以無一毫人欲之私爲期也. 後之明明德之說, 則異於此焉, 欲寡之又寡, 以至於無, 則難矣. 通而論之, 欲者人之所必有而易陷. 故曰寡慾, 曰窒欲, 而未嘗曰無欲也. 知者人之所不可不博者而難盡. 故曰博學, 曰多識, 而未嘗曰窮凡天下之理也. 亦豈欲精爽散逸, 一心無主乎哉. 唯曰篤於好善, 而未嘗曰鑑空衡平, 一物不著也. 後世之學, 專主乎理與心. 故理之在事者, 不盡窮之, 則無以拓吾心之量, 物之蔽心者, 不盡除之, 則無以明吾心之體, 此居敬窮理之說之所以興, 而遂格物以窮天下之理, 明明德以除一毫人欲之私, 有誠意正心之說, 以維持彌縫之, 以大學爲初學入德之門, 加之語孟之上者, 爲是故也. 先人壯歲, 敦好宋學, 尊信敬服, 有踰鬼神, 潛究多年, 稍疑其不然, 專信語孟二書, 以爲羣經綱領, 嘗著注解, 後依門人之請, 爲挍此書, 因鄭氏古本, 稍移動數節, 間附管見, 名曰定本, 頃梓而藏之于家, 仍序其大較, 弁之于首云.
正德三年癸巳 臘月日 伊藤長胤謹敍

大學定本

洛陽 伊藤維禎 考定

1-1. 大學之道, 在明明德, 在親民, 在止於至善.

∥ 大, 鄭氏音泰, 今從之.

明德者, 謂聖人之德, 光輝發越, 至於幽隱之地, 邇隃之遠, 無所不照, 易所謂"明出地上晉, 君子以自照明德." 是也. 及虞書贊堯之德曰:"光被四表, 格于上下." 泰誓贊文王之德曰:"若日月之照臨于四方." 皆此之謂也. 觀下文所謂欲明明德於天下, 可見矣. 親民, 程子作新民. 新者, 革其舊之謂. 三代書傳, 多說新者, 下文亦有新民字, 當從程子. 至善者, 善之至極, 若下文所敍, 仁敬孝慈信, 是也. 言大學之道, 在斯三者, 而明明德新民二者, 又以止至善爲要也.

○ 按明德二字, 多見於詩書左傳, 而至於論孟, 則專以仁義禮智爲敎, 孝弟忠信爲要, 而未嘗有一言及明德者, 蓋以明德二字, 其義甚大, 唯可以贊聖人之德, 而非學者之所能承當, 不若以仁義忠信爲敎之通上下盡人道, 而無遺漏也. 至於以此爲人心之稱, 則失其義益甚矣. 章句解明德曰:"虛靈不昧, 具衆理而應萬事." 蓋深泥明字, 而不知本贊美聖人之德之辭也. 觀康誥單曰德, 堯典亦曰峻德, 皆不言明, 自可知矣. 且虛靈不昧四字, 本出於禪書, 卽明鏡止水之理, 而於吾聖人之書, 本無此理, 亦無此語, 其相反不翅氷炭矣.

1-2. 知止而后有定; 定而后能靜; 靜而后能安; 安而后能慮; 慮而后能得.

∥ 此承上文, 而言止至善之效.

右第一章

○ 大學一篇, 不出於明德新民止至善三者, 而止至善, 卽明德新民之標也. 故下章先論明德新民之義, 而於止至善, 尤致其詳. 蓋知本卽止至善之要, 而自誠意至脩身者, 明德之至善, 齊家至平天下者, 新民之至善也. 一直寫下, 首尾貫穿, 義理相承, 體統相應, 是作者之本意也. 愚故斷以爲大學有三綱領, 而無八條目.

2-1. 康誥曰:"克明德."

∥ 康誥, 周書.

○ 自此至下文聽訟章, 舊本誤在誠意章下. 其間前後相錯者, 皆從朱氏所定.

2-2. 太甲曰:"顧諟天之明命."

∥ 太甲, 商書. 諟, 猶此也. 明命, 謂天之顯命. 商書曰:"受天明命, 以有九有之師, 爰改夏正", 卽是也. 言成湯雖旣爲天子, 猶恐或失天之顯命, 而顧念表正之也.

○ 按章句曰:"天之明命, 卽天之所以與我, 而我之所以爲德者也." 此以天命做人性說, 非也. 明命, 卽天命之福善殃淫者, 不可與性混說. 下文引詩曰:"周雖舊邦, 其命維新." 又曰:"峻命不易." 書曰:"惟命不于常." 皆以天之眷命而言, 本文之意甚明矣. 此章本述明德, 而引天之明命者, 蓋泛引詩書言明諸語, 以敷衍明字之義耳. 古人引詩, 融活自在, 不必拘拘, 下章亦述新民, 而引其命維新, 此可類推也.

2-3. 帝典曰:"克明峻德."

∥ 帝典, 堯典虞書. 明者, 謂堯之聖德, 光輝發越, 無所不照也. 所謂"九族旣睦, 百姓昭明, 黎民於變時雍", 卽其事也. 峻, 大也. 峻德, 言其至大. 明德, 言其至明, 各就其盛而言.

○ 按章句先解明明德曰: "爲氣稟所拘, 人欲所蔽, 則有時而昏, 學者當因其所發, 而遂明之以復其初." 據此, 則明之云者, 在學者分上可言, 而非所以語生知之聖也. 今虞書贊帝堯之德, 而曰克明, 則可知稱聖德之明於天下, 而非除物欲以復初之謂也. 然則明明德者, 其義亦可從而知矣.

2-4. 皆自明也.

｜言欲其德之明於天下, 則在於先自明其德也.

右第二章

○ 此論首章明明德之義.

3-1. 湯之盤銘曰: "苟日新, 日日新, 又日新."

｜盤, 盥頮之盤也. 言新民以新己之德爲本也.

3-2. 康誥曰: "作新民." 詩曰: "周雖舊邦, 其命維新."

｜詩, 大雅文王之篇.

3-3. 是故君子無所不用其極.

｜極, 猶皇極民極之極, 謂至善也.

右第三章

○ 此論首章新民之義.

4-1. 詩云: "邦畿千里, 惟民所止."

｜詩, 商頌玄鳥之篇.

4-2. 詩云: "緡蠻黃鳥, 止于丘隅." 子曰: "於止, 知其所止, 可以人而不如鳥乎."

｜詩, 小雅緡蠻之篇. 子曰以下, 孔子說詩之辭.

4-3. 詩云: "穆穆文王, 於緝熙敬止." 爲人君, 止於仁; 爲人臣, 止於敬; 爲人子, 止於孝; 爲人父, 止於慈; 與國人交, 止於信.

｜詩, 文王之篇. 敬止, 謂敬其止也. 仁敬孝慈信, 乃善之至大者, 此釋詩之辭. 下倣此.

4-4. 詩云: "瞻彼淇澳, 菉竹猗猗. 有斐君子, 如切如磋, 如琢如磨. 瑟兮僩兮, 赫兮喧兮. 有斐君子, 終不可諠兮." 如切如磋者, 道學也; 如琢如磨者, 自修也; 瑟兮僩兮者, 恂慄也; 赫兮喧兮者, 威儀也; 有斐君子, 終不可諠兮者, 道盛德至善, 民之不能忘也.

｜詩, 衛風淇澳之篇. 此以下說止至善之由. 爾雅骨曰切, 象曰磋, 玉曰琢, 石曰磨. 學也易, 故比骨角. 自脩也難, 故比玉石.

○ 按章句曰: "切以刀鋸, 琢以椎鑿, 皆裁物使成形質也. 磋以鑢鍚, 磨以沙石, 皆治物使其滑澤也. 治骨角者, 旣切而復磋之, 治玉石者, 旣琢而復磨之, 皆言其治之有緒, 而益致其精也." 蓋以切琢爲治樸之名, 磋磨爲成器之名. 然爾雅曰: "象謂之鵠, 角謂之鸞, 犀謂之剒, 木謂之劇, 玉謂之雕. 註云, 治樸之名." 又曰: "金謂之鏤, 木謂之刻, 骨謂之切, 象謂之磋, 玉謂之琢, 石謂之磨. 註云, 治器之名." 蓋治樸, 謂治之有緒. 治器, 謂益致其精. 章句所解, 不知何所據, 若義理, 雖生於千載之後, 猶可得以刊其繆, 至若字訓, 則從古傳授, 皆有定例, 今日不得新造其說, 況爾雅永爲字學之祖, 則後世最不可捨其說, 而新創義訓也.

○ 又按如切如磋道學也以下五十三字, 本見爾雅, 今大學全襲其語, 以說至善之義, 亦可疑也.

4-5. 詩云:"於戲前王不忘." 君子賢其賢而親其親, 小人樂其樂而利其利. 此以沒世不忘也.

｜詩, 周頌烈文之篇. 此承上文之終, 說止至善之效.

○ 自引淇澳詩以下至此, 舊本誤在克明德之上.

右第四章

○ 此論首章止至善之義.

5-1. 子曰:"聽訟, 吾猶人也. 必也, 使無訟乎." 無情者, 不得盡其辭, 大畏民志. 此謂知本.

｜此首引夫子之言, 以明知本卽止至善之要也.

○ 此一節, 舊本誤在止於信下.

5-2. 物有本末; 事有終始. 知所先後, 則近道矣.

｜此言止至善之方也. 物者, 卽下文所謂曰意, 曰心, 曰身, 曰家, 曰國, 曰天下, 六者是也. 事者, 所謂曰誠, 曰正, 曰修, 曰齊, 曰治, 曰平, 六者是也.

○ 按此以下至於誠意章, 鄭氏舊本, 次第相承, 義理分明, 一無可疑者, 皆明本末先後之義, 乃述格物致知者也. 章句別立釋本末傳, 補格物致知傳, 大失作者之本意. 故今專從古本之次云.

5-3. 古之欲明明德於天下者, 先治其國, 欲治其國者, 先齊其家, 欲齊其家者, 先修其身, 欲修其身者, 先正其心, 欲正其心者, 先誠其意, 欲誠其意者, 先致其知, 致知在格物.

｜此承上文, 而列先本始而後末終之序也. 欲明明德於天下者, 欲明德之明于天下也. 致, 推極也. 致知, 謂推致其心之所知也. 格, 正也. 物, 卽物有本末之物. 格物云者, 卽先本始而後末終之謂. 指誠意等六者, 得先後之序而言. 言物而不言事者, 省文也.

○ 按章句曰:"使天下之人, 皆有以明其明德." 非也. 若如其說, 則當曰明天下之明德, 而不可曰明明德于天下, 可知章句之解, 非本文之意矣. 且博施於民, 而能濟衆, 堯舜其猶病諸. 故聖人之於天下, 脩己以安之, 使其仰事俯畜, 自由于禮樂敎化之中焉耳. 四海之廣, 兆民之衆, 豈有能使舉一世之人, 皆全其虛靈不昧之體, 而無一毫人欲之私耶. 此勢之所必不能也. 蓋其說甚過快, 而要之事實, 則實不可行也. 又解致知格物曰:"物理之極處無不到也, 吾心之所知無不盡也." 此於本文, 不見所據. 愚嘗著格物訓義一篇, 後偶檢二程全書, 載明道先生一說, 及明王心齋著格物論, 亦與陋見合, 皆於本文, 自有明據. 若朱氏所謂窮至事物之理, 其說雖不能一一般理, 然證之本文, 本無所考, 蓋出其意撰, 而非作者之本旨也. 夫知者固無不知也. 然審其事之本末先後, 而必先其本而後其末, 務先其急而忽其緩, 知而無益者, 亦不必知之也. 故論語曰:"知之爲知之, 不知爲不知, 是知也." 又曰:"君子於其所不知, 蓋闕如也." 孟子曰:

"堯舜之知, 而不徧物, 急先務也." 聖賢之意, 亦可見矣. 若朱氏之所謂, 是强學者, 以堯舜孔子之所不能也, 謂是乎, 非乎. 其弊至今, 鐵錮石確, 牢不可解, 實斯道之大厄也.

5-4. 物格而后知至, 知至而后意誠, 意誠而后心正, 心正而后身修, 身修而后家齊, 家齊而后國治, 國治而后天下平.

| 此言先本始而後末終之效.

○ 按格物者, 審事之本末先後而正之之謂. 故上言其序, 而此言其效, 不可闕一. 若從章句八條目之說, 則其次序節目, 上文旣盡之矣, 而復述此一節, 是屋下之屋, 牀上之牀, 無甚意味, 雖刪去之可也. 故知格物者, 正先後之謂, 而非窮物理之事也. 然則大學本非比列八條, 斷可知矣.

5-5. 自天子以至於庶人, 壹是皆以修身爲本. 其本亂而末治者, 否矣, 其所厚者薄而其所薄者厚, 未之有也.

| 章句曰:"壹是, 猶一切也." 本, 謂身. 所厚, 謂家也. 所厚亦帶本說.

5-6. 此謂知本. 此謂知之至也.

| 此結本文先本始而後末終之意. 章句以此謂知本一句爲衍文, 而又爲於此謂知之至也之上, 別有闕文, 尤非也.

右第五章

○ 此論格物致知之義. ○ 按格物致知, 卽止至善之要. 故自此至篇終, 皆推言止至善之義也. 蓋物格知至, 則於事之本末先後, 知之明矣. 故此章反復推明其義, 而下章特論誠意之義, 以爲用工之始. 章句比列八條, 承上接下, 相合以說. 故以爲格物傳闕, 而取程子之意補之, 尤無所據. 且云"至於用力之久, 而一旦豁然貫通, 衆物之表裡精粗無不到, 而吾心之全體大用無不明矣." 而又於誠意傳釋云, "心體之明, 有所未盡, 則其所發必有不能實用其力, 而苟焉以自欺者." 何哉. 夫在格物時, 吾心之全體大用旣明, 則聖人之能事畢矣, 豈容於其後尙有心體之明未盡, 而苟焉自欺者哉. 若謂有所未盡, 則格致之時, 不得謂之全體大用無不明矣. 蓋晦菴之學, 主張理字. 故於格物致知章, 立言者不得不如此. 然於誠意章, 其說自相矛盾, 不免牽强補溱, 說亦詳于下文. ○ 章句云:"大學始敎, 卽凡天下之物, 因其已知之理而益窮之, 以求至於其極." 又曰:"衆物之表裡精粗無不到, 而吾心之全體大用無不明矣." 是宋學之全功, 而後世學者, 無不從事於此. 然夫子之所不言, 孟子之所不述, 其言過快, 而實足以誤學者. 設謂求至於其極, 然其極不可得而至, 謂表裡精粗無不到, 然其實不可得而到. 何者. 宇宙之窮際, 不可得而知, 古今之始終, 不可得而究. 汎徵之於萬物, 凡其性情之變, 形狀之別, 聲音色味, 其所以然之故, 皆不可得而知. 近取之於吾身, 凡其皮膜之束, 九竅之通, 水穀吐納, 其所以然之故, 亦皆不可得而知. 故聖人務知人倫日用當務之急者, 而不知而不害爲君子者, 不必求知之也. 故孔子曰:"君子於其所不知, 蓋闕如也." 是已. 學者不可不辨焉.

6-1. 所謂誠其意者, 毋自欺也. 如惡惡臭, 如好好色. 此之謂自謙. 故君子必愼其獨也.

｜謙讀爲慊此大學用工之始. 故特論誠意一事也. 意, 意思也. 謂心之所往來流注也. 誠意者, 誠心之所思也. 卽孟子所謂思誠者人之道之意. 慊, 章句曰:"快也, 足也."

○ 按章句以爲"意者心之所發焉." 非也. 若使意爲心之所發焉, 則是心本而意末, 心源而意委. 夫本立而後枝自茂, 源澄而後流自淸, 自然之理也. 今不曰欲誠其意先正其心, 而曰欲正其心先誠其意, 則豈非本末顚倒之甚耶. 然則不可以意爲心之發, 甚彰彰矣. 蓋自天下而國, 而家, 而身, 而心, 而意, 自末之本, 後其末而先其本. 故欲正其心, 不可不先誠其意. 故敘誠意于正心之先也. 若欲就心之所發求誠, 則意思局促, 不復似聖門之敎. 今講章句者, 徒悅其工夫之似密, 而不知聖門之學, 本可以從容盛大得, 而不可以緊急促迫求之也.

6-2. 小人閒居, 爲不善無所不至, 見君子, 而后厭然揜其不善, 而著其善. 人之視己, 如見其肺肝然, 則何益矣. 此謂誠於中, 形於外. 故君子必愼其獨也.

｜此言誠僞之在於中者, 雖致飾乎外, 終不可揜, 以明君子愼獨之功也.

6-3. 曾子曰:"十目所視, 十手所指, 其嚴乎."

｜章句曰:"傳十章, 則曾子之意, 而門人記之." 愚謂若使此篇果出於曾子之意, 則傳十章, 皆是曾子之言, 奚獨於此稱曾子曰乎. 由此觀之, 則以大學爲曾子門人之所記, 不可據信. 矧禮記諸篇, 稱曾子曰者亦多, 豈皆曾子門人之所記哉.

6-4. 富潤屋, 德潤身, 心廣體胖. 故君子必誠其意.

｜確言.

右第六章

○ 此論誠意之義. ○ 按以下諸章, 每首必揭所謂二字, 兼兩事而論之. 此章特擧誠意一項, 不曰欲正其心, 先誠其意者, 何哉. 蓋前章聽訟吾猶人也以下, 至於此謂知之至也, 凡六節, 旣論格物致知之義盡之矣, 不待復覆述其義. 故於是初揭所謂二字, 特論一項, 其意甚分明. 然則大學用工之始, 本在誠意一章, 而此章之前, 不復有格物致知章, 斷然可知, 而所謂格物致知者, 乃審事之本末先後而正之之謂, 亦可從而見矣. 朱氏不察, 漫立補傳, 殆爲古今一大聚訟, 註解古書, 其難如此.

7-1. 所謂修身在正其心者, 身有所忿懥, 則不得其正, 有所恐懼, 則不得其正, 有所好樂, 則不得其正, 有所憂患, 則不得其正.

｜程子曰: 身有之身, 當作心. 此言欲修其身, 當先正其心. 故言治心之間, 不可使忿懥恐懼好樂憂患等四者, 害其心也.

○ 按正心之說, 非聖門之學也. 蓋聖人之敎, 專以仁義爲道, 使人心歸嚮之, 所謂以仁存心, 以禮存心, 是也. 故論語曰道, 曰德, 而未嘗有言正心者. 孟子雖屢言心, 亦皆曰良心, 曰本心, 指示行仁義之本而爲言. 今大學不以仁義爲敎, 而徒欲揀束其心, 不使忿懥恐懼好樂憂患害之, 是猶無寸之尺, 無星之秤, 無所審度焉, 究其弊之所底, 亦將盡滅人心之用, 其不可也必矣. 語曰:"益者三樂, 損者三樂, 樂節禮樂, 樂道人之善, 樂多賢友, 益矣." 今大學曰:"有所好樂, 則不得其正." 則此三益者, 皆是爲心之不正. 夫子之言, 豈可非之哉. 予以大學爲非孔氏之遺書者, 亦以此也.

7-2. 心不在焉, 視而不見, 聽而不聞, 食而不知其味.

｜宋儒誤以孟子所謂求放心者, 爲攝收精神之謂. 此所謂心不在焉者, 卽宋儒求放心之說也. 語曰:"發憤忘食." 又曰:"三月不知肉味." 蓋聖人之心, 篤於好善. 故心專乎此, 而或至於不照管他事, 此所以爲聖人也. 若以大學律之, 則是雖聖人, 亦不免放心, 豈可乎哉. 其詭孔孟之道, 較然著明, 不可得而掩也. 朱氏林希元回護調停, 强欲一之, 何哉.

7-3. 此謂修身在正其心.

右第七章

○ 此論正心之義.

8-1. 所謂齊其家在修其身者, 人之其所親愛而辟焉, 之其所賤惡而辟焉, 之其所畏敬而辟焉, 之其所哀矜而辟焉, 之其所敖惰而辟焉. 故好而知其惡, 惡而知其美者, 天下鮮矣.

｜此言欲齊其家, 當先修其身. 故言接人之間, 親愛賤惡畏敬哀矜敖惰五者, 不可有所辟也.

○ 按敖惰二字有病. 書曰:"不侮鰥寡, 不虐無告." 語曰:"君子無衆寡, 無小大, 無敢慢." 其雖平平人, 豈可以敖惰待之哉. 公明宣稱曾子曰:"宣見夫子之應賓客, 恭儉而不懈惰. 宣悅之, 學而未能." 由此觀之, 大學之書, 非曾子門人之所記明矣.

8-2. 故諺有之曰:"人莫知其子之惡, 莫知其苗之碩." 此謂身不修, 不可以齊其家.

右第八章

○ 此論脩身之義. ○ 按章句於誠意以下, 承上起下之間, 纏繞牽扯, 前後相侵, 失作者之意特甚矣. 若如其說, 則物格知至旣盡矣, 又奚用誠意之功, 誠意旣盡矣, 又奚用正心之功, 正心旣盡矣, 又奚用修身之功, 誠知非作者之意. 今通而論之, 推天下而本之於國, 推國而本之於家, 推家而本之於身, 推身而本之於心, 推心而本之於意, 先之以格物致知者, 知其本末先後, 先其當先, 而用力於其本也. 次第相承, 意義接續, 作者之本意, 明瑩條暢, 無復可疑焉. 然脩身功夫, 誠意正心而已. 外誠意正心, 而豈復別有所謂脩身者哉. 作者必欲比說六條. 故旣說誠意正心, 復說脩身, 若欲擧親愛以下五者之病, 則列之於正心章可矣. 於此別布列五者之目者, 何哉. 且聖人之敎, 以人禮爲要. 故語曰:"克己復禮爲仁." 中庸曰:"脩身以道, 脩道以仁." 此章不一發明此意, 而專論心之偏處, 最足可疑. 蓋學有存養焉, 有省察焉. 存養者, 孟子所謂存心養性是也. 省察者, 便所以助存養之所不及也. 存養, 猶服補益之藥, 省察, 猶用攻擊之劑. 此章專言省察之意, 而不及存養之功, 猶不服補益之藥, 而專用攻擊之劑, 其亦與孟子之學異矣. 考亭之學, 全出於此歟.

9-1. 所謂治國必先齊其家者, 其家不可敎, 而能敎人者無之. 故君子不出家, 而成敎於國. 孝者, 所以事君也; 弟者, 所以事長也; 慈者, 所以使衆也.

｜至言.

9-2. 康誥曰:"如保赤子." 心誠求之, 雖不中不遠矣, 未有學養子而后嫁者也.

｜此言有實心, 則有實效. 章句曰:"明立敎之本, 不假强爲, 在識其端而推廣之." 此非作者之本旨.

9-3. 一家仁, 一國興仁; 一家讓, 一國興讓; 一人貪戾, 一國作亂. 其機如此, 此謂一言僨事, 一人定國. 堯舜帥天下以仁, 而民從之, 桀紂帥天下以暴, 而民從之. 其所令反其所好, 而民不從. 是故君子有諸己, 而后求諸人, 無諸己, 而后非諸人. 所藏乎身不恕, 而能喻諸人者, 未之有也. 故治國在齊其家.

│ 此言能察人之心, 而宥人之過者, 恕之事也. 以此爲心, 則人樂從之. 故曰: "所藏乎身不恕, 而能喻諸人者, 未之有也." 此句應上文 "心誠求之, 雖不中不遠" 之意.

9-4. 詩云: "桃之夭夭, 其葉蓁蓁. 之子于歸, 宜其家人." 宜其家人, 而后可以敎國人.

│ 詩, 周南桃夭之篇.

9-5. 詩云: "宜兄宜弟." 宜兄宜弟, 而后可以敎國人.

│ 詩, 小雅蓼蕭之篇.

9-6. 詩云: "其儀不忒, 正是四國." 其爲父子兄弟足法, 而后民法之也.

│ 詩, 曹風鳲鳩之篇.

9-7. 此謂治國在齊其家.

右第九章

○ 此論齊家之義. ○ 此以下, 通上二節, 說政事處, 義理切近, 吾有取焉. 蓋得詩書所載, 先王之遺意, 其間亦多確言.

10-1. 所謂平天下在治其國者, 上老老而民興孝; 上長長而民興弟; 上恤孤而民不倍. 是以君子有絜矩之道也.

│ 章句曰: "絜, 度也. 矩, 所以爲方也." 此卽孟子所謂 "老吾老以及人之老, 幼吾幼以及人之幼, 天下可運於掌" 之意.

10-2. 所惡於上, 毋以使下, 所惡於下, 毋以事上. 所惡於前, 毋以先後, 所惡於後, 毋以從前. 所惡於右, 毋以交於左, 所惡於左, 毋以交於右. 此之謂絜矩之道.

│ 此節汎述上文絜矩之方.

○ 按章句曰: "身之所處, 上下四旁, 長短廣狹, 彼此如一, 而無不方矣." 此非聖人之旨也. 何者. 天地之化, 四時行焉, 百物生焉, 雖寒凉溫熱, 無有所忒, 而其氣候之變, 或進或退, 不能無少差, 活物故也. 聖人之敎人, 亦猶如此, 使人易行, 而未嘗窮其說, 而强人以難行之事. 故知道者之言, 近而易從, 不知道者之言, 遠而難從. 孔子曰: "脩己以安百姓, 堯舜其猶病諸." 又曰: "君子之道四, 丘未能一焉." 爲此故也. 今夫上下四旁, 長短廣狹, 彼此如一, 乃非但堯舜孔子之所不能, 雖天地鬼神, 亦不能如此, 豈非其言遠而難從者乎. 大抵宋儒之於學, 要至纖至密, 毫無罅漏, 欲若堂中敷磚, 頭頭相合, 廣狹適均, 井然不紊. 蓋見死道理, 而不見活道理故也. 故義論雖可聽, 而其實難從, 持守雖可觀, 而終不免有把捉矜持之弊, 前章句所云, "使天下之人, 皆以明其明德." 亦此類也.

10-3. 詩云: "樂只君子, 民之父母." 民之所好好之, 民之所惡惡之. 此之謂民之父母.

│ 詩, 小雅南山有臺之篇.

10-4. 詩云: "節彼南山, 維石巖巖. 赫赫師尹, 民具爾瞻." 有國者不可以不愼, 辟則爲天下僇矣.

│詩, 小雅節南山之篇.

10-5. 詩云:"殷之未喪師, 克配上帝. 儀監于殷, 峻命不易." 道得衆則得國, 失衆則失國.

│詩, 文王篇.

10-6. 是故君子先愼乎德. 有德此有人, 有人此有土, 有土此有財, 有財此有用. 德者, 本也. 財者, 末也. 外本內末, 爭民施奪. 是故財聚則民散, 財散則民聚. 是故言悖而出者, 亦悖而入, 貨悖而入者, 亦悖而出.

│內者, 親之之辭. 外者, 疏之之辭.

10-7. 康誥曰:"惟命不于常." 道善則得之, 不善則失之矣.

楚書曰:"楚國無以爲寶, 惟善以爲寶."

│楚書, 楚語.

10-8. 舅犯曰:"亡人, 無以爲寶. 仁親以爲寶."

│舅犯, 晉文公舅, 狐偃, 字子犯. 亡人, 文公時出亡在外也.

10-9. 秦誓曰:"若有一个臣, 斷斷兮無他技, 其心休休焉, 其如有容焉, 人之有技, 若己有之, 人之彦聖, 其心好之, 不啻若自其口出, 寔能容之. 以能保我子孫, 黎民尙亦有利哉. 人之有技, 娼疾以惡之, 人之彦聖, 而違之俾不通, 寔不能容, 以不能保我子孫, 黎民亦曰殆哉."

│秦誓, 周書. 斷斷, 誠一之貌.

10-10. 唯仁人放流之, 迸諸四夷, 不與同中國. 此謂唯仁人爲能愛人能惡人. 見賢而不能擧, 擧而不能先, 命也; 見不善而不能退, 退而不能遠, 過也.

│命, 程子云:"當作怠."

好人之所惡, 惡人之所好. 是謂拂人之性, 菑必逮夫身. 是故君子有大道, 必忠信以得之, 驕泰以失之.

│大道, 猶言大方. 言通天下而無所違也.

10-11. 生財有大道: 生之者衆, 食之者寡; 爲之者疾, 用之者舒, 則財恆足矣. 仁者, 以財發身; 不仁者, 以身發財. 未有上好仁而下不好義者也; 未有好義其事不終者也; 未有府庫財非其財者也.

│此言理財之道. 且言徒務財用, 而不好仁義, 則財非其有也.

10-12. 孟獻子曰:"畜馬乘, 不察於雞豚; 伐冰之家, 不畜牛羊; 百乘之家, 不畜聚歛之臣. 與其有聚歛之臣, 寧有盜臣." 此謂國不以利爲利, 以義爲利也.

│孟獻子, 魯之賢大夫仲孫蔑也.

10-13. 長國家而務財用者, 必自小人矣. 彼爲善之小人之使爲國家, 菑害竝至, 雖有善者, 亦無如之何矣. 此謂國不以利爲利, 以義爲利也.

│此通上節, 專言斂財構怨之害.

○ 按義利之辨, 儒者之第一義也. 義之與利, 猶氷炭之不相入, 薰蕕之不相混. 求利則不得由義, 好義則不欲雜利. 故孔子曰:"君子喩於義, 小人喩於利." 孟子曰:"何必曰利. 亦有仁義而已矣." 是也. 蓋由義而行, 則衆心悅服, 庶民親戴, 而自致安富尊榮之效. 若徒以義爲利而行, 則是以利行利, 則不得利. 故行義以求其利也. 其弊至於假仁放利, 而與先難後獲, 相去詎止萬里. 此學者之所當辨也.

右第十章

○ 此論治平天下之義. ○ 按大學之書, 蓋戰國之間, 齊魯諸儒, 熟詩書二經, 而未嘗窺孔門宗旨者所作也. 故其說學問處, 固不能無詭於孔孟. 然而至說齊家治國平天下處, 則津津有味, 蓋從詩書二經來也. 然視之孟子之論王道, 橫說竪說, 自一仁字紬繹來, 意思周徧, 效驗分明, 大有逕庭矣, 而後世註解又雜以虛寂之見, 意好之偏, 而加之於語孟之上, 則其爲斯道之秦蕪坑塹, 莫此爲甚. 唯熟讀語孟二書, 能識孔孟血脈者, 而後能諒予言, 不至與孔孟之道, 相背馳也歟.

右大學定本一冊, 依一門人之請, 考定若此. 凡改定古書, 予素所不喜. 何則. 史之闕文, 古人愼焉. 在當時, 猶難於定其紊亂, 況以千歲之久, 竹帛之所傳, 而有能推其行文意脈, 而會不錯者邪. 然大學一書, 本多錯簡, 先儒二程朱氏明鄭瑗管志道等諸儒, 皆有改本, 今不暇論. 唯朱氏章句, 列於四書, 永爲學者楷式. 竊以孝經本一篇之書耳, 朱氏又分經傳, 與大學相比類. 或以仙家所傳先天四圖, 爲伏羲所作, 則予固不能無疑於章句. 故今原作者之意, 爲之考定. 又擧其齟於孔孟之旨, 與註家失作者之意者, 逐一論議辨駁, 糾繆正誤, 聊附各條之下. 其所未詳者, 學者以意逆之可也.

歲貞享二年歲次乙丑夏四月洛陽伊藤某謹識

附 大學非孔氏之遺書辨

欲爲孔孟之學者, 不可以不讀孔孟之書. 欲讀孔孟之書者, 不可以不讀孔孟之血脈. 讀孔孟之書, 而不識孔孟之血脈者, 猶船之無柁, 夜行之無燭, 瞽者之失杖, 而莫識其所嚮方也, 其可乎. 苟讀孔孟之書, 而識孔孟之血脈, 天下何書不可讀, 何理不可辨. 試以異端之言雜諸聖人之書, 以聖人之言置諸異端之書, 其見之如視黑白, 分之如辨菽麥, 隨手而取, 入耳則知, 不爽毫釐, 不差秒忽. 夫然後謂之能識孔孟之血脈也. 將何以得能識孔孟之血脈而不惑乎. 夫孔子之聖, 賢於堯舜遠甚, 而自有生民以來, 未有比其盛者矣, 而孟子願學孔子, 而得其宗者也. 若使孔孟復生於今世, 其所說所行, 不可過語孟二書, 則舍語孟二書, 而其何以能之. 誠以論語一書, 其詞平正, 其理深穩, 增一字則有剩, 減一字則不足, 天下之言, 於是乎極矣, 天下之理, 於是乎盡矣, 實宇宙第一書也. 孟子之書, 亦羽翼論語, 而其詞明白, 其理純粹, 非若禮記諸篇, 出於秦人坑燔之餘, 而成於漢儒附會之手. 故次論語而其言無詭者, 其惟孟子乎. 學者苟取此二書, 沈潛反復, 優游饜飫, 口之而不絶, 手之而不釋, 立則見其參於前, 在輿則見其倚於衡, 如承其謦欬, 如視其肺腑, 不知手之舞之, 足之蹈之, 夫然後得能識孔孟之血脈, 而不爲衆言淆亂之所惑也. 大學一書, 本在戴記之中, 不詳譔人姓名. 蓋齊魯諸儒, 熟詩書二經, 而未知孔孟之血脈者所撰也. 其齊家傳以下, 言孝弟慈, 論絜矩之道者, 吾有取焉, 固能得詩書之意者也. 至乎其列八條目, 及其所說學問之法, 則不能無疑. 大學曰:"古之欲明明德於天下者, 先治其國, 欲治其國者, 先齊其家, 欲齊其家者, 先修其身, 欲修其身者, 先正其心, 欲正其心者, 先誠其意, 欲誠其意者, 先致其知, 致知在格物." 程子以此爲古人爲學次第. 然而愚謂孔孟言爲學之條目者固多, 未聞以此八事相列若此其密. 語曰:"子以四敎, 文行忠信." 明夫子敎人之條目, 在此四者, 而無他法也. 又曰:"知者不惑, 仁者不憂, 勇者不懼." 明此三者天下之達德, 而進學之叙, 無出於此者也. 曾子曰:"夫子之道, 忠恕而已矣." 明忠恕終身可以行之, 而夫子之道, 莫過於是者也. 中庸曰:"爲政在人, 取人以身, 修身以道, 修道以仁." 此亦言爲學次第如此, 何其簡而易從邪. 大學以爲人之進道, 若登九層台, 歷一階, 又歷一階, 而後進至于台上邪. 夫道非他, 卽人之道也. 以人修人之道, 何遠之有. 孔子曰:"仁遠乎哉. 我欲仁, 斯仁至矣." 孟子曰:"道在邇, 而求諸遠." 皆言道之甚近也, 豈有如登九層台乎. 宋人嘗譏韓子以其引大學不及於格物致知, 亦不深考耳. 孟子曰:"人有恒言, 皆曰, 天下國家, 天下之本在國, 國之本在家, 家之本在身." 非但不及於格物致知, 纔止於家之本在身, 而不及於正心誠意, 則又譏孟子以不知大學, 可乎. 故知八條之目, 非孔孟之意明矣. 大學曰:"修身在正其心者, 身有所忿懥, 則不得其正, 有所恐懼, 則不得其正, 有所好樂, 則不得其正, 有所憂患, 則不得其正." 夫存心之道, 莫要於無所忿懥恐懼好樂憂患者邪. 書曰:"以禮制心." 孟子曰:"君子以仁存心, 以禮存心." 又曰:"居仁由義, 大人之事備矣." 大學乃不以此爲要, 而徒欲無所忿懥恐懼好樂憂患, 何哉. 夫此四者, 心之用也. 凡人有斯形, 則有斯心, 有斯心, 則不能無忿懥恐懼好樂憂患. 苟以仁存心, 以禮存心, 則此四者, 卽仁禮之著, 而天下之達德也, 何惡之有. 大學乃不此之識, 而徒欲無忿懥恐懼好樂憂患, 此卽不識孔孟之血脈故也. 又曰:"心不在焉, 視而不見, 聽而不聞, 食而不知其味." 可謂害道尤太甚矣. 非惟不識孔孟之血脈, 蓋不信孔子, 而自欲以己之學號於世者也. 語曰:"子在齊聞韶, 三月不知肉味." 又曰:"發憤忘食." 又曰:"顏淵死, 子哭之慟. 從者曰:'子慟矣.' 曰:'有慟乎. 非夫人之爲慟而誰爲.'" 若以大學觀之, 則可謂孔子亦不免放心也. 夫撰大學者, 本非疎漏而然, 亦非有意義相通. 其學本不見仁義之良, 而欲剛制其心, 蓋告子之流耳. 又曰:正心二字, 又見於孟子. 然尙有當議之者. 孟子曰:"我亦欲正人心, 息邪說, 距詖行, 放淫辭, 以承三聖者." 所謂正人心者, 謂禁民之非心, 而俾之無邪說暴行之甚, 與大學之意自異矣. 若孟子之意, 正心二字, 當施之於民, 而不可施之於己. 故平生誨人, 或曰存心, 或曰養心, 而未嘗言正心, 其意可見矣已. 存心云者, 欲其不忘也, 養心云者, 欲其長也, 而大學以爲人之制心, 當若造器物, 其形方正端直, 一定不可變焉, 此豈識心者乎哉. 大學曰:"大學之道, 在明明德." 按明德之名, 屢見於三代之書. 然三代之書, 本記聖人之所行, 或以此美聖人之德, 或曰明德, 或曰峻德, 或曰昭德, 其意一也. 故雖數數見於典謨誓誥之間, 然非學者之所能當. 故至於孔孟, 每曰仁, 曰義, 曰禮, 而未嘗有一言及於明德者矣. 作大學者, 不知其意在, 見詩書多有明德之言, 而漫述之耳. 豈非不識孔孟之意乎. 又曰:"爲人君, 止於仁." 夫孔孟之學, 以仁爲宗, 而凡學者莫不從事於此. 今大學獨屬之於人君, 而無爲學者道之者, 是亦與孔孟之旨異矣. 又曰:"欲正其心者, 先誠其意." 夫意一也, 論語說毋, 大學說誠, 一正一反, 必不可無是非, 而中庸曰誠身, 而不曰誠意, 則誠字當施之於身, 而不可施之於意明矣. 又曰:"楚書曰,

170 원문

楚國無以爲寶." 夫楚南蠻鴃舌之俗, 中國之所不齒, 而陳良楚之産, 乃不學於其國, 而北學周公仲尼之學於中國. 今大學不引文武周公之訓, 而遠用楚人之言, 最不可解焉. 又曰:"生財有大道." 夫財者, 生民之所資以生者, 固不可不爲之立禁設屬, 量入爲出, 預講度支之方. 然均無貧, 和無寡, 安無傾, 君子詎求生財之道乎. 況禮義信三者, 猶不謂之大道, 其於生財有大道, 何哉. 非孔氏之徒之言可知矣. 又曰:"此謂國不以利爲利, 以義爲利也." 是亦以利心言之者也. 孟子曰:"王何必曰利. 亦有仁義而已矣." 夫君子之行道也, 惟義是尙, 而不知利之爲利也. 苟有以義爲利之心焉, 則其卒也, 莫不捨義而取利也. 蓋戰國之間, 陷溺之久, 人皆悅利, 而自王公大人, 以至於庶人, 惟利之欲聞. 故雖被服儒者, 每憂其術之不售, 必以利啗人, 所謂生財有大道, 又曰:以義爲利, 蓋用此術也. 大學非孔氏之遺書彰彰然明矣. 大凡愚所著十證者, 雖不悉繫乎血脈之合否, 然其一二命意措詞之差, 本皆因不識血脈然, 則今亦不得不爲之辨. 世衰道微, 邪說暴行又作, 孟子旣言之, 今觀柱下書遠遊篇, 邪說之行, 固已尙矣, 況乎戰國之際, 去聖旣遠, 經殘言闕, 世之學士大夫, 自以爲至寶, 而不知實爲邪說之所誤也. 今不全爲左袵之俗者, 幸孔孟遺敎尙存故也. 漢儒擇之不精, 識之不徹, 貪多務得, 不知其害道之甚至於此. 大學本在禮記, 則爲一篇書, 而不詳出於誰人之手, 至於朱考亭氏, 始分爲經一章傳十章, 經以爲夫子之言, 傳以爲曾子之意, 而門人記之, 蓋出於其意之所好尙, 而非有所考證而言. 後學不知自辨, 直以爲孔子之言, 而曾子傳之, 可謂害道之尤者也. 愚之至無似, 何敢望考亭, 德行之勤也, 學問之博也, 文章之富也, 其相懸絶, 不翅萬分之一, 其不可跂及, 固不待言之矣. 然竊自思, 於識孔孟之血脈, 則不敢自讓焉. 於是竊不自揣, 漫述孔孟之血脈, 以附之兒曹, 實恐孔孟之旨, 不大明于後世也. 孟子曰:"予豈好辨哉. 予不得已也." 憂道之君子, 其諒諸.

中庸發揮

中庸發揮序

昔者夫子沒, 微言絶, 七十子喪, 大義乖, 道術爲天下裂. 諸子百家, 各道其道, 各德其德, 思以易天下. 學者貿貿焉, 莫之能適從. 於是子思子作爲中庸之書, 以證聖人之道, 爲大中至正之極. 首揭三言, 以託其始, 乃六經之總括, 學問之宏要也. 蓋道也者, 夫人之所共由行, 而性也者, 人之所稟乎天者也. 故君臣相臨, 父子相愛, 夫婦相親, 兄弟相睦, 朋友相隨, 衣其衣, 食其食, 居其居, 此人性之所安者然也. 所謂聖人之道者, 亦率之以爲道, 而非有所矯揉造作也. 故本諸身而易行, 徵諸庶民而易從, 則其爲天地之常經, 不易之大道, 實可信從, 而彼遺世長往, 索隱行怪之徒, 狗其所好, 以亂大倫, 雖或回一時視聽, 而卒難强天下萬世之必從, 則其不可以爲道, 亦可從而知矣. 故曰:"天命之謂性, 率性之謂道, 修道之謂教." 繼之則曰:"道也者, 不可須臾離也, 可離非道也." 蓋欲明道之眞僞邪正, 而徵之於人性之安與否, 非以循性之自然爲道也, 而其使人造于道者, 實教之功. 故人生氣稟, 雖有萬不同, 而勉强力學, 孜孜不已, 則化愚以爲明, 變柔以爲强, 及其成功, 與聖同歸, 奚復容疑焉, 而人以謂聖愚賢否, 本有定質, 非學之所能移也. 鹵莽滅裂, 安於暴棄, 卒於爲小人之歸焉. 此聖賢之所深慨也. 故屢屢言教法之効, 自不可誣, 以使人進于善焉. 其言曰:"果能此道矣, 雖愚必明, 雖柔必强." 及其餘所敍, 誠明之說, 性教之辨, 及三知三行, 學問思辨行等言, 其事不同, 而皆莫非所以使人勉焉以造聖之旨也. 其首十五章, 引夫子之言, 專反覆推明中庸之義, 其後旁及宗廟禮樂教法之事. 稱聖人之德, 贊君子之道, 至於無聲無臭而止, 而最詳于教焉. 此一篇之大旨也. 顧其爲書, 前後不倫, 似有不相屬者, 豈秦燔之餘, 掇拾之次, 彼此錯雜, 致之混淆邪, 而先儒通作一篇成書, 强立體統, 天道人道, 費隱體用, 相協以成其說. 故其所解不能無牽强補綴之失, 且駕虛遠之理, 以釋平穩之言, 則乖命名之義, 亦有不可從者矣. 故先人旣解語孟二書, 復及斯書, 以釐正甚多, 名曰發揮, 仍序而傳之云.

正德四年甲午 月正元日 伊藤長胤謹敍

中庸發揮 敍由

○ 維楨按史記孔子世家曰:"子思作中庸." 孔叢子曰:"子思適宋, 宋大夫樂朔攻之圍子思, 子思撰中庸之書四十九篇." 今此篇載在戴記之中, 至於朱考亭氏, 合論孟大學, 列爲四書, 分爲三十三章. 然而大學本非孔門之書. 蓋熟詩書二經, 而未知孔門之旨者所作, 其說別論. 若孟子, 發明孔子之旨者也. 中庸又演繹孔子之言, 其書雖未的知子思之所作與否, 然以其言合於論語. 故取之. 今倣趙岐孟子集解, 分爲上下篇云.

○ 予嘗觀宋三山陳善論中庸曰:"修其祖廟, 陳其宗器以下一段, 恐是漢儒雜記." 又魯齋王氏以第二十一章以下, 定爲誠明書. 予謂其說甚有理. 然無證之言, 不足信據. 頃嘗竊思孔子家語, 以第二十章, 爲哀公問政篇, 則此章本一篇之書, 誤入于中庸. 其非中庸本文, 彰彰明矣. 且中庸一書, 僅僅四千二百餘字, 而第二十章, 實計七百八十字, 則殆居五分之一, 其無全引用哀公問政一篇之理, 此亦一證也. 以此觀之, 則陳王之說, 可謂卓見矣, 而第十六章論鬼神, 及第二十四章論禎祥妖孼處, 又非孔子之語, 說見條下. 然則中庸一書, 爲漢儒所誤者亦居多. 然而除論鬼神妖孼外, 其言皆鑿鑿, 與論語孟子, 實相表裏, 蓋泗洙之遺言也, 列之於語孟, 大有補于世敎矣.

綱領

○ 中庸之書, 論語之衍義也. 其言肇出於論語, 而子思衍之, 而作中庸. 蓋贊無過不及, 而平常可行之德, 而名其書. 先儒謬爲堯舜以來傳授心法, 孔門蘊奧之書, 以高遠隱微之說解之, 而不知孔孟之敎, 不出于仁義二字, 而仁義之外, 又無所謂中庸者也. 失作者之意殊甚. 學者苟以名篇之義求之, 則思過半矣.

○ 大凡單言中, 與連言中庸, 其義逈別. 連言中庸者, 言無過不及, 而平常可行之道, 如曰"中庸其至矣乎", 是也. 單言中者, 徒以處事得當而言. 苟無權以裁之, 則必有其弊. 故曰:"執中無權, 猶執一也." 先儒不察, 混合爲說者誤矣.

○ 中字之義, 從前諸儒, 多欠深考, 或以無過不及爲中, 或以不偏不倚爲中, 皆未爲當. 蓋中者, 就兩端而言, 剛柔大小, 厚薄淺深, 其兩間之中, 謂之中. 所謂"執其兩端, 用其中於民", 是也. 亦有不剛不柔, 穩當平正之意. 故中必待權而後得當. 若執中無權, 則有一定不變之弊. 故孟子曰:"執中無權, 猶執一也." 若舜湯之執中, 雖不言權, 權自在其中矣. 若學者, 必不可不用權. 故中必以權爲要. 所謂無過不及者, 亦非不可訓中也. 然在用權得其當之後, 不可以無過不及, 便爲中也. 如不偏不倚之語, 於中字義益遠矣. 程子曰:"言一廳, 則中央爲中, 一家, 則廳非中, 而堂爲中, 言一國, 則堂非中, 而國之中爲中. 推此類可見矣." 若程子之說, 則一中字自足矣, 不待更用權. 若不用權而自可矣, 則孟子唯當曰執中, 必不可復說權. 但謂時中, 則亦自有權存焉. 若去時字, 單曰中, 則不可. 學者要認權字, 時字, 及中庸兩端等字意透徹, 不可泛泛理解.

○ 唐虞之時, 其言及中者, 不勝其多, 而孔孟之書, 僅止一兩言. 孔子曰:"不得中行而與之, 必也狂狷乎." 孟子曰:"中也養不中." 皆就人之氣質而言之. 或爲論堯湯之事而言之, 可見孔孟之學, 專以仁義爲宗, 而至於中, 則未爲緊要之功. 蓋四代之間, 學問未開, 言論未詳, 以聖人行聖人之事, 唯要其處事得中, 而不須審其分量. 故徒曰中可也. 至於孔子, 則專以教爲主, 猶權衡量物, 刻星鏤目, 以審其斤兩. 故孔門曰禮, 而不曰中. 蓋以中有泛然無據之患, 而禮有秩然不紊之理, 中有執一廢百之弊, 而禮有遇事變化之妙也. 故曰:"恭而無禮則勞, 愼而無禮則葸, 勇而無禮則亂, 直而無禮則絞." 又曰:"博學於文, 約之以禮, 亦可以弗畔矣夫." 至於顔子問仁, 特擧禮告之, 而未嘗以中爲言也, 則夫子之教, 有所斟酌, 而不必襲三代聖人之舊套明矣. 此吾夫子之德所以獨超出群聖, 而師表萬世也.

○ 首章自喜怒哀樂, 至萬物育焉, 四十七字, 本非中庸本文. 蓋古樂經之脫簡, 誤攙入于中庸書中耳. 何以言之. 其說非止叛六經語孟, 推之一書之中, 亦自相矛楯. 第宋明諸儒, 多以禪附儒, 而不察其合于孔孟之旨與否, 所以不知其言之叛孔孟, 今發十證而明之, 學者審諸. 曰. 以其叛六經語孟者言之, 如未發已發之說, 六經以來, 群聖人之書, 皆無之, 一也. 孟子受業於子思門人, 當祖述其言, 而又不言, 二也. 如中字, 虞廷及三代之書, 皆以已發言之, 而此處獨以未發言之, 三也. 典謨所謂中字, 皆說發而中節之地, 而此反以和名之, 四也. 若以未發之中爲言, 則六經語孟, 皆爲有用無體之書, 五也. 以其一書之中, 自相矛楯者言之, 此書本以中庸名篇, 當專論中庸之義, 而首論中和之理, 六也. 中字後章屢出, 皆以已發言之, 而不有一以未發言者, 七也. 且若和字, 子思當屢言之, 而終篇又無復及之者, 八也. 此以喜怒哀樂, 發皆中節, 爲天下之達道, 而後以君臣父子夫婦昆弟朋友之交, 爲天下之達道, 九也. 此以大本達道竝稱, 而後單言天下之大本, 偏而不備, 十也. 此十證者皆據中庸本文, 及六經語孟而言之, 非予臆說. 且喜怒哀樂四字, 及以中和連言者, 獨見於樂記. 蓋贊禮樂之德云然. 故曰:古樂經之脫簡, 先儒不察, 遂以未發之中, 爲道學之根本準則, 到今爲千古學問之深害, 不容於不辨.

○ 朱氏章句序, 引大禹謨人心道心危微精一之言, 以爲聖門道統之根本. 然大禹謨篇, 本係古文書, 而古文尙書, 自漢已來, 隱沒不傳, 而晩出于晉隋之間, 其言多可疑者, 先儒吳臨川梅鷟等諸儒皆疑之. 雖朱氏亦然. 且論語叙堯舜授受, 唯有咨爾舜, 天之曆數在爾躬等二十二字, 而曰舜亦以命禹, 可見舜之授禹, 亦只如堯之命舜, 而無少增減. 然則舜益之以三言者, 何哉. 竊思唐虞之間, 世醇民朴, 其君臣教戒之言, 惟止於人倫政術, 日用常行之間, 而不及於心性命理高遠微妙之說, 則此語非唐虞間之言, 彰彰然明矣. 且人心道心之言, 其要最在危微二字. 然道心本顯然易見者而非微, 人心雖固易流於欲. 然人必有義理之心, 不可專謂之危, 何者. 道心卽仁義之良心也. 孟子曰:"今人乍見孺子將入于井, 皆有怵惕惻隱之心." 又曰:"嘑爾而與之, 行道之人弗受, 蹴爾而與之, 乞人不屑也." 子路曰:"未同而言, 觀其色, 赧赧然, 非由之所知也." 仁義之良, 其顯然易見若此, 而雖牿亡之甚, 未嘗斲喪, 猶山木雖伐, 不能無萌蘖之生. 由此觀之, 則危微二字, 不合孔孟之旨, 斷可見焉, 而荀子解蔽篇, 有人心之危, 道心之微二語, 而稱道經曰, 則此語本非尙書之言. 蓋後儒剽竊, 以僞撰大禹謨一篇耳. 不知所謂道經者, 果爲何等書, 豈莊周所謂墨經之類歟.

上篇

舊本通一篇, 無上下之別. 但除論未發之中一段外, 自首章, 至父母其順乎, 實爲中庸本書. 故今分爲上篇.

1. 天命之謂性; 率性之謂道; 脩道之謂教.

｜命, 猶令也. 謂賦予之也. 性者, 生之質. 人其所生, 而無加損者也. 言人有斯形焉, 則惻隱羞惡辭讓是非之心, 生來具足, 不假外求, 乃天之所賦予於我. 故曰天命之謂性. 率, 循也. 猶循途循轍之循. 謂循此而不相差也. 言人莫不有父子君臣夫婦昆弟朋友之倫, 亦莫不有親義別敍信之道, 皆循其性, 而非有所矯揉造作. 故曰循性之謂道. 脩, 治也. 聖人躬立人極, 明禮義, 謹孝弟, 以爲之教. 故曰脩道之謂教. 此書本欲明聖人所謂道者誠道, 而異端爲道者非道. 故首立三言, 以示學問之梗概. 蓋諸子百家, 各以其道爲是, 而不知道者流行天下, 人人之所同由. 故合于人之性則爲道, 否則非道, 所以先之以性, 謂之天命, 則見性者人之所以爲人之本, 而非我之所得而私也. 謂之循性, 則見諸子百家, 各以其道爲道, 而遠人以爲道之非道也. 謂之治道, 則見異端離人論, 棄世道, 以爲學之非教也. 性道教三者, 包括天下之理盡矣. 學者其審諸.

○ 夫道者, 至矣, 盡矣, 蔑以加焉. 然而不能使人爲聖爲賢, 能成其材德, 其爲聖爲賢, 能成其材德者, 教之功也. 故道爲上, 教次之. 然而使人之性, 如鷄犬之無知, 則雖有善道, 雖有善教, 莫能受之, 其能盡道受教者, 性之善故也. 孟子所謂性善, 是也. 故此篇首揭此三者以立言, 實學問之綱領也. 若夫知性而不知教者, 佛氏之說是已, 知教而不知性者, 荀子之學是已. 學者其可不愼思明辨, 以究其歸趣乎. 舊解以爲"人物各循其性之自然, 則其日用事物之間, 莫不各有當行之路, 是則道也". 愚謂天下莫尊於道, 亦莫大於道, 以經古今, 以統人倫, 無上亦無對, 若謂待循性而後道始有焉, 則是性先而道後, 性重而道輕, 先後換位, 輕重失序, 豈所謂天下之達道者乎哉. 蓋性者己之所有, 道者天下之所通, 言各有攸當, 若謂道自性出則不可. 劉安亦云:"循性而行謂之道", 蓋漢儒沿襲之誤也.

2. 道也者, 不可須臾離也, 可離非道也. 是故君子戒愼乎其所不睹, 恐懼乎其所不聞.

｜道, 卽中庸之道也. 言人之於道, 猶樹之於土, 魚之於水, 雖欲須臾離, 而不可得也. 卽申上文所謂率性之謂道之意. 然至於牿亡之甚, 陷溺之久焉, 則違禽獸幾希. 是以君子自己之所睹聞, 至於其所不睹聞, 無所不用戒愼恐懼之功, 此卽教也.

莫見乎隱, 莫顯乎微. 故君子愼其獨也.

｜上節具述學問之綱要. 故此亦言必然之理, 以戒學者也. 隱, 暗處也. 微, 細事也. 獨者, 人之所不見, 而己獨處之時也. 言天下之事, 隱者必見, 微者必顯, 唯君子能知其理. 故雖其獨知之地, 而無所不用其誠也. 大學亦云, 誠於中, 形於外. 故君子必愼其獨, 皆言必然之理.

喜怒哀樂之未發, 謂之中, 發而皆中節, 謂之和. 中也者, 天下之大本也, 和也者, 天下之達道也. 致中和, 天地位焉, 萬物育焉.

｜ 此四十七字, 本非中庸本文, 蓋古樂經之脫簡, 贊禮樂之德云爾. 若以此章, 爲中庸本文, 則唯喜怒哀樂未發之中, 獨爲學問之根本, 而六經語孟, 悉爲言用而遺體之書, 害道特甚. 故今斷爲古樂經脫簡, 說又詳于綱領.

○ 此篇專爲明道而作也. 道也者, 存於人倫日用, 達於天下萬世, 而不可須臾離者也. 當時諸子百家, 各恣私說, 虛無是尙, 橫議是肆, 莫能相統一. 故首揭之曰:"天命之謂性, 率性之謂道." 所謂性者, 便天所賦于我, 本無所矯揉安排, 循之則爲道, 不循則非道, 若異端之廢人倫滅人情蔑人事, 豈可謂之循性之道哉. 故子思於是首發明性道教三者之義, 以爲中庸之小序云.

3. 仲尼曰:"君子中庸, 小人反中庸. 君子之中庸也, 君子而時中; 小人之中庸也, 小人而無忌憚也."

｜ 此稱仲尼者, 明下文所引子曰者, 卽皆夫子之語也. 中庸者, 爲無過不及而平常可行之道也. 言世俗或有疑於君子, 而以小人之行爲善. 然君子之所行, 卽萬世不易之常道, 而小人之所行反之. 蓋君子小人, 各以其所能, 自爲中庸, 而無所適從. 但君子先自擇乎中庸. 是以得爲君子, 而又能隨時處中, 以求寡其過. 若小人, 則不能安常. 是以不免爲小人, 而又任意妄行, 無所忌憚. 故君子所謂中庸者, 卽誠中庸, 而小人所謂中庸者, 實反乎中庸也. ○ 王肅本, 作小人之反中庸也. 然加反字, 則語覺無味. 且首二句爲剩語. 故今從鄭氏本.

○ 此章子思始引夫子之言, 以明名篇之義. 言君子小人, 各以其道爲中庸, 而唯君子之中庸, 爲誠中庸也.

4. 子曰:"中庸其至矣乎. 民鮮能久矣."

｜ 無過不及而平常可行之道, 乃爲天下至極之德. 但世教衰, 民心醨, 莫能行之, 今已久矣.

○ 此章言中庸之德, 爲道之至極也. 蓋唐虞三代之盛, 民朴俗醇, 無所矯揉, 而莫不自合于道. 父父, 子子, 兄兄, 弟弟, 夫夫, 婦婦, 自無詭行異術, 相接於耳目者, 此所謂中庸之德爲至也. 及後世也, 教化日渝, 不失不及, 則必失之過, 求道於遠, 求事於難, 愈騖愈遠, 愈務愈難, 民之鮮能, 一坐於此, 豈非難而又難乎.

5. 子曰:"道之不行也, 我知之矣: 知者過之, 愚者不及也; 道之不明也, 我知之矣: 賢者過之, 不肖者不及也.

｜ 知者好高而嫌卑, 愚者安卑而遺高. 此道之所以從而塞也. 賢者喜難而厭易, 不肖者從易而懼難, 此道之所以從而昏也.

人莫不飮食也, 鮮能知味也."

｜ 此言百姓日用而不知之意.

子曰:"道其不行矣夫."

｜ 引之以結上文之意. 且寓慨歎之意. 猶下文引父母其順矣乎之語以結之之例.

○ 此章言天下古今, 道之所以不行不明者, 不過斯二端, 猶人雖日爲飮食, 而能知其味, 而調和之者鮮也. 愚不肖者, 固不及中庸. 若賢知者, 其學愈進, 則去道愈遠. 是以天下無能識而早反之者也.

6. 子曰:"舜其大知也與, 舜好問而好察邇言, 隱惡而揚善, 執其兩端, 用其中於民. 其斯以爲舜乎."

│ 此承上文, 言道之所以明而行也. 邇, 近也. 執, 持也. 兩端, 謂凡事之本末輕重也. 言舜之所以爲大智者, 在於不狹人而自用, 好察淺近之言. 且其惡者隱而不宣, 善者揚而不棄. 故能來天下之善也, 而其衆論之不同, 皆執而不棄者, 所以廣其知也. 擇其無過不及, 而用之於民者, 欲天下無遺善也. 蓋知者每馳高, 而愚者不及知. 唯若舜之知, 乃爲天下之大聖, 而中庸之所以行也. 舜爲法於天下, 可傳於後世, 蓋爲此故也. 故曰:"其斯以爲舜乎."

○ 或曰:"堯允執其中, 舜用其中於民, 湯建中. 蓋中者, 聖人之大用, 固不容言, 而孟子言執中而無權, 猶執乎一, 何也." 曰:"聖人言中, 則不言權, 而權自在其中矣. 若學者, 徒知貴中, 而無權以處之, 則子莫焉耳矣, 後世專言中, 而不知用權者, 過矣."

7. 子曰:"人皆曰予知驅而納諸罟擭陷阱之中, 而莫之知辟也; 人皆曰予知擇乎中庸, 而不能期月守也."

│ 兩予知之知, 連下句讀爲是. 罟, 網也. 擭, 機檻也. 陷阱, 坑坎也. 皆所以揜取禽獸也. 期月, 匝一月也. 言人皆曰知禍機之所伏, 而不知自避, 以明曰知擇中庸, 而不能固守, 則不得爲眞知也.

○ 此章言君子不以知爲知, 而以能守爲知. 蓋以能知之, 則不能不守也.

8. 子曰:"回之爲人也, 擇乎中庸, 得一善, 則拳拳服膺, 而弗失之矣."

│ 擇乎中庸者, 辨善惡之所在, 以求所謂中庸者也. 拳拳, 奉持之貌. 服, 猶著也. 膺, 胸也. 言恐失之而堅持也. 其爲人擇中庸, 質之近道也. 拳拳服膺, 守之固也. 凡知者未必能守, 唯顏子好之也篤. 故守之也固. 此中庸之所以行, 而與不能期月守者反焉.

○ 此章夫子稱顏子之爲人, 擇乎中庸, 其意深矣. 蓋資稟聰敏者, 必騖于高遠, 流于汗漫, 其卒也, 必陷于異端. 唯顏子之爲人, 擇乎中庸, 是以能受夫子博約之敎, 而至於欲罷不能之地也. 或問顏子以亞聖之才, 拳拳於一善之微者, 何哉. 曰:一善固微矣. 然積而不已, 則足以作大, 至於其積而又積, 爲廣大焉, 則雖以天下之智算, 有不能量者矣. 故一善雖微, 聖人尊之, 此顏子之所以至亞聖之地, 而衆人之所以不及也.

9. 子曰:"天下國家可均也, 爵祿可辭也, 白刃可蹈也, 中庸不可能也."

│ 均, 平也. 天下之事, 有所倚而能者, 皆易爲力, 唯中庸之德, 至易至簡, 而不得著力. 故三者如難而實易, 中庸似易而實難. 此中庸之所以不可能也.

○ 此章言三者, 乃天下之至難, 然或以才能, 或以節勝, 或以勇至, 皆有所倚而然. 唯中庸之德, 非至誠無妄, 智之盡, 仁之至, 不能. 蓋明非智力勉强之所能及也.

10. 子路問强.

｜强者, 剛强不屈之謂.

子曰:"南方之强與, 北方之强與, 抑而强與.

｜抑, 語辭. 而, 汝也. 汝之强, 謂學者之强.

寬柔以敎, 不報無道, 南方之强也, 君子居之.

｜寬柔以敎, 寬緩和柔, 以敎誨人之不能也. 不報無道, 橫逆之來, 受而不報也. 南方風氣溫柔, 能忍人之所不能忍, 足以合於君子之道. 若充之以學問之功, 則所謂學者之强也.

衽金革, 死而不厭, 北方之强也, 而强者居之.

｜衽, 席也. 金, 戈兵之屬. 革, 甲冑也. 北方風氣剛勁, 以勇悍爲務, 而不顧其身也.

故君子和而不流, 强哉矯. 中立而不倚, 强哉矯. 國有道, 不變塞焉, 强哉矯. 國無道, 至死不變, 强哉矯."

｜矯, 强也. 倚, 依著也. 和者必易流, 中立者必易倚. 唯君子於此二者, 不假用力, 而自免其失也. 塞, 朱氏曰:"未達也." 國有道而位至通顯, 則易變嚮日之所持, 國無道而身處困約, 則必變平生之所守. 唯君子於此二者, 亦不待著意, 而不失其常也. 蓋非成德之至, 仁智兼備者, 則不能, 所謂學者之强者是也.

○ 此章亦中庸不可能也之意, 而章末四言强哉矯以終之. 蓋贊中庸之德似柔, 而實爲天下之至剛也.

11. 子曰:"素隱行怪, 後世有述焉, 吾弗爲之矣.

｜朱氏曰:"素, 按漢書, 當作索, 蓋字之誤也. 索隱行怪, 言探求隱僻之理, 而過爲詭異之行也." 蓋厭常而悅奇, 人之通病也. 故智者求知人之所難知, 而賢者好行人之所難行, 自以爲至道, 而人亦必稱述之. 皆過之之事也. 聖人雖逆知後世之將然, 而不爲之者, 以中庸之爲至, 而不可易也.

君子遵道而行, 半途而廢, 吾弗能已矣.

｜遵道而行, 猶言循守軌轍也. 已, 止也. 言不知依乎中庸, 而徒遵守成迹者, 雖與索隱行怪者異. 然道未爲己有. 故卒不免半途而廢焉. 聖人之所以弗能止者, 蓋以中庸之爲道, 猶夙興夜寐, 夏葛冬裘, 固有於己, 而不須假一毫之力也.

君子依乎中庸, 遯世不見知而不悔, 唯聖者能之."

｜依者, 言與之爲一, 而不相離也. 君子依乎中庸, 則非唯與索隱行怪者相反, 雖遵道之君子, 亦所不敢望, 蓋成德之至, 樂道而不厭, 雖世不我知, 自無所怨悔也. 故曰:"唯聖者能之."

○ 此章一節重一節, 初曰:"吾弗爲之矣." 蓋索隱行怪之反道, 非惟異端獨有其害, 雖儒者亦不免, 大凡根株禪莊, 附託易範, 遠乎人倫日用者, 是已. 次曰:"吾弗能已矣." 言遵道而行, 未足爲至, 非惟迂闊腐儒自有其弊, 雖篤行君子, 亦所不免, 大凡依傍名理, 倚箸禮法, 而不知中庸之道者, 是已. 終曰:"唯聖者能之." 是知依乎中庸之最爲至極, 而不可復加.

12. 君子之道, 費而隱.

｜費, 說文曰:"散財用也." 言道之廣也. 隱, 闇也. 卽闇然而日章之意. 言君子之道, 無處不在, 無時不然, 而本無名稱之可言. 亦無形之可尋, 民生日用, 而不自知之. 故曰: 費而隱. 先儒不詳隱字之義, 誤爲微妙不可見之意, 繫中庸之本旨太甚矣. 凡語孟稱君子之道者, 皆謂平正從容, 易知易行, 而萬世不易之常道也. 此書屢言君子之道, 皆當以此意解之.

夫婦之愚, 可以與知焉, 及其至也, 雖聖人, 亦有所不知焉. 夫婦之不肖, 可以能行焉, 及其至也, 雖聖人, 亦有所不能焉.

｜此言道之甚廣也. 至, 猶盡也. 言道之廣大, 自夫婦之所與知能行而推之, 以至其盡處, 則其間雖聖人之德, 亦有所不知不能矣. 蓋君子之道, 萬世不易之常道. 故洪纖鉅細, 凡人事之所不可闕者, 皆莫非道, 所以雖聖人, 亦有所不知不能.

天地之大也, 人猶有所憾. 故君子語大, 天下莫能載焉; 語小, 天下莫能破焉.

｜此承上文, 而言道之至廣也. 蓋天地之大, 猶有所憾, 而君子之道, 則無所不行. 故君子之言, 至於天下之物, 莫能容之, 天下之巧, 莫能破之也.

詩云:"鳶飛戾天, 魚躍于淵." 言其上下察也.

｜詩, 大雅旱麓之篇. 鳶, 鴟類. 戾, 至也. 察, 著也. 此引詩言道雖聖人, 有所不知不能. 然充滿天地, 明白昭著, 初不可得而掩藏, 猶鳶之戾天, 魚之躍淵, 若夫可得而掩藏者, 豈所謂君子之道乎哉.

君子之道, 造端乎夫婦, 及其至也, 察乎天地.

｜此申上文上下察也之意. 言君子之道, 本於夫婦之愚, 所與知能行, 而易入易從, 非有甚高難行之事, 及至其極, 則著察於天地之間, 粲然明白, 雖欲掩藏之, 而不可得也.

○ 此章言中庸之道, 廣大悉備, 昭著上下, 而無所隱遁也. 蓋此篇本論平常可行之道. 然而謂之平常, 則人便以淺近見之. 故或深而論之, 或淺而言之, 或遠而喩之, 或近而譬之, 皆所以盡夫平常之道也. 或曰:"聖人, 人倫之至也, 而於君子之道, 有所不知不能者, 何也." 曰:"聖人之所不知不能者, 非難知難行之謂, 本就易知易行者而言之. 若夫子入大廟每事問. 又曰:'吾不如老農, 不如老圃'之類是也. 凡人倫之所關, 民生之所賴, 萬世所通行者, 皆謂之君子之道也."

13. 子曰:"道不遠人, 人之爲道而遠人, 不可以爲道.

｜人外無道, 道外無人. 故聖人因人以立敎, 而不立敎以驅人. 若夫奇袤之敎, 高遠之說, 皆遠人以爲道者, 而不可謂之中庸之道也.

詩云:'伐柯伐柯, 其則不遠.' 執柯以伐柯, 睨而視之, 猶以爲遠. 故君子以人治人, 改而止.

｜詩, 豳風伐柯之篇. 柯, 斧柄. 則, 法也. 睨, 邪視也. 言人之伐木以爲柯者, 彼柯長短之法, 卽在其所執之柯, 又爲甚近. 然不免邪視之以相度, 則猶爲未近, 道本不遠人, 不比彼柯猶有彼此之別. 故聖人以天下同然之道, 而治天下同然之人, 正當爲極, 過求則非. 故曰, 以人治人, 改而止. 唯聖人之敎, 爲大中至正之道, 而非索隱僻騖高遠者之所能識也.

忠恕違道不遠, 施諸己而不願, 亦勿施於人.

丨盡己之心爲忠. 忖人之心爲恕. 違, 去也. 言道不遠人, 初無甚高難行之事, 盡己以待人則忠立, 忖人以施物則恕行. 忠立而恕行, 則足以盡夫道. 故又申之曰, 施於己而不願, 亦勿施於人. 蓋明忠恕足以盡夫道也. 曾子所謂夫子之道, 忠恕而已矣, 亦此意爾.

君子之道四, 丘未能一焉: 所求乎子, 以事父, 未能也. 所求乎臣, 以事君, 未能也. 所求乎弟, 以事兄, 未能也. 所求乎朋友, 先施之, 未能也.

丨此承上文, 言反求之道, 卽忠恕之事也. 道可力而不可必. 故曰, 丘未能一焉. 求, 猶責也. 言以所責乎子臣弟友者, 而能事君父兄友, 則道無不盡也. 蓋反求之道無極, 而其效不可量. 故夫子言此以明學問之要, 專在於反求諸己也. 苟識此義, 則天下不足平矣.

庸德之行, 庸言之謹, 有所不足, 不敢不勉, 有餘不敢盡, 言顧行, 行顧言, 君子胡不慥慥爾."

丨庸, 常也. 庸德庸言, 以所責子臣弟友者而言. 德不足則益力, 言有餘而不盡, 猶且以言與行, 相顧不置, 恐其不相副也. 慥慥, 篤實之貌. 言君子之言行如此, 豈不慥慥爾乎. 蓋道至乎中庸而極, 以庸德爲不足行, 庸言爲不足謹者, 皆賢知之所以過, 而道之所以不明不行也.

○ 此章反覆推明, 以言道不遠人之意. 蓋學問之至要, 中庸之極致也. 若夫不識道者, 必以無形無影, 高遠不可及之理, 爲其極至, 而不知中庸之道, 通乎天下, 達乎萬世, 不可須臾離, 乃實爲斯道之極至也. 可見天地之間, 外中庸, 而別無極至之理也.

14. 君子素其位而行, 不願乎其外. 素富貴, 行乎富貴; 素貧賤, 行乎貧賤; 素夷狄, 行乎夷狄; 素患難, 行乎患難, 君子無入而不自得焉.

丨游氏酢曰:"素其位而行者, 卽其位, 而道行乎其中, 若其素然也. 舜之飯糗茹草, 若將終身. 此非素貧賤, 而道行乎貧賤, 不能然也. 及其爲天子, 被袗衣鼓琴, 若固有之. 此非素富貴, 而道行乎富貴, 不能然也. 飯糗袗衣, 其位雖不同, 而此道之行, 一也. 至於夷狄患難, 亦若此而已."

在上位不陵下, 在下位不援上, 正己而不求於人, 則無怨. 上不怨天, 下不尤人. 故君子居易以俟命; 小人行險以徼幸.

丨易, 平地也. 徼, 求也. 幸, 謂所不當得而得者. 蓋素其位而行. 故不願乎其外, 本非二事也.

子曰:"射有似乎君子. 失諸正鵠, 反求諸其身."

丨畫布曰正, 棲皮曰鵠, 皆侯之中, 射之的也. 此引夫子之言, 以結上文正己而不求乎人之意.

○ 此章卽論語所謂"不怨天, 不尤人, 下學而上達, 知我者其天乎"之意. 蓋中庸之極致也.

15. 君子之道, 辟如行遠必自邇; 辟如登高必自卑.

｜辟, 譬同. 言君子之道, 優游自得, 循序漸進, 而不敢爲躐等犯節, 非以高遠爲道之極致, 卑近爲造高遠之階梯. 蓋道至於中庸而極矣. 非外中庸, 而別有所謂高遠者也. 若夫馳高騁遠, 以一超直入爲功者, 異端之所務, 而非君子平常之道也.

詩曰:"妻子好合, 如鼓瑟琴. 兄弟旣翕, 和樂且耽. 宜爾室家, 樂爾妻孥."

｜詩, 小雅常棣之篇. 鼓瑟琴, 言和也. 翕, 亦合也. 耽, 亦樂也. 孥, 妻子也. 此引詩言妻子兄弟如此, 則家道成, 人倫備矣. 外此而無所謂高遠者也.

子曰:"父母其順矣乎."

｜夫子贊此詩曰, 人能和於妻子, 宜於兄弟, 則父母之心, 亦能順而無相拂者矣. 家道之成, 豈有過於此者乎. 子思引詩及夫子之語, 以終上文之意. 蓋家道成, 則國自治, 天下自平. 雖堯舜之治, 亦不外此, 所謂高遠者卽此也.

○ 此章言聖人之道, 不過人倫日用之間, 而仁覆天下之盛, 亦自是而馴致. 故安卑近, 則不期高遠, 而高遠自在其中矣. 若夫厭卑近, 而求高遠者, 實非知道者也, 卽下學而上達之意. 非泥理性, 鶩虛遠者, 所能識也. 孟子所謂堯舜之道, 孝弟而已矣, 亦此章之意, 至矣. ○ 按說中庸之義者止於此. 蓋中庸本書也. 以下或是他書之脫簡. 今不可考.

下篇

此以下至篇末, 非中庸原文. 故今別爲下篇. 說見敍由及下文諸條下.

16. 子曰:"鬼神之爲德, 其盛矣乎.

｜陰曰鬼, 陽曰神. 或曰貴爲神, 賤爲鬼.

視之而弗見, 聽之而弗聞, 體物而不可遺.

｜此言鬼神之不可見聞也. 體, 猶象也. 言鬼神無形與聲, 雖欲象物而遺之, 而不可得也.

使天下之人齊明盛服, 以承祭祀, 洋洋乎如在其上, 如在其左右.

｜朱氏曰:"齊之爲言, 齊也. 所以齊不齊, 而致其齊也. 明, 猶潔也. 洋洋, 流動充滿之貌." 言鬼神之德, 無所不在. 故能使人畏敬奉承如此.

詩曰:'神之格思, 不可度思, 矧可射思.'

｜詩, 大雅抑之篇. 格, 來也. 思, 語辭. 矧, 況也. 射, 厭也. 言神之來格, 不可億度, 唯當盡敬而已, 況可厭怠乎.

夫微之顯, 誠之不可揜, 如此夫."

｜承上文, 言微之至著, 實理自然. 故雖神之不可見聞, 而其心不可怠慢不敬也.

○ 此以下本非中庸本文. 然要之聖人, 亦罕乎道者希矣. 但此章, 曁下文說禎祥妖孼處, 爲可疑焉. 論語曰:"子不語怪力亂神." 又曰:"未能事人, 焉能事鬼." 夫鬼神之事, 自詩書所載以來, 古之聖賢, 皆畏敬奉承之不暇, 豈敢有所間然哉. 獨至於吾夫子, 其言之若此者, 蓋以溺於鬼神, 則必忽人道, 而其說易惑人故也. 以此觀之, 則此章恐非夫子之語, 而此節上無所承, 下無所起, 則亦他書之脫簡不疑.

17. 子曰:"舜其大孝也與. 德爲聖人, 尊爲天子, 富有四海之內, 宗廟饗之, 子孫保之.
｜子孫, 謂虞思陳胡公之屬.
故大德必得其位, 必得其祿, 必得其名, 必得其壽.
｜舜年一百有十歲.
故天之生物, 必因其材而篤焉. 故栽者培之, 傾者覆之.
｜材, 質也. 篤, 厚也. 栽, 植也. 栽者, 謂艸木. 傾者, 蓋謂蔓艸之類. 培, 滋也. 覆, 蓋也. 皆謂其發榮條達之意. 言天之因其材而篤之如此.
詩曰:'嘉樂君子, 憲憲令德. 宜民宜人, 受祿于天, 保佑命之, 自天申之.'
｜詩, 大雅假樂之篇. 憲, 詩作顯. 申, 重也.
故大德者必受命."
｜此言必然之理.
○ 此舉舜之事, 而證大德必受命之驗.

18. 子曰:"無憂者, 其惟文王乎. 以王季爲父, 以武王爲子, 父作之, 子述之.
｜此言文王聖德之至, 能恊天命也. 故下文引大王王季武王周公之事, 以實父作之子述之之事.
武王纘大王王季文王之緒, 壹戎衣而有天下, 身不失天下之顯名, 尊爲天子, 富有四海之內, 宗廟饗之, 子孫保之.
｜此言武王能述文王之事也. 兼大王言者, 蓋以王季之業, 實肇於大王也. 纘, 繼也. 太王, 王季之父. 緒, 業也. 戎衣, 甲胄之屬. 一戎衣而有天下, 言成功之易也.
武王末受命, 周公成文武之德, 追王大王王季, 上祀先公, 以天子之禮, 斯禮也, 達乎諸侯大夫及士庶人. 父爲大夫, 子爲士, 葬以大夫, 祭以士, 父爲士, 子爲大夫, 葬以士, 祭以大夫. 期之喪, 達乎大夫, 三年之喪, 達乎天子, 父母之喪, 無貴賤一也."
｜又言周公能述文武之德, 即上文所謂子述之之事也. 末, 猶老也. 先公, 謂太王之父以上至后稷也. 太王王季, 王迹之所由起. 故追王之. 又上祀先公, 以天子之禮者, 皆所以成就文武之德也. 武王旣爲天子, 則上祀先公, 不可以天子之禮, 此孝之至也. 周公又以斯禮, 及於諸侯大夫, 及士庶人, 父爲大夫, 子爲士, 則祭以士者, 禮固當然. 父爲士, 子爲大夫, 則祭以大夫之禮, 不爲僭也. 喪服自期以下, 諸侯絶, 大夫降, 三年之喪, 適孫爲祖, 及爲長子, 爲妻也. 達乎天子. 言雖降而不絶也. 至於父母之喪, 則上下同之, 以恩無貴賤故也. 此皆周公終武王之業, 以述文王之事者也.
○ 此舉文武周公之事, 亦言天道福善之驗.

19. 子曰:"武王周公, 其達孝矣乎."
｜達, 通也. 此言武王周公之孝, 通天下萬世之大孝, 而非止爲一身之孝也.
夫孝者, 善繼人之志, 善述人之事者也.

｜此釋上文達孝之義. 陣氏櫟曰:"祖父有欲爲之志而未爲, 子孫善繼其志而成就之, 祖父有已爲之事而可法, 子孫善因其事而遵述之."

春秋脩其祖廟, 陳其宗器, 設其裳衣, 薦其時食.

｜祖廟, 天子七, 諸侯五, 大夫三, 適士二, 官師一. 宗器, 先世所藏之重器也. 裳衣, 先祖之遺衣服. 祭則設之以授尸也. 時食, 四時食也.

宗廟之禮, 所以序昭穆也, 序爵, 所以辨貴賤也, 序事, 所以辨賢也, 旅酬下爲上, 所以逮賤也, 燕毛, 所以序齒也.

｜朱氏曰:"宗廟之次, 左爲昭, 右爲穆, 而子孫亦以爲序. 有事於太廟, 則子姓兄弟, 群昭群穆, 咸在而不失其倫焉. 爵, 公侯卿大夫也. 事, 宗祝有司之職事也. 旅, 衆也. 酬, 導飮也. 旅酬之禮, 賓弟子兄弟之子, 各擧觶於其長, 而衆相酬. 蓋宗廟之中, 以有事爲榮. 故逮及賤者, 使亦得以申其敬也. 燕毛, 祭畢而燕, 則以毛髮之色, 別長幼爲坐次也. 齒, 年數也."

踐其位, 行其禮, 奏其樂, 敬其所尊, 愛其所親, 事死如事生, 事亡如事存, 孝之至也.

｜踐, 猶履也. 踐其位, 象賢也. 行禮奏樂, 崇德也. 敬愛, 體其心也. 如生如存, 盡其誠也.

郊社之禮, 所以事上帝也, 宗廟之禮, 所以祀乎其先也. 明乎郊社之禮, 禘嘗之義, 治國其如示諸掌乎.

｜郊, 祭天. 社, 祭地. 不言后土者, 省文也. 四時之祭, 夏曰禘, 秋曰嘗. 禘者, 陽之盛也. 嘗者, 陰之盛也. 故言郊社, 則以禘嘗對之. 亦擧其盛者. 禮曰:"莫重於禘嘗." 是也. 不可依論語, 以禘爲王者之大祭也. 朱氏曰:"示, 與視同. 視諸掌, 言易見也." 言先王報本之意, 莫深於郊社禘嘗, 非仁孝誠敬之至, 不足以與此. 苟明其義, 則治國其易亦如此.

○ 此言周公制禮, 以成文武之德, 以明武王周公之孝也. ○ 按宋陳善以脩其祖廟以下, 爲漢儒雜記. 其言尤足信據. 今依其說推之, 舜其大孝以下, 亦類孝經語勢, 於中庸之義, 似不相關, 則皆當爲禮記脫簡, 詳見于敍由.

20. 哀公問政.

｜哀公, 魯君, 名蔣.

子曰:"文武之政, 布在方策. 其人存, 則其政擧; 其人亡, 則其政息.

｜方, 版也. 策, 簡也. 息, 猶滅也. 言文武之政, 著明如此. 但在行之者賢否如何耳.

人道敏政, 地道敏樹.

｜敏, 速也. 言人之爲道, 本好爲善. 故率之以政, 則其化之速, 猶以地種樹. 其息者, 徒以無人故也.

夫政也者, 蒲盧也. 故爲政在人, 取人以身, 脩身以道, 脩道以仁.

｜蒲盧, 蜾蠃, 細腰蜂也. 見爾雅. 鄭氏曰:"詩曰, '螟蛉有子, 蜾蠃負之.' 螟蛉, 桑蟲也. 蒲盧取桑蟲之子, 去而變化之. 而成爲己子." 宋沈括以蒲盧爲蒲葦. 然於古書無明證. 故不從. 言政者, 在人之所轉化, 猶蒲盧之於桑蟲也. 人, 謂賢臣也. 慈愛之德, 充周徧滿, 無所不至之謂仁. 言爲政之要, 專在於人, 而取人之要, 在於先脩其身, 脩身以道爲則, 脩道以仁爲本, 如此則人存政擧, 而無不治矣.

仁者, 人也, 親親爲大. 義者, 宜也, 尊賢爲大. 親親之殺, 尊賢之等, 禮所生也.

│ 仁者人也, 言仁則爲人, 不仁則非人也. 言仁者之於人, 無所不愛. 然以親親爲大, 義者之於事, 無所不宜. 然以尊賢爲大. 親有五等之服, 賢有五等之爵. 禮者, 品節之者也. 蓋脩道以仁爲本, 而仁又以義爲輔. 禮則所以節文斯二者也. ○ 按古人訓字之例, 多取音韻相近者釋之, 本非正訓. 若仁者, 人也. 義者, 宜也, 是也. 章句以爲人指人身而言, 可謂泥矣. 若義字, 當依孟子, 羞惡之心, 義之端也. 及人皆有所不爲, 達之於其所爲. 義也等語解之, 漢唐以來, 諸儒不察, 專以宜字爲正訓, 而不知其有所不通. 故不從.

在下位, 不獲乎上, 民不可得而治矣.

│ 鄭氏曰: "此句在下, 誤重在此."

故君子不可以不脩身, 思脩身, 不可以不事親; 思事親, 不可以不知人; 思知人, 不可以不知天.

│ 此節疑當在下文不明乎善, 不誠乎身矣之下. 蓋申明素定之意, 而起下文誠者天之道之語也. 因上文在下位不獲乎上之節重出. 故倂錯在此. 知人, 謂知人道之所當然, 所謂誠之者人之道, 是也. 知天, 謂知人道之所由本, 所謂誠者天之道, 是也.

○ 此言爲政以脩身爲本, 而脩身便在仁義, 孟子之論王道, 意實相符.

21. 天下之達道五, 所以行之者三. 曰:君臣也, 父子也, 夫婦也, 昆弟也, 朋友之交也, 五者, 天下之達道也. 知仁勇三者, 天下之達德也. 所以行之者一也.

│ 達, 通也, 通行之意. 君臣父子夫婦昆弟朋友五者, 通於天下, 達於萬世, 而無有所違. 故謂之達道, 而非知則無以明之, 非仁則無以守之, 非勇則無以進之. 故謂之達德. 一者, 不二之謂. 達德達道, 其事雖異, 而其相爲用, 本無二致也. 故曰: "所以行之者一也."

或生而知之, 或學而知之, 或困而知之, 及其知之一也. 或安而行之, 或利而行之, 或勉强而行之, 及其成功一也."

│ 知之者, 知達道之爲至, 而不可須臾離也. 行之者, 行達道而不須臾廢也. 蓋三知, 智也, 三行, 仁也, 所以進造其極者, 勇之力也. 此專爲學知利行以下者發. 若聖人生知安行, 固不待論焉. 故曰: "及其成功一也." 呂氏曰: "所入之途雖異, 而所至之域則同. 此所以爲中庸. 若乃企生知安行之資, 爲不可幾及, 輕困知勉行, 謂不能有成, 此道之所以不明不行也."

○ 道之無窮, 猶四旁上下之無際. 故聖人有聖人之脩, 賢者有賢者之脩, 學者有學者之脩. 夫子之聖, 而自謂學而不厭者, 以此故也. 其以聖人爲生知安行者, 蓋自學者而言之也, 非聖人之意也.

22. 子曰: "好學近乎知, 力行近乎仁, 知恥近乎勇.

│ 好學則不自足, 力行則無所苟, 知恥則有所進. 故雖不可以此爲知仁勇, 而亦爲相近也. ○ 家語此節上, 有"公曰:子之言美矣至矣. 寡人實固, 不足以成之也"之語. 故以"子曰"起答辭. 今無問詞, 而猶"子曰"二字, 當刪去.

知斯三者, 則知所以脩身, 知所以脩身, 則知所以治人, 知所以治人, 則知所以治天下國家矣.

｜言知三者之爲當務焉, 則身可以脩矣, 人可以治矣, 家國天下可以治矣. 蓋至遠之理, 本存乎至近之中, 以道無二也. 故知者用力於近, 而昧者求之於遠焉, 若夫忽近者, 實非知道者也.

○ 此又申明脩身卽治人之本. 蓋論道之全體, 則在仁義, 而進德以知仁勇爲要也.

23. 凡爲天下國家, 有九經. 曰:脩身也, 尊賢也, 親親也, 敬大臣也, 體群臣也, 子庶民也, 來百工也, 柔遠人也, 懷諸侯也.

｜朱氏曰:"經, 常也. 謂治天下國家之常法也. 體, 謂設以身處其地, 而察其心也. 子, 如父母之愛其子也. 柔遠人, 所謂無忘賓旅者也. 此列九經之目也."

脩身則道立, 尊賢則不惑, 親親則諸父昆弟不怨, 敬大臣則不眩, 體群臣則士之報禮重, 子庶民則百姓勸, 來百工則財用足, 柔遠人則四方歸之, 懷諸侯則天下畏之.

｜朱氏曰:"此言九經之效也. 道立, 謂道成於己, 而可爲民表. 不惑, 謂不疑於理. 不眩, 謂不迷於事. 敬大臣, 則信任專, 而小臣不得以間之. 故臨事而不眩. 來百工, 則通功易事, 農末相資. 故財用足. 柔遠人, 則天下之旅, 皆悅而願出於其途. 故四方歸. 懷諸侯, 則德之所施者博, 而威之所制者廣矣. 故曰天下畏之."

齊明盛服, 非禮不動, 所以脩身也; 去讒遠色, 賤貨而貴德, 所以勸賢也; 尊其位, 重其祿, 同其好惡, 所以勸親親也; 官盛任使, 所以勸大臣也; 忠信重祿, 所以勸士也; 時使薄斂, 所以勸百姓也; 日省月試, 旣稟稱事, 所以勸百工也; 送往迎來, 嘉善而矜不能, 所以柔遠人也; 繼絶世, 舉廢國, 治亂持危, 朝聘以時, 厚往而薄來, 所以懷諸侯也.

｜此言行九經之功也. 官盛任使, 謂官屬衆盛, 足任使令也. 蓋大臣不當親細事. 故所以優之者如此. 忠信重祿, 謂士之忠信者, 重其祿以優之也. 旣讀曰餼, 餼稟, 稍食也. 稱事, 如周禮稾人職, 曰:"考其弓弩, 以上下其食." 是也. 往則爲之授節以送之, 來則豐其委積以迎之. 朝, 謂諸侯見於天子. 聘, 謂諸侯使大夫來獻. 厚往薄來, 謂燕賜厚而納貢薄.

凡爲天下國家, 有九經, 所以行之者一也.

｜言九者其事雖異, 而行之無二致也.

○ 此言治天下國家之要, 而以九經實之也. 初之以脩身者, 正其本也. 次之以尊賢親親者, 明仁義之實也. 孟子論王道, 必以仁義爲本, 而以井田之法, 及文王治岐之政爲言, 亦與此章同意. 蓋治國之大經, 聖學之定法也.

24. 凡事豫則立, 不豫則廢, 言前定則不跲, 事前定則不困, 行前定則不疚, 道前定則不窮.

｜豫, 素定也. 跲, 躓也. 疚, 病也. 此言凡事平素講明, 自得於己, 則臨事之間, 惟其意所欲, 無所窒礙也.

在下位不獲乎上, 民不可得而治矣. 獲乎上有道, 不信乎朋友, 不獲乎上矣; 信乎朋友有道, 不順乎親, 不信乎朋友矣; 順乎親有道, 反諸身不誠, 不順乎親矣; 誠身有道, 不明乎善, 不誠乎身矣.

| 此又以在下位者, 推言素定之意. 反諸身, 謂行不得, 則反求諸己也. 誠者, 眞實無僞之謂. 明乎善, 卽下文所謂擇善而固執之者也.

誠者, 天之道也; 誠之者, 人之道也. 誠者, 不勉而中, 不思而得, 從容中道, 聖人也. 誠之者, 擇善而固執之者也.

| 誠者, 爲聖人之行, 眞實無僞, 自不用力, 猶天道之自然流行也. 故曰:天之道也. 誠之者, 雖未能眞實無僞, 而求至於眞實無僞之謂. 人道之所以立也. 故曰:人之道也. 不勉而中, 禮也. 不思而得, 智也. 從容中道, 仁也. 兼此三者, 聖人之德, 誠之功也. 擇善而固執之, 謂審善惡之分, 以固守其善, 誠之之事也.

○ 或曰:中庸專曰誠, 而論語不言誠者, 何也. 曰:夫子之時, 周室雖衰, 先王之遺化尙在. 旣謂之仁, 謂之禮, 則不言誠, 而誠自在其中矣. 故其言及誠者, 唯有告哀公一言耳. 爾後聖遠道湮, 實喪僞滋. 故不先立之誠, 則仁非其仁, 義非其義, 所以後篇屢言誠, 孟子亦然. 蓋因時致然, 非道有二端也.

25. 博學之, 審問之, 愼思之, 明辨之, 篤行之.
| 五者卽上文擇善而固執之目. 然四者以篤行爲之要歸也.

有弗學, 學之弗能弗措也; 有弗問, 問之弗知弗措也; 有弗思, 思之弗得弗措也; 有弗辨, 辨之弗明弗措也; 有弗行, 行之弗篤弗措也. 人一能之, 己百之, 人十能之, 己千之
| 適有不學則學之, 亦必不能不已. 問思辨行, 亦皆如此, 百倍其功, 以要其成也.

果能此道矣, 雖愚必明, 雖柔必强."
| 學問之功, 本自如此, 苟百倍其功, 則愚者可以進於明, 柔者可以進於强. 其不然者, 皆不能充學問之功故也.

○ 哀公夫子問答, 至此而止. 按家語以此爲哀公問政篇, 蓋本一篇之書, 而誤攙入于此耳. 然於學問之本末盡矣, 實孔氏之遺言也. 今分爲六節解之. 家語博學之以下無之, 而別有孔子答辭, 未詳其孰是. 下文別起端, 亦未知爲何書. 說見下文.

26. 自誠明謂之性, 自明誠謂之教, 誠則明矣, 明則誠矣.
| 誠者, 性之德, 明者, 教之功. 自誠而明者, 因性之德而得. 故謂之性. 若曾子之學是已. 自明而誠者, 因教之功而得, 故謂之教. 若諸子之學是已. 各就其所重而言. 誠則明, 謂之誠明合一, 明則誠, 謂之誠明合一. 及其成德, 則非有優劣也. 此章亦自一篇之書, 不與前章相屬. 故字義亦頗異. 誠字, 不可專指聖人言. 若聖人, 則誠明兼至, 本無先後之可言, 不可謂由誠而明也.

○ 論語專言教, 而道在其中. 孟子專言道, 而教在其中矣. 蓋道爲上, 教次之. 然道無爲, 而教有功. 故論語雖以仁爲本. 然其告人, 每必以教爲重. 故專言教而道在其中矣. 至孟子時, 世衰道微, 諸子百家, 各道其道, 而仁義充塞. 故專揭仁義示人, 而以存

養擴充爲要. 故專言道而敎在其中矣. 此其言雖異, 要皆莫不以敎爲主. 然非以性之善, 則亦無能體道受敎. 故性亦可貴也. 所以孟子屢倡性善之說, 爲自暴自棄者, 知其所本也, 而此章以性敎竝論, 而性之功重, 是與論孟之旨爲少異, 豈後來性學, 由是而漸歟. ○ 按此章以下, 亦非中庸本文, 魯齋王氏以爲誠明書, 雖未有左證. 然觀其議論語意. 王氏之說, 亦非無謂也. 蓋太傳樂記之流, 不若前諸章之正而盡也.

27. 唯天下至誠, 爲能盡其性. 能盡其性, 則能盡人之性. 能盡人之性, 則能盡物之性. 能盡物之性, 則可以贊天地之化育. 可以贊天地之化育, 則可以與天地參矣.

｜天下至誠者, 誠明兼至, 行造其極, 聖人之事也. 贊, 助也. 與天地參, 謂與天地竝立爲三也. 言聖人在上, 則裁成輔相, 以左右民, 猶大化之轉洪鈞, 而人物之生, 莫不各遂其性, 豈用物物而盡之乎. 自能盡人之性以下, 就敎之功之所至而言, 非但盡己之性而已. 故曰:"誠則明矣, 明則誠矣."

○ 心有思, 而性無爲, 有思者, 可以力能, 無爲者, 任其自長. 故孟子於心曰盡, 於性曰養, 而繫詞中庸, 皆以盡性爲言, 與孟子大異矣. 學者審諸.

28. 其次致曲, 曲能有誠, 誠則形, 形則著, 著則明, 明則動, 動則變, 變則化, 唯天下至誠爲能化.

｜其次, 對上文與天地參者而言也. 致, 推致也. 曲, 猶曲成曲當之曲. 致曲者, 謂推致其善, 而無所不至也. 形, 有刑象之可見. 著, 特顯於物也. 明, 光輝遠達也. 動, 發動, 謂有生氣也. 變, 不留其初也. 化, 則變而又變, 不見其迹也. 此言賢者已下, 擴充其善, 而無所不至, 則亦能有至誠之妙. 形著以下, 有次第而無先後, 有則俱有, 及其成也, 與與天地參者, 自同其功. 故曰:"唯天下至誠爲能化."

至誠之道, 可以前知. 國家將興, 必有禎祥; 國家將亡, 必有妖孽. 見乎蓍龜, 動乎四體, 禍福將至, 善必先知之, 不善必先知之, 故至誠如神.

｜禎祥者, 福之兆. 妖孽者, 禍之萌. 蓍, 所以筮. 龜, 所以卜. 朱氏曰:"四體, 謂動作威儀之間也." 此極贊至誠之發見也. 至誠如神, 謂至誠之人, 能前知之, 猶若神也.

○ 禎祥妖孽之說, 雖自古有之, 然至於孔孟, 則絶口不語, 何者. 恐懼脩省, 則雖有天變, 無害於國. 若否, 則雖無天變, 身弒國亡. 故日食地震等變, 存之春秋, 而至於其敎人, 則專以道德仁義爲言, 而一切惑世誣民之說, 皆絶之於言議, 蓋深恐啓人好異之心也. 此章恐非孔氏之遺言.

29. 誠者自成也, 而道自道也.

｜言有此實, 則德自成, 而道亦莫不自行也. 卽若前章仁者, 人也, 義者, 宜也之例.

誠者, 物之終始, 不誠無物. 是故君子誠之爲貴.

｜物, 猶事也. 終始, 猶言全體. 言一有不實, 則雖有所爲, 亦若無有, 而自始至終, 皆無可觀者. 故君子誠之爲貴, 以其爲人之道也.

誠者, 非自成己而已也, 所以成物也. 成己仁也, 成物知也. 性之德也, 合內外之道也. 故時措之宜也.

｜此專論誠者自成之義也. 言旣能誠矣, 則成己成物, 而自合於仁智之德. 此卽吾性固有之善, 而又能合外內而無間. 故贊之曰以時施之, 而自會于事機, 合于人心, 而無所乖戾也.

故至誠無息.

｜息, 猶滅也. 至誠之道, 自不滅息.

不息則久, 久則徵.

｜久者, 毁之而不壞, 撲之而不損. 故能經久而不亡也. 徵者, 人心悅, 而天下服也.

徵則悠遠, 悠遠則博厚, 博厚則高明.

｜悠遠, 傳之後世而無窮也. 博厚, 博被四方而深厚也. 高明, 高出萬物而光明也. 悠遠以下, 皆言徵之遠且高大也.

博厚, 所以載物也; 高明, 所以覆物也; 悠久, 所以成物也.

｜此言徵之實也. 博厚, 則受容萬物而無所遺. 高明, 則庇覆萬物而無所棄. 悠久, 則物無所不自成. 悠久卽幷上文久徵悠遠而言, 愈久而不已之意. 猶言極天罔墜也. 言博厚高明, 能成載物覆物之功, 而物之成自在其中矣. 故以悠久置三者之終.

博厚配地, 高明配天, 悠久無疆.

｜無疆, 謂古今之無窮. 此言聖人與天地合其德也.

如此者, 不見而章, 不動而變, 無爲而成.

｜此因上文, 而又言聖人與天地合其妙. 朱氏曰: "見, 猶示也. 不見而章, 以配地而言也. 不動而變, 以配天而言也. 無爲而成, 以無疆而言也."

天地之道, 可一言而盡也. 其爲物不貳, 則其生物不測.

｜此欲言聖人純亦不已之妙, 而先言天地之大以起之. 貳, 二也, 副也. 不貳者, 一而大之意, 言無物之可對也. 言天地如此其大. 故能生萬物, 而不可測識也.

天地之道, 博也, 厚也, 高也, 明也, 悠也, 久也.

｜此節恐在上文悠久無疆下. 蓋解博厚配地三句之義. 如此則上下相承, 最爲順妥. 今夫天斯昭昭之多, 及其無窮也, 日月星辰繫焉, 萬物覆焉. 今夫地一撮土之多, 及其廣厚, 載華嶽而不重, 振河海而不洩, 萬物載焉. 今夫山一卷石之多, 及其廣大, 艸木生之, 禽獸居之, 寶藏興焉. 今夫水一勺之多, 及其不測, 黿鼉蛟龍魚鼈生焉, 貨財殖焉.

｜此言其爲物不二. 故能生物不測也. 昭昭, 猶耿耿, 小明也. 振, 收. 卷, 區也. 言人皆狃於耳目之所見聞, 而不能推之於其全體. 故子思推至於天地之無窮, 山水之廣大, 而備盡其不測之妙. 聖人之德之大, 亦猶如此.

詩云: "維天之命, 於穆不已." 蓋曰天之所以爲天也. "於乎不顯, 文王之德之純." 蓋曰文王之所以爲文也. 純亦不已.

｜詩, 周頌維天之命之篇. 於, 歎辭. 穆, 深遠也. 詩之意, 言天命文王, 王斯大邦, 延及子孫, 福澤重臻也. 此引之以明天道命人, 吉凶禍福, 其理深遠, 而萬古不已也. 不顯, 猶言豈不顯也. 純, 純一不雜也. 言聖人至誠無息之德, 與天道於穆不已之妙, 同一無間也. ○朱氏曰: "太極之有動靜, 是天命之流行." 此以命字爲陰陽流行之妙, 鑿於本文甚矣. 詳見語孟字義.

○ 以上備言聖人至誠無息之妙, 而推至與天地同其德, 卽巍巍乎, 唯天爲大, 惟堯則之之意.

30. 大哉, 聖人之道. 洋洋乎發育萬物, 峻極于天.
｜峻, 高大貌.
優優大哉, 禮儀三百, 威儀三千. 待其人而後行.
｜承上文而言. 優優, 充足有餘之意. 禮儀, 經禮也. 威儀, 曲禮也. 言聖人之道, 如此其大. 然非得其人, 則亦不可行也.
故曰, 苟不至德, 至道不凝焉.
｜此承上文, 言不可不修德也. 至德, 謂至德之人. 至道, 卽上文所謂聖人之道, 是也. 凝, 聚也. 言有其人則其道自聚也.
○ 聖人未生, 則道在天地, 聖人旣生, 則道在聖人, 聖人旣沒, 則道在六經. 道在天地, 微而不可見, 道在六經, 空言無補. 唯聖人在世, 則煥乎其有文章, 上下與天地同流, 斯之謂凝焉, 非至德豈能然乎.

31. 故君子尊德性而道問學: 致廣大而盡精微, 極高明而道中庸, 溫故而知新, 敦厚以崇禮.
｜此承上文, 言欲凝至道, 不可不先修至德也. 尊者, 恭敬奉持之意. 德性者, 德之性, 謂性善也. 道, 由也. 致廣大, 猶言居天下之廣居也. 極高明, 前所謂高明配天, 是也. 溫, 猶燖溫之溫, 謂故學之矣, 復時習之也. 敦, 加厚也. 言君子之脩身務學也. 致廣大, 則必易失精微, 而能盡之無毫釐之差. 極高明, 則必易過中庸, 而能由之無過不及之差. 此皆凝至道之事. 然非修至德則不能也. 故問學必溫故以發新知, 德行則敦篤以達節文. 苟其如此, 則於修至德, 無復遺功也. 此章初以尊德性爲先, 而次之以道問學, 末以溫故知新爲先, 而以敦篤崇禮次之, 蓋交互錯綜, 以盡其詳也.
○ 先知而後行, 此固學問之常法, 不可易焉. 然而究竟論之, 則有實德而後有實智. 若聖人之智是也. 故曰: 苟不至德, 至道不凝焉. 先儒或專尊德性, 而問學爲緩, 或先道問學, 而德性爲後, 俱失於一偏, 而不可謂君子之道也.

32. 是故居上不驕, 爲下不倍. 國有道, 其言足以興; 國無道, 其默足以容. 詩曰:"旣明且哲, 以保其身." 其此之謂與.
｜此言至道自凝之驗也. 詩, 大雅烝民之篇. 言君子之於世, 智明德熟, 無施不可. 故可以爲上, 可以爲下. 當有道, 則諫行言聽, 興起以在位. 無道, 則卷而懷之, 無形迹加斥名, 殆非用伎倆者所能窺測. 末又引詩, 以深贊明哲之效, 不用智計, 自能保身也.
○ 宋儒謬說此節, 貽禍後世不細, 可不戒乎. 揚雄所謂明哲煌煌, 旁燭無疆, 遜于不虞, 以保天命, 亦不可謂不是. 不可與就利遠害, 先占便宜者, 槩而論也.

33. 子曰:"愚而好自用, 賤而好自專, 生乎今之世, 反古之道. 如此者, 災及其身者也."
｜此以下言德與位與時三者甚至重也. 反, 復也. 道, 法也. 愚者無德, 賤者無位, 皆非人之所信從, 而自用自專, 則必悖人心. 前古之禮, 非當今之所宜, 而遽欲復之, 則必拂風俗, 災必及其身也. 三者之義, 下文詳之.

非天子, 不議禮, 不制度, 不考文.

丨子思承上文之意, 而言賤而不可自專也. 天子, 謂聖王之後, 相繼有位者也. 度, 品制. 文, 書名.

今天下, 車同軌, 書同文, 行同倫.

丨今, 子思自謂當時也. 軌, 轍迹之禮. 倫, 次序之禮. 此言生今之時, 不可反古之道也.

雖有其位, 苟無其德, 不敢作禮樂焉. 雖有其德, 苟無其位, 亦不敢作禮樂焉.

丨無其德而敢作, 愚而自用者也. 無其位而敢作, 賤而自專者也.

子曰:"吾說夏禮, 杞不足徵也. 吾學殷禮, 有宋存焉. 吾學周禮, 今用之, 吾從周."

丨杞, 夏之後. 徵, 證也. 宋, 殷之後. 此又引夫子之言, 以專明時之不可從也. 夏殷之禮, 雖皆聖人之作, 然非當今之法. 故雖以孔子之德, 苟無其位, 則亦唯從時王之制而已.

王天下有三重焉, 其寡過矣乎.

丨三重, 反覆言德與位與時三者甚重也. 有此三者, 則民能信而從之. 寡過者, 謂愜人心, 順風俗, 而無所過也.

上焉者, 雖善無徵, 無徵不信, 不信民弗從. 下焉者, 雖善不尊, 不尊不信, 不信民弗從.

丨上焉者, 謂時王以前, 如夏商之禮是也. 下焉者, 謂聖人在下, 如孔子善於禮是也. 善者有其德, 尊者有其位, 徵者得其時, 所謂三重是也. 言民之不信者不可妄言, 民之不從者不可妄作. 故視民心之所向背, 則知天下之所同然, 知天下之所同然, 則知萬世之所同然. 故夫子定書, 斷自唐虞, 而上世不可考知之事, 黜而不言, 蓋不足以經邦垂範, 而適足以惑世誣民故也.

故君子之道, 本諸身, 徵諸庶民, 考諸三王而不謬, 建諸天地而不悖, 質諸鬼神而無疑, 百世以俟聖人而不惑.

丨本諸身, 近取諸身之意. 言措之於身而安也. 徵諸庶民, 驗其所信從也. 建, 立也. 立於此而參於彼也. 鬼神, 就卜筮而言. 易曰:"與鬼神合其吉凶", 是也. 蓋本諸身, 試之於己, 徵諸庶民, 驗之於當世, 考諸三王, 稽之於上世, 至建諸天地, 質諸鬼神, 不止考之於人而已, 百世以俟聖人, 則亦證之於將來也. 此言君子之道, 造於至極, 無所不合, 無所不準, 非若異端之教, 索隱行怪, 駭世驚人, 而推之人心世變, 皆無所合也.

質諸鬼神而無疑, 知天也; 百世以俟聖人而不惑, 知人也.

丨鬼神不可明知, 質之而無疑, 智通幽明之理也. 百世不可逆知, 俟之而不惑, 道造人倫之極也.

是故君子動而世爲天下道, 行而世爲天下法, 言而世爲天下則, 遠之則有望, 近之則不厭.

丨道, 以所行言. 法, 以經世言. 則, 以學問言.

詩曰:"在彼無惡, 在此無射. 庶幾夙夜, 以永終譽." 君子未有不如此而蚤有譽於天下者也.

｜詩, 周頌振鷺之篇. 如此者, 指無惡無射而言. 非有德有位而得時之人, 不能也.

○ 以上總言聖人崇實德, 而不貴虛文. 故其道自順於人心, 合於天地, 應於世變, 而爲天下萬世之法則也.

34. 仲尼祖述堯舜, 憲章文武, 上律天時, 下襲水土.

｜祖, 始也. 祖述者, 祖而述之, 蓋斷自唐虞爲始也. 憲, 法. 章, 明也. 憲章者, 法而表章之也. 言仲尼遠宗堯舜之道, 近守文武之法, 不敢以渺昧不經之言爲敎, 又不敢自我作古也. 律, 法也. 天時, 謂春夏秋冬之四時, 法之則陽舒陰慘, 自合天時. 襲, 因也. 水土, 謂五方之地, 各有其宜, 因之則居魯逢掖, 居宋章甫, 蓋體道之至, 與天地合其德也.

○ 自此以下, 至於篇終, 備言夫子之德之盛, 以終此章之義. 按宓犧神農黃帝之書, 謂之三墳, 少昊顓頊高辛唐虞之書, 謂之五典. 夫子之時, 墳典具在, 而夫子特祖述堯舜, 憲章文武, 而雖三皇三帝之書, 皆在所黜焉者, 何哉. 意者三皇三帝之書, 豈非有旁礴廣大, 不切於人倫日用, 而無益於天下國家之治者歟, 而堯舜之道, 文王之政, 實萬世不易之常道, 旁觀古今, 歷選前聖, 非堯舜無可祖述, 非文武無可憲章. 故祖述其當祖述, 憲章其當憲章, 其祖述之者, 是自祖述之也, 其憲章者, 是自憲章之也. 於是益有以見其聖之爲盛, 而生民以來所未有之實也. 是學問之極功, 聖道之蘊奧, 秦漢以來, 儒者之所未嘗講也. 學者其審諸.

35. 辟如天地之無不持載, 無不覆幬, 辟如四時之錯行, 如日月之代明.

｜幬, 亦覆也. 錯, 猶迭也. 言夫子之德之盛, 猶天之覆幬, 地之持載, 四時日月, 錯行代明, 而萬物自竝育竝行於其間也.

萬物竝育而不相害, 道竝行而不相悖. 小德川流, 大德敦化, 此天地之所以爲大也.

｜此稱仲尼之德, 而比之天地也. 萬物竝育, 如老者安之, 朋友信之, 少者懷之也. 道竝行, 如伯夷之淸, 柳下惠之和, 顏淵之仁, 仲由之勇也. 悖, 背也. 言彼皆竝育竝行於夫子化育之中, 而各不相妨害也. 小德, 如冉求樊遲, 各成其材. 川流, 猶川之有流派也. 大德, 如顏淵閔子, 善言德行. 敦化, 猶萬物得時雨之化, 而滋榮條達也. 蓋小以成小, 大以成大, 此非仲尼之大, 實天地之大也. 言仲尼卽天地也.

○ 以上言夫子之道, 非惟與天地同其大, 夫子卽天地也. 蓋與上下文相通, 總言夫子之道之大也.

36. 唯天下至聖, 爲能聰明睿知, 足以有臨也; 寬裕溫柔, 足以有容也; 發强剛毅, 足以有執也; 齊莊中正, 足以有敬也; 文理密察, 足以有別也.

｜天下至聖, 謂孔子, 卽自生民以來, 未有盛於孔子也之意. 臨, 謂居上而臨下也. 文, 文章也. 理, 條理也. 密, 詳細也. 察, 明辨也. 言唯夫子能兼知仁勇禮義之德, 而無所不盡也.

溥博淵泉, 而時出也, 溥博如天, 淵泉如淵.

｜溥博, 周徧而廣闊也. 深而不可測之謂淵. 有本而不已之謂泉. 出, 發見也. 言五者之德, 充積於中, 而以時發見施行也.

見而民莫不敬, 言而民莫不信, 行而民莫不說.

｜民, 猶人也. 莫不敬者, 所過者化也. 莫不信者, 言出而從也. 莫不說者, 心悅誠服也.

是以聲名洋溢乎中國, 施及蠻貊, 舟車所至, 人力所通, 天之所覆, 地之所載, 日月所照, 霜露所隊, 凡有血氣者, 莫不尊親. 故曰配天.

｜聲名, 夫子之名譽也. 配天者, 謂與天竝立, 而永無墜也.

○ 以上又言夫子之德之大也. 言索隱行怪者, 後世有述, 務爲莊嚴者, 人必尊崇, 唯夫子溫良恭儉讓, 無以求于人, 亦不必以傳于後世, 曁于四遠爲意, 而尊親之至, 配之于天, 非其德之隆盛, 自然感物, 豈能致如此乎.

37. 唯天下至誠, 爲能經綸天下之大經, 立天下之大本, 知天地之化育, 夫焉有所倚.

｜朱氏曰: "經綸, 皆治絲之事. 經者, 理其緒而分之. 綸者, 比其類而合之也. 經, 常也. 大經者, 五品之人倫也. 言聖人之德, 至誠無妄. 故於人倫之道, 各盡其極, 而可以爲天下萬世之法, 所謂經綸之也." 立大本者, 脩身以爲天下之表準也. 知, 猶主也. 知化育者, 裁成輔相天地之道也. 此皆非有所倚著於物而然. 蓋至誠之德, 自然功用, 不可以力企及也.

肫肫其仁, 淵淵其淵, 浩浩其天.

｜此承上文而言. 肫肫, 懇至貌. 仁者, 衆德之長, 包上文聰明睿知以下五者而言. 淵淵, 靜深貌. 浩浩, 廣大貌. 其淵其天, 則非特如之而已.

苟不固聰明聖知, 達天德者, 其孰能知之.

｜言苟非有其德者, 不能知其妙, 非可以常智窺測之也. 孟子稱夫子曰: "賢於堯舜遠矣." 可謂能達天德者矣.

詩曰: "衣錦尙絅." 惡其文之著也.

｜詩, 國風衛碩人, 鄭之丰, 皆作衣錦褧衣, 褧, 絅同, 禪衣也. 尙, 加也. 聖人之德, 非達天德者, 不能知之. 然其設心甚卑, 自積冥冥之德, 而不敢爲昭昭之行. 故引詩以明上文之意. ○ 自此以下, 凡八引詩, 皆申此章之意. 言君子之德, 闇然不可得知之妙, 而至於上天之載, 無聲無臭而止, 雖若有淺深, 實一意也.

故君子之道, 闇然而日章, 小人之道, 的然而日亡. 君子之道, 淡而不厭, 簡而文, 溫而理, 知遠之近, 知風之自, 知微之顯, 可與入德矣. 詩云: "潛雖伏矣, 亦孔之昭."

｜此承上文, 汎言君子之道. 言君子崇實而不貴文. 故雖外如闇然, 而其德日章, 小人反之. 淡而不厭, 以五穀言. 簡, 無文采也. 溫而理, 以美玉言. 皆不求于外, 而德輝自見也. 遠之近, 化之及遠, 本於近也. 風之自, 流風之傳, 自其身也. 微之顯, 事之微小, 必至顯然也. 皆言至誠之道, 自然莫不見顯也. 學者知此三者, 而後可以入德也. 詩, 小雅正月之篇. 孔, 甚. 昭, 明也.

故君子內省不疚, 無惡於志, 君子之所不可及者, 其唯人之所不見乎. 詩云: "相在爾室, 尙不愧于屋漏."

｜疚, 病也. 無惡於志, 猶言無愧於心. 詩, 大雅抑之篇. 相, 視也. 屋漏, 室西北隅也. 此引詩言君子之行, 內外一致, 無所愧怍也.

故君子不動而敬, 不言而信. 詩曰:"奏假無言, 時靡有爭."

｜詩, 商頌烈祖之篇. 引詩言君子雖不言動, 民自敬信, 而無有所爭也. 奏假二字, 義未詳. 鄭氏曰:"假, 大也. 言奏大樂於宗廟之中, 人皆肅敬, 無有言者, 以時太平和合, 無所爭也." 朱氏曰:"奏, 進也. 言進而感格於神明之際, 極其誠敬, 無有言說, 而人自化之也." 二說未詳孰是.

是故君子不賞而民勸, 不怒而民威於鈇鉞. 詩曰:"不顯惟德, 百辟其刑之."

｜威, 畏也. 鈇, 莝斫刀也. 鉞, 斧也. 詩, 周頌烈文之篇. 辟, 君也. 此引詩以明君子不言之教, 自感於人心也.

是故君子篤恭而天下平. 詩云:"予懷明德, 不大聲以色."

｜篤, 厚也. 篤恭, 謂聖人之容也. 言無為而天下自治也. 詩, 大雅皇矣之篇. 引之以明聖人之德之妙, 不在於大聲與色也.

子曰:"聲色之於以化民, 末也." 詩云:"德輶如毛." 毛猶有倫, "上天之載, 無聲無臭." 至矣.

｜此引夫子之言, 以申上文皇矣之詩之意. 詩, 大雅烝民之篇. 輶, 輕也. 如毛, 言篤恭之至, 不大聲色之意. 倫, 比也. 謂之毛, 則猶有物可比, 未為盡也. 故亦引文王之詩, 言如上天之事, 無聲臭之可言, 乃為至耳. 蓋明篤恭之至, 非言說之所能形容也.

○ 按大雅稱文王之德云, "上天之載, 無聲無臭. 儀刑文王, 萬邦作孚". 其意謂天無聲臭之可言, 則雖欲法之, 而不可得. 唯文王之德, 與天為一, 則法文王, 乃所以法天也. 中庸斷章取義, 以贊不顯篤恭之妙, 本不在聲色, 而非謂無聲無臭之中, 自有至理, 為萬化之主宰也. 自宋儒拈出, 以形容無極太極之妙, 而學者狃聞其說, 以為斯理隱微, 不可窺識之意, 殊不知詩語本平平鋪敍, 無甚深義, 與夫子曰:"天何言哉." 孟子曰:"天不言"等語, 其意一般, 非若後世所云也. 不可不辨焉.

사서 체계의 붕괴

1. 『대학정본』(大學定本)

우리가 흔히 말하는 사서四書 ——『논어』·『맹자』·『대학』·『중용』은 송나라 때 성립한 개념이다. 송대宋代에 성리학이 확립되면서 성리학의 핵심 텍스트로 부상한, 역사성을 가진 특수한 체계라는 뜻이다. 한국의 경우 조선시대 성리학이 최고 지위를 차지하면서 유학과 동일시되었지만 성리학은 특정 시대에 특정한 이념을 가지고 탄생한 학문체계로, 유학과 완전히 일치하는 일반개념이 아니다.

　성리학에서는 독서법으로 『대학』, 『논어』, 『맹자』, 『중용』의 순서를 권했다. 주자가 언급한 이 방식은 후세 공부의 표준이 된다. 이 사서 체계의 배후에는 공자에서 증자曾子로, 증자에서 자사子思로, 자사에서 맹자로 이어지는 도통道統의식이 깔려 있다. 공자의 『논어』, 증자의 『대학』, 자사의 『중용』, 맹자의 『맹자』 —— 주자는 각각 시대 순으로 정통성을 의식하고 경전체계를 짠 것이다. (정확히 말하면 사서가 아니라 사자서四子書다. 사서란 명칭은 송대 이후 후대에 성립한 개념이다.)[1] 문제가 되는 것은 다른 저서의 경우 저자가 분명하지만 『대학』의 저자를 증자라고 할 수 있는 명확한 증거가 없다는 사실. 진사이는 이 문제의 함의를 인지했다. 우선 문헌증거가 없음을 내세워 주자를 비판했다. (진사이는 주자라고 칭하지 않는다. 주씨朱氏라고 불렀다. 학문의 엄정함 앞에서 존칭은 사족에 불과한 법. 객관성을 위해 끝까지 주희를 다른 사람과 동등한 학자로 대우한다.) 주자도 문제를 알고 있었다. 주자가 「중용장구 서」에서 「중용」이 자사子思의 작作(「중용」은 자사가 지었다는 최초의 기록은 사마천의 『사기』史記 「공자세가」孔子世家다)이라 언급하며 저자를 내세우면서 글을 일관한 것과 달리, 「대학장구 서序」에서는 대학(태학)교육 시스템을 테마로 기술한 점은 저자를 내세울 수 없었던 주자의 딜레마를 보여 준다. 진사이는 「『대학』은 공씨가 남긴 책이 아님을 변증함」[大學非孔氏之遺書辨]이라는 글을 써서 『대학』의 문제점을 논했다. 『대학정본』이라 제명題名하고 정본定本, definite edition이란 타이틀을 붙인 까닭도 이 글에서 짐작할 수 있다. 주희가 편찬한 『대학장구』도 아니고 왕양명이 되살린 「대학고본」大學古本도 아닌, 이전 판본을 모두 살펴 결정판을 냈다는 자신이 담긴 제목이다. 진사이가 「『대학』은 공씨가 남긴 책이 아님을 변증함」이라는 문장을 쓴 이면에는 『논어』와 『맹자』를 숙독해 얻은 확고한 자기 견해가 있다.

사서 체계는 단순한 독서법이 아니다. 사서 체계는 주자가 구상한 이상적 사대부를 형성하는 기본 프레임이다. 여기에 『대학』의 중요성이 있다. 주자가 정자程子의 말을 인용해 「대학」을 "덕德에 들어가는 문"[入德

---

1) 『대학』에 대한 포괄적이고 정밀한 글로, 도올 김용옥의 『대학·학기 한글역주』(통나무, 2009) 서문 「『대학』의 바른 모습을 캐다」(原大學之正)가 있다. 탁월한 글이다. 강력하게 일독을 권한다.

之類]이라 칭한 것은 독자가 거대한 성리학 체계에 들어가는 문도門徒가 된다는 의미를 명시한다. 『논어』·『맹자』를 성리학의 틀 안에서 해석한다는 전제를 수락한다는 뜻이다. 진사이의 『대학정본』은 이 선언을 받아들이지 않겠다는 표명이다. 『대학장구』의 '개념에 치우친 해석'을 거부한다. 격물치지格物致知를 중심에 두고 사변으로 감쌌던 개념들을 파기한다. 진사이의 『대학』 읽기는 주자와 완전히 다르다. 진사이는, 대상/사물[物]이해에는 근본[本]과 말단[末]이 있으므로 근본에 힘써야 한다는, 순서 중심으로 읽었다. 정치적으로 보면 이때 물物은 백성으로 보아도 무방하다. 윤리적으로 보면 이때 물은 인륜이 된다. 백성을 우선으로 한다는 사회적 대의가 중요시되면서 사변성이 탈락된다. 사회 운용의 청사진으로 『대학』이 변한다. 변용과정은 언어표현의 탈바꿈이 아니므로 자세히 들여다볼 필요가 있다.

쟁점이 되는 개념은 격물치지格物致知다. 왜 쟁점이 되는가. 사물(=세상/현실, 물物)을 인식하는 문제와 방법, 이를 통해 세상을 경영하려는 주체(=사대부)가 명확히 드러나기 때문이다. 이 부분을 명확히 한 사람이 주자였다. 그는 격물치지가 인식론의 문제임을 자각했던 것이다.

주자는 "사물의 이치의 궁극에까지 도달하지 않음이 없고[格物], 내 마음이 아는 바가 지극한 경지에 이르지 않는 것이 없다[致知]"라고 풀이했다. 진사이는 "세상에는 근본과 말단이 있다. 일에는 끝과 시작이 있다"[物有本末, 事有始終]는 말 바로 뒤에 격물치지가 있는 순서에 주목해 격물치지를 "物有本末, 事有始終"와 연관 지어 풀이했다. 성의誠意·정심正心·수신修身·제가齊家·치국治國·평천하平天下라는 말에서 목적어에 해당하는 의意·심心·신身·가家·국國·천하天下를 격물의 물物로, 성誠·정正·수修·

제齊·치治·평平(모두 동사로 쓰였다) 하는 일을 사事로 본 다음, 격물의 격格을 정正으로 보아 성의에서 평천하까지 진행하는 과정에서 근본과 처음[本始]을 먼저 하고 말단과 끝[末終]은 나중에 하는 차례로 이해했다. '격물'이라는 개념을 본말·시종의 순서를 제대로 파악하고 이행하는 총 괄지시어 정도로 본 것이다. 이때 '치지'는 자신이 아는 것을 끝까지 밀고 가는 태도와 자세로 제시된다. 진사이의 해석은 주자의 것과 차이가 크다.『대학장구』의 격물치지는 연속적인 개념으로 유명한 성구成句지만 중요한 점은 격물이라는 개념이 공부의 밑돌임과 동시에 성의에서 평천하를 아우르는 기본전제이기 때문에 주자가 이 개념에 많은 공력을 들였다는 사실이다.

격물치지와 나머지 6조목(성의·정심·수신·제가·치국·평천하) 사이에는 묘한 관계가 존재한다. 6조목 가운데 성의에서 수신까지는 덕성을 함양한다는 점을 말한다. 내적 수양으로 요약할 수 있다. 자기 수양이 계속 진행되는 가운데 내면의 덕성이 외부로 퍼져나가 감화/교화하는 과정이 제가에서 평천하까지다. 6조목은 내외가 호응하고 안팎이 조응해 일관된 순서와 체계로 설명될 수 있다. 요컨대 6조목으로 충분하다. 자기 내면에서 물과의 관계까지 모두 망라되었다. 그렇다면 격물치지는 무엇이며 왜 필요한가. 6조목으로 완전한데 격물치지를 따로 둔 것은 어째서인가. 이 의문이 격물치지를 재고하도록 추동했다. 진사이는 6조목을 강조하고 격물치지는 6조목에 대한 일종의 가이드라인으로 보아 의미부여를 하지 않았다. 그 이유는, 첫째 6조목 실천에 중점을 두어야 한다는 해석에서 온 필연적 귀결이었고, 둘째 '6조목 대對 격물치지' 사이의 간극을 간파했기 때문이다. 주자 역시 개념상의 난관을 모르지 않았다. 주자는 격물치지를 6조목 전체를 포괄하는 대전제로 보았다. 이때 대전제는 논리상 필요한 실마리가 아니라 인식론의 주춧돌을 말한다. 이점이 중요하다. 주자는 격물의 물物을 인식주체가 인식하는 대상 전체로 보았다. 물은 인식주체의 감각·인식에 포섭되는 외부대상·사건 전부를 지시한다. (타자他者[the other]라는 최근 화두가 되는 개념도 물物에 해당할 수 있다. 하지만 이 말은 쓰기가 조심스럽다. 주자가 염두에 둔 인식주체는 '사대부'로, 사대부'계급'은 송대의 전통질서 안에서 신분제라는 강력한 사회틀 내의 기득권세력을 가리키기 때문이다. 계급사회에서는 사회를 운영하는/운영할 특정 계층을 상정하지 않을 수 없다. 반면 타자라는 개념에는 민주화된 사회에서, 주체적으로 사고하는 사람들이 자발적으로 정치에 참여하는데 왜 배제하고 소외시키는 대상[=타자]이 생기며 이를 어떻게 인지하고 수용할 것인가라는 문제의식이 깔려 있다. 사회가 다르고 인식 주체가 다르다. 역사성이 다른 개념이다. 그럼에도 추상화시켜 비약을 허락한다면 타자라는 말을 조심스럽게 사용할 수 있을 것 같다.) 인식주체가 이해하기 어려운/수용하기 까다로운 대상(=물物)에 접근해 접촉하고 이해하고 수용해야 한다고 적극적으로 해석한 쪽이 주자다. 그는 이 태도를 "사물의 이치의 궁극에 도달한다"고 표현했다. 대상·타자를 우리가 끝까지 이해할 수 있을까, 라는 의문이 생길 수밖에 없지만 그보다 먼저 물物에 다가가야 한다는 정언定言이었던 셈. 이해하려 애쓰는 가운데 지식에 도달한다[致知]는 말의 무게는 적지 않다. 인식주체의 적극성과 긍정이 담긴 언사다. 낙관주의가 담긴 중요한 접근이었다. 주자의 주장이 위력을 발휘할 수 있었던 이유 가운데 하나는 인식주체의 적극성을 강조해 세계를 운영하는 주체로서의 활력과 에너지를 낙관한 데 있었다. 자신감과 자부심을 심어준 것이다. 어려운 임무만큼 그 일을 수행하는 주체가 자신과 긍정으로 낙관할 수 있다는 것, 그것이 바로 힘이었다.

그럼에도 불구하고 격물에서 말하는 물物이 "의意·심心·신身·가家·국國·천하天下"라는 대상과 일치하지 않는가라는 반론이 나올 수 있다. 물은 의意·심心·신身·가家·국國·천하天下의 동어반복이 아닌가라는 의문이다. 이때 격물치지는 격물에서 평천하까지 단계적으로 밟아 올라가는 개념의 연속고리에서 첫 단계에 해당하는 개념이 아니라 6조목과 단절되는 혹은 6조목을 이끄는 대강大綱으로서 원칙적인 요약으로 파악할 수 있다. (서양식으로 표현하면 대학의 주요 조목은 주자처럼, '격물·치지·성의·정심·수신·제가·치국·평천하'로 병렬되는 것이 아니라, '격물·치지 : 성의·정심·수신·제가·치국·평천하'로 표시될 수 있겠다.) 진사이는 이 부분을 지적한 것이다. 주자의 개념이 옳고 그르다의 문제를 떠나 『대학』 8조목에 내재한 인식 논리를 재검토하고 주의를 환기했다는 점이 강조되어야 할 것이다. 진사이는 논리를 문제 삼았던 것. 진사이가 "대학은 본래 8조목을 나란히 늘어놓은 것이 아님을 알 수 있다"고 한 말은 바로 이 뜻이었다. 당연히 진사이에게 대학 공부는 성의에서 시작할 수밖에 없었다.

여기서 잠복해 있던 문제가 드러난다. 주자의 위대함은 텍스트의 주체를 구체적으로 설정한 데 있다. 평면적인 독서에 그칠 수 있는(역사적으로도 주자 이전까지 『대학』은 일반적인 독서 대상이었다) 『대학』을 다르게 읽게 했다는 사실은 강조될 필요가 있다. 사대부의 독서라는 주체의 명확한 의식이 확립되면서 텍스트가 입체화되고 독서는 역동적이고 파워풀한 상호작용이 일어났다. 주자는 공부방식과 세상 경영의 청사진으로 『대학』을 변용하면서, 강조하지만 격물치지를 논리성의 차원에서 끌어올려 인식론의 단계로 승화시킨 것이었다. 격물치지가 논리에서 인식론으로 환골탈태한 것이다. (이점이 주자가 지금도 영감의 근원이 되는 '현대성'을 띠는 까닭이겠다.) 8조목을 연쇄고리로 강조한 이유도 이해될 수 있다. '독서인'이라는 칭호가 보통명사가 아니라 가치 있는 특별명칭이 된 연유도 여기서 온 것이다. 주자의 주석 작업과 그에 깔린 낙관주의와 논리, 비전을 갖춘 설득은 이전에 경험할 수 없었던 독서의 다른 차원을 연 것이었다. 송대 사대부를 두고 새로운 계급의 출현이라고 한 말은 공연한 수사에 그치지 않는다. 이에 대한 진사이의 해체작업은 성공했다고 평가할 수 있다. 8조목을 연속화하는 과정에서 생긴 주자학의 논리상 맹점을 정확히 지적함으로써 텍스트를 정합성 있는 논리로 다시 세울 수 있었다. 텍스트 자체의 논리 구조를 선명하게 만들었다는 평가를 내리는 데 인색해서는 안 될 것이다. 하지만 텍스트의 윤곽이 뚜렷해진 대신 독서주체가 소홀해짐으로써 새롭게 된 『대학』 텍스트의 역동성이 흐려지고 말았다. 인식주체/독서인의 활력과 적극성이 약해진 것이다. 진사이의 실수라고 할 수만은 없다. 주자의 탁월함은 독서주체와 읽기에 새 지평을 열었다는 점이었다. 이는 진사이도 인정하고 그 역시 연장선에서 세례를 받은 사람이었다. 주자가 『대학』에서 디자인한 읽기의 새 차원은 진사이가 무너뜨릴 수 있는 '대상'이 아니었다. 글 읽는 사람에겐 체화된, 내재적 필연이기 때문이다. 어떤 면에서 주자학과 거리를 확보하면서 주자의 광채를 새삼 확인하게 된 아이러니가 여기 있는지 모르겠다. 진사이 역시 사대부였고 이는 진사이의 한계가 아니라 주자의 획기적인 작업을 의식하지 못한 채 반복했다고 할 수 있다. (오해 마시기를. 나는 지금 진사이를 높이 평가하고 있다.)

　주자 비판과 관련해 거론할 또 다른 문제가 소위 "보망장"補亡章이다. 주자는 『대학장구』 제5장 뒤에 빠진[亡] 글이 있다면서 자신의 글로 보충했다[補]. 글의 맥락을 어떻게 보느냐, 『대학』의 장章 구분을 어떻게 하느냐에 따라 다르게 볼 수 있는 부분을 자기 글로 써 넣은 것이다. 진사이 역시 비판했지만 문제는 간단치 않다. 『상서』의 경우에서 보듯 주자는 『고문상서』古文尙書를 후대의 위작僞作으로 의심했다. 『금문상서』今文尙書와 확연히 다른 문체가 우선 의심의 근거였다. 문장의 발전이란 측면에서 보더라도 이른 시기에 어려운 글이 먼저 나오고 쉬운 글이 나중에 나올 수는 없다고 판단했던 것. 정치사상의 변화나 사고의 정교함이란 문장 변화와 함께 간다는 사실을 통찰한 탁견이었다. (청나라에 와서 『고문상서』가 위작임이 증명된다.) 이런 안목을 가진 주자가 보망장을 함부로 썼을 리는 없다. 송대 학술계의 특징 가운데 하나는 인쇄술이 발달하고 합리주의 정신이 강화되면서 수많은 전적이 간행과 함께 서적을 보는 안목이 비약적으로 신장했다는 점이다. 송대에 본격화하는 금석문 연구도 이와 관련된다. 이 흐름은 이전 시대의 경전을 무조건 믿지 않고 비판적 시각에서 평가하는 작업으로 이어지는데 이를 '경전을 의심하는[疑經] 정신'이라 부른다. 크게 보면 주자의 『대학』 탐구도 의경의 맥락 안에 있다고 해야 할 것이다. 진사이의 주자 비판도 공교롭게 송대의 의경 경향을 알고 철저히 실천한 점에서 온 것이었다.

　이런저런 면을 전반적으로 고려해 보면 진사이의 주자 비판은 여러 층이 겹쳐 있음을 깨닫게 된다. 어느 층에도 간단치 않은 사정이 도사리고 있어 흔히 하는 '비판'이란 말의 무게가 가볍지 않음을 실감할 수 있었다. 비판이란 머리카락을 더 잘게 쪼개는 작업이 아니라 엉켜 있는 타래를 푸는 일이 아닐런지. 진사이와 주자의 해석 차이를 과하게 드러내 진사이의 주자 비판을 절대화할 필요는 없다는 말이다. 진사이의 비판에도 불구하고 자기 수양의 지속과 사대부의 역할, 독서인의 책임과 그 노력에 대한 낙관적 결과를 공유하고 있었다는 사실은 지적되어야 할 것이다.

마지막으로 비판적 다시 읽기를 염두에 두면서 본받고 기억해야 할 가치를 기록해 두고 싶다. 주자는 '사서'四書라는 개념을 정립하면서 「대학」·「중용」을 『예기』에서 특화했다. 두 편은 조직적인 글이면서 글의 밀도가 높다. 두 편을 주목한 것도 주자의 높은 식견을 반영하지만 자신의 안목을 증명해 치밀하고 조직적인 주석을 붙여 재편집했다. 주자의 체계화된 지적 작업을 해체하는 것은 두 편을 원래 모습으로 복원하는 것을 의미한다. 이 또한 다시 읽는 작업이다. 왕양명이 「대학고본」大學古本을 내세운 것도 이런 읽기 방식으로 반론反論한 것이었다. 진사이 역시 두 편을 옛 모습으로 되돌리는 작업을 수행한다. 두 편을 다시 읽고 주자성리학과 다르게 재편집하는 일. 그것은 문헌 작업임과 동시에 인식론의 전회轉回 과정이기도 하다. 진사이의 자신감은 『논어』·『맹자』의 철저한 다시 읽기와 주석작업에서 왔다. 전혀 다른 방식의 읽기가 전체적으로 가능했던 근거이기도 하다. 나는 지금 다시 읽기의 복잡한 회로도를 반복하려는 게 아니다. 다시 읽기의 현재성을 강조하고 싶은 것이다.

『대학정본』의 저술연대는 확실하지 않다. 『논어고의』와 『맹자고의』를 마치고 쓴 저작임에는 틀림없다. 도가이의 서문(1713년 작성)에도 저술연대에 대한 정확한 정보가 서술되지 않았다.

『대학정본』은『논어고의』와『맹자고의』라는 주요 저술을 마치고 『중용발휘』와 더불어 완성한 저술이라는 느낌이 분명하게 느껴지는 글이다. 사서 체계의『대학장구』에서『대학』으로 위치가 재조정되면서 사서 체계는 붕괴했다. 그게 진사이의『대학정본』이다.

2. 『중용발휘』(中庸發揮)

『중용』은 매력 있는 책이다.『대학장구』로 입문해『논어』와『맹자』를 거쳐『중용장구』를 읽고 나면 뭔가 심오한 걸 하고 있다는 착각에 사로잡힌다. 흐뭇한 환상이다.『대학장구』에서 어렴풋이 느꼈던 거대담론이 『중용장구』에서 심화되고 구체화되는 느낌을 갖게 된다.『중용』의 언어는 얼마나 멋진가. 텍스트 내에 몇 군데 단층이 있어도 눈길 주지 않고 이해하기 어려우면 어렵다는 그 이유만으로 심오함에 빠져 몇 구절을 입에 올리게 된다. 깊이에 기꺼이 매혹되는 텍스트.『중용』이 가진 것은 깊이와 접촉한다는 것만으로 취한 듯 수긍하게 되는 그런 매력이다. 어려운 개념이나 단어 없이 평범한 구문과 문장만으로 그런 경지가 있음을 경험할 때의 경이. 쉽게 잊히지 않는 경험이다. 특히 첫 대면이라면. 이 환상을 깨야 하는가. 아마도. 언젠가는 깨야 한다. 독서란 어떤 면에서 배반의 연속이다. 부지런히 틀을 구축하면서도 고인 물이 되어 썩지 않으려면 끊임없이 틀을 깨야 하는 모순이 바로 독서다. 누구는 자연스레 자기 세계를 부수고 누구는 힘겹게 자신을 깨뜨린다. 그래야 움직이며 나아간다.

진사이는『논어』·『맹자』를 읽고 자연스럽게『중용장구』를 격파했을 것이다. 그런데 자연스런 작업치곤 매우 과격하게 『중용』을 재구성했다. 『중용발휘』는 독특한 책이다. 상·하 두 편으로 나눈 전무후무한(?) 편집을 보면 그렇다. 진사이는 『중용』의 가치를 의심하지 않는다. 그렇다고 전부 수용할 수도 없다. 왜? 『논어』·『맹자』의 '기준'으로 볼 때 『중용』에는 순수하지 못한 부분이 있기 때문이다. 『논어』에 "子不語怪力亂神"이라 했는데 『중용』에 귀신[神]을 말한 곳이 있다. 또 『중용』의 한 장(20장) 전체는 『공자가어』孔子家語와 완전히 일치한다. 이걸 어떻게 해명할 것인가. 진사이는 『중용』 20장도 순수하지 못한 부분으로 간주한다. 그는 『중용』을 순수한 부분과 잡스런 부분이 섞여 있는 책이라고 판단했다. 진사이는 『중용』을 상·하 두 편으로 과감하게 나눠 상편은 원본으로, 하편은 본문이 아닌 부분으로 편찬했다. 『중용발휘』 앞에 얹은 「책의 유래를 서술함」[敍由]이란 글에 이런 사정을 자세히 기술했다.

　『대학』과 마찬가지로 『중용』도 『예기』에 속했던 한 편篇이다. 『예기』는 한나라 때 유학자들이 이전 시대에 살아남은 다양한 글을 마구 수집한 책이라는 좋지 못한 평가가 『대학』과 『중용』을 바라보는 시각에 영향을 끼친 것일까. 한나라의 유학자들은 전해오는 글을 부지런히 모아 다양한 성격의 글을 책으로 묶었다. 대표적인 책이 『대대례기』大戴禮記와 『소대례기』小戴禮記. 두 책을 통칭해 『예기』라고 해도 틀리지 않는데 보통 말하는 『예기』란 『소대례기』를 가리킨다. 진사이가 『중용발휘』라고 제명한 이유는 『논어』·『맹자』를 잣대로 이질적으로 보이는 부분을 엄격하게 배제한 데서 온 것 같다. 공자와 가까운, 순도 높은 부분을 살리려는 의도에서다. 『논어』와 『맹자』에 대한 절대 신뢰가 이질적인 부분을 가짜라고 판정토록 했던 것. 『논어』·『맹자』만을 절대 기준으로 삼은 것은 아니다. 진사이의 폭넓은 독서가 『중용』을 재검토하게 만들었음을 『중용 발휘』 곳곳에서 볼 수 있다. 결과는 상·하 분리였고 장章을 나누는 데도 변화가 불가피했다. 『중용』의 감춰진 본질을 분명하게 드러내는(발휘發揮) 작업은 이렇게 완성됐다.

『중용』을 원본과 원본 아닌 부분으로 가르는 기준은 공자의 언설이다. 공자의 말은 추상/관념성과 거리를 두며 '공자의 실학'과 상반되는 개념·언어·사고는 원본이 아닌 것이다. 진사이는 「서유」敍由에서 이유 열 가지를 들었다. 이에 따르면 『중용』의 주요 개념으로 주자가 강조했던 인심人心·도심道心이 부정된다. 유명한 첫 문장의 추상어, "天命之謂性, 率性之謂命, 脩道之謂敎"는 재해석된다.

진사이의 편집 기준에 대해 약간 따져볼 게 있다. 진사이는 『맹자』의 조기趙岐 주를 본받아 『중용』을 상하로 나누었다. 나눈 근거는 『논어』의 "子不語怪力亂神"이라는 구절. 『중용발휘』 16장의 "귀신"과 28장의 "요사스런 싹"을 말한 부분은 공자의 말이 아니라고 했다. (그래서 진사이는 16장부터 하편으로 분류했다.) 진사이의 근거는 간단해 보이지만 귀신에 대한 그의 견해를 따라가면 문제가 보기보다 까다로운 부분을 건드린다. 현실과 사상의 관계가 그것.

"귀신에 빠지면 반드시 인간들의 도리를 소홀히 해 귀신에 대한 말이 사람을 쉽게 홀리기 때문이었다"는 게 진사이의 진단이다. 이는 주희와 공유한 문제의식이었다. 주자가 살던 송나라건, 진사이의 에도시대건 귀신을 믿고 점치는 일이 성행했다. 이런 풍습은 제사와 밀접한 관련된 현안이어서 외면할 수 없는 현실적인 이슈였다. 윤리적으로 인정해서는 안 되지만 현실에서는 위력을 발휘하는 미신문제. 주자는 현실을 인정하면서 이 문제를 철학적으로 품고 '음양[氣]의 굴신屈伸'이라는 명제로 해소하려 했다. 우주의 운행과 관련해 천지에 가득한 기氣가 작동하는 대상에 귀신을 포함시켜 기철학의 한 현상으로 설명을 시도한 것이다. 조상신과 귀신을 기의 작용이라는 큰 틀에 포섭해, 예외적이고 기이한 현상으로 버려 두고 두려워했던 대상을 끌어안은 탁월한 사고였다. 현실적인 문제임에도 불구하고 인식 밖에 버려 뒀던 귀신문제를 철학적인 테제로 해석하면서 사상이 현실을 조망하고 이해할 수 있도록 토대를 제공한 것이다. 이해하기 어려웠던 괴이한 현상이 드디어 사고 안에 수용되었다. 사대부의 지적 고뇌가 현실을 끌어안은 놀라운 작업이었다.

이에 비해 진사이는 귀신문제를 유가적 합리주의 내에서 풀이하려고 애쓴 경우다. 주자의 작업이 경이로운 일임을 모르는 바 아니나 주자의 해석을 수긍한다 해도 귀신을 숭배하는 사회풍조가 사라지는 것은 아니었다. 오히려 주자의 견해가 정통이 되고 정견定見이 되면서 역으로 모든 실제현상이 기氣의 운동이라는 관념적 해석에 압도되고 말았다. 진사이는 이런 역전현상과 사고의 전도, 혹은 다른 측면에서 관찰할 여지가 컸던 현실이 관념에 의해 교조적으로 처리되는 상황이 불편했다.『어맹자의』 '귀신'조에서 불만을 토로했던 것은 바로 이런 그의 심정 때문이었다.

진사이의 귀신 배척은 현실을 무시하자는 말이 아니라 주자가 뜻하지 않게 초래한 관념의 압도를 지적한 것이었다. 사상과 현실의 역전. 귀신에 대한 진사이의 환기는 실질에 대한 그의 견해와 맞닿아 있다. 진사이는 현실에 직접 개입해 현실과 직접 대면하길 바랐고 이것은 유가적 합리주의 혹은 실학이라고 명명될 수 있는 것이었다. 귀신이라는 뜬구름 잡는 이야기조차 현실과 접목된다는. 시종일관 실학을 견지했던 진사이의 철저한 면모라 하겠다.

도가이는 「중용발휘 서」를 1714년에 작성했다. 『대학정본』과 마찬가지로 『논어고의』·『맹자고의』 작업을 마친 다음의 저작이라 했다. 「대학정본 서」보다 나중에 작성하였기에 여기서는 『중용발휘』를 사서 관련 저작 가운데 진사이의 가장 늦은 시기의 글로 간주한다.

진사이의 주요 저작을 진사이 자신의 개정을 고려하지 않고 시간순으로 보면 『논어고의』·『맹자고의』·『대학정본』·『중용발휘』·『어맹자의』이며 『동자문』(1693년)이 제일 나중에 온다. 간행순서는 이와 다르다. 도가이의 교감과 주석을 거쳐 출판한 사정을 고려하면 간행시기에 또 변동이 있다. 하지만 여기서는 진사이의 초고완성 순으로 앞서 배열한 주요 저작연대를 판단하기로 한다. 이렇게 놓고 보면 진사이의 저술 의도가 잡힐 듯도 하다. 그의 사상이 어떻게 심화되고 어떤 방향으로 나아갔는지 개략적으로 윤곽을 잡아 본다. 주저는 당연히 『논어고의』·『맹자고의』다. 이 작업을 통해 진사이학^{學}의 토대가 마련되고 새로운 길이 열렸다. 『어맹자의』는 진사이 학문의 결산으로 그의 학문이 간결하게 응축되어 담겼다. 마지막 저작 『동자문』은 겸손한 제목과는 달리 진사이 학문의 한 경지를 보여 준다. 유학 일반에 대한 개론서로 보아도 무방한 책인데 진사이의 평생 공부가 녹아 있는 데다 완숙한 사고와 체화된 사상이 부드럽게 자리잡아 고전이란 이름에 값한다. 상투적인 상찬이 아닌가. 아마도 그럴 것이다. 그러나 온축된 그의 문장은 『동자문』을 거듭 읽게 만든다. 명문이다.

총괄하면서 한 마디 덧붙인다. 진사이의 『대학정본』과 『중용발휘』를 풀이한 주석에 문제를 제기할 수 있다. 『논어고의』·『맹자고의』도 비판할 수 있다. 비판해야 한다. 진사이학學이 출발하는 『논어』라는 텍스트조차 '안정된 고전'으로 보기엔 경계해야 할 곳이 있기 때문이다. 『논어』가 고전이 아니라는 말이 아니다. 후대에 오랜 시간을 걸쳐 형성된 텍스트이기 때문에 검토해야 할 문제가 적지 않다는 말이다. 하지만 이런 발전된(?) 안목은 20세기 후반에 연구가 진척되면서 생긴 것이다. (여전히 『논어』에 공부할 거리가 있다는 게 놀랍지 않은가.) 후세의 유리한 위치에서 이전 시대를 비판하는 일은 안이하다. 진사이 저작에 별 코멘트를 하지 않은 이유다. 내 다음 공부는 여기서부터 시작한다. 숙제로 남겨 두고 후일을 기약한다.

* * * * * *

여기서 진사이 선집 작업을 마친다.

2013년 1월에 『동자문』 첫 책이 나왔고 2017년, 마지막 책을 내보낸다. 『동자문』 번역에 두 해를 보낸 걸 감안하면 만 6년이 걸린 셈이다. 『동자문』의 미진함이야 말할 것도 없지만 마지막 책을 교정하면서도 불안감을 떨치지 못하겠다. 진사이의 글을 읽으면 읽을수록 그의 전체 윤곽은 선명해졌지만 그에 비례해 진사이의 문장이 예사롭지 않음을 알게 되었기 때문이다. 새로운 학문을 개척한 학자, 사상가라는 생각에 문장가라는 자각이 뒤늦게 따라왔다. 책의 내용과 논리가 눈을 번쩍 뜨게 했지만 이를 실어 나르는 문장은 한문 읽기의 즐거움을 새삼 느낀 시간이었다. 간결하면서 서슴없이 비약하며 군더더기를 걷어낸 문장. 당송팔대가의 한 사람으로 송나라의 문장을 이끌었던 (내가 좋아하는!) 구양수歐陽修의 온화하고 압축된 문장을 거듭 돌아보게 만들었다. 사상서의 경우 번역은 내용과 논리 전달이 우선임을 운명으로 받아들인다 해도 진사이 문장의 유려한 결texture과 호흡을 깎아 먹는 일은 송구스럽기 짝이 없었다. 문장가로서 진사이의 진면목을 제대로 드러내지 못한 점이 내내 아쉬움으로 남는다. 상투적인 말만 늘어놓는 이 아둔함이 내 어리석음의 증거이리라. 이 말이 번역문의 흠결을 정당화할 수 없다. 현명한 독자의 혜안을 기대한다.

끝으로 변변치 못한 내 변명보다 감사의 말씀을 드리고 싶다. 책 말미에 붙이는 감사의 말이 의례적인 것이 아님을 이제는 안다. 문장 하나하나 토씨까지 검토하며 투박한 원고를 읽고 책을 만든 주승일 편집자님, 서양에서 라인 에디터line editor라고 하던데, 그 까다로운 작업을 처음부터 끝까지 함께 해주셔서 감사합니다. 그린비 출판사의 박순기 편집장님, 원고가 늘 늦는데도 기다려 주셔서 감사합니다. 말없는 성원 마음 깊이 간직하고 있습니다. 마지막으로 이 책을 출판해 주신 유재건 사장님, 긴 말 생략하겠습니다, 감사드립니다. 그저 많은 사람이 이 책들을 읽어주길 바랄 뿐입니다. 더 이상의 말은 췌언이겠죠. 여러분 고맙습니다.

2017년 8월
서강西江에서 역자 쓰다

찾아보기